Die dunkle Seite der Kindheit

© Volksblatt Verlag, Köln 1992
Alle Rechte vorbehalten
Lektorat: Inka Schneider
Umschlaggestaltung: Kasper Grafik-Design, Köln
Layout und Satz: Prima Type, Köln
Druck: Duerinck b.v., NL-Kloosterzande
Printed in the Netherlands
ISBN 3-926949-04-X

Dirk Bange

Die dunkle Seite der Kindheit

Sexueller Mißbrauch an Mädchen und Jungen
Ausmaß – Hintergründe – Folgen

Volksblatt Verlag
1992

Inhaltsverzeichnis

Einleitung

Den Frauen und Männern, die sich nun schon seit Jahren gegen den sexuellen Mißbrauch an Kindern engagieren, wird oft entgegengehalten, sie förderten ein repressives Sexualklima. Sie würden den Kindern Angst vor der Sexualität machen, Kinder wieder als asexuelle Wesen darstellen, der Befreiung sexueller Wünsche entgegentreten usw. (z.B. Wolff/Bernecker-Wolff 1990, 6f.). Doch solche Angriffe sind ideologische Scheingefechte, die von der Brisanz des Themas ablenken und die Bemühungen, mißbrauchten Kindern zu helfen bzw. Mißbrauch vorzubeugen, pauschal diskreditieren.

Die große Anzahl von Menschen und ihre Ausdauer in ihren Initiativen gegen den sexuellen Mißbrauch an Kindern rechtfertigen es, diese Initiativen als soziale Bewegung zu bezeichnen. Und diese Bewegung wirkt offenbar. Denn sie hat es geschafft, daß der sexuelle Mißbrauch an Kindern nun schon seit einigen Jahren großes öffentliches Interesse findet. Viele andere soziale Probleme, wie zum Beispiel körperliche Gewalt gegen Kinder, verloren die öffentliche Aufmerksamkeit fast ebenso schnell, wie sie sie gewonnen hatten.

Eine Erklärung für das anhaltende Interesse am sexuellen Mißbrauch dürfte die sehr gemischte Zusammensetzung der Bewegung sein. Feministinnen sind ebenso dabei wie die Kinderschutzbewegung und christdemokratische PolitikerInnen. Dies begründet einerseits einen Teil ihrer Stärke, bedeutet aber andererseits, daß sehr unterschiedliche, manchmal entgegengesetzte Werte und Ziele von den einzelnen Untergruppen vertreten werden, was für soziale Bewegungen allerdings nicht ungewöhnlich ist.

Doch obwohl tatsächlich von einigen Gruppen versucht wird, die Bewegung gegen den sexuellen Mißbrauch zu benutzen, um sexualfeindliche Ziele durchzusetzen, spricht vieles dafür, daß die progressiven Kräfte sich behaupten werden. Denn mit wachsendem Wissen über das Ausmaß, die Umstände, die Ursachen und die Folgen des sexuellen Mißbrauchs wird es für die, deren erstes Interesse an der Problematik es war, ein prüdes Weltbild zu propagieren, schwerer werden (Finkelhor 1990, 8ff.).

Deshalb ist es jetzt – nach einigen Jahren der öffentlichen Auseinandersetzung – höchste Zeit, das theoretische Fundament der Diskussion zu verbessern und den unhaltbaren Zustand, daß es in der Bundesrepublik Deutschland immer noch kaum wissenschaftliche Untersuchungen über den sexuellen Mißbrauch gibt, zu beenden. Mit dieser Untersuchung soll ein erster Schritt in diese Richtung getan und der Bewegung wissenschaftlicher Rückhalt gegeben werden.

Neben einem Blick auf die Geschichte des sexuellen Mißbrauchs sind der derzeitige Forschungsstand und die Definitionsproblematik Thema des ersten Teils der Arbeit.

Der zweite Teil widmet sich methodischen Fragen. Ausgehend von den allgemeinen forschungsmethodologischen Erkenntnissen zu Fragebogenuntersuchungen und dem Forschungsstand zum sexuellen Mißbrauch an Kindern wird die Anlage der Untersuchung detailliert beschrieben.

Im dritten Teil der Arbeit werden die Ergebnisse der Befragung vorgestellt und interpretiert. Obwohl an dem Begriff »sexueller Mißbrauch« die Kritik geäußert wird, daß die Wortbedeutung »Mißbrauch« dir Möglichkeit eines »richtigen Gebrauchs« von Kindern suggeriere, wird er in dieser Arbeit verwendet.

Zwar ist dieses Argument nicht völlig von der Hand zu weisen, doch die Tatsache, daß die Bezeichnung nicht nur der juristischen Terminologie entspricht, sondern sich auch in der Wissenschaft durchgesetzt hat, hat mich bewogen, ihn ebenfalls zu verwenden. Allerdings möchte ich gleich vorwegnehmen, daß in dieser Studie der Begriff »sexueller Mißbrauch« weiter gefaßt wird als in der Rechtsprechung. Das Begriffspaar »Opfer-Täter« wird ebenfalls verwendet, obgleich es ernstzunehmende Kritikpunkte daran gibt. Denn beide Begriffe stellen einseitige Stigmatisierungen dar, wenn »Opfer« nur als schwach und »Täter« nur als von Grund auf schlecht gesehen werden. Trotz dieser Gefahr werden die beiden Begriffe benutzt, um deutlich die Verantwortung der mißbrauchenden Menschen für ihre Tat herauszustellen. Als Alternative für den Begriff »Opfer« wird teilweise die Bezeichnung »Betroffene/r« genommen, die die Kraft der sexuell mißbrauchten Menschen nicht von vornherein negiert. Für den Begriff »Täter« fehlen leider befriedigende Alternativen.

Ein weiterer Hinweis zur Sprache: Wenn sowohl von Frauen als auch von Männern die Rede ist, wird an den jeweiligen Wortstamm die Endung »Innen« angehängt (z.B. StudentInnen, LeserInnen). Sind nur die Männer oder nur die Frauen gemeint, werden die jeweils üblichen Pluralformen verwendet (z.B. Studentinnen/Studenten, Therapeutinnen/Therapeuten). Um die Arbeit einer breiteren LeserInnenschaft zu erschließen, habe ich die englischsprachigen Zitate ins Deutsche übersetzt.

Dortmund, September 1992
Dirk Bange

Teil A: Darstellung des bisherigen Forschungsstands und theoretische Hintergründe der Arbeit

1. Geschichtlicher Überblick

1.1 Von den Sumerern bis zum Ende des 19. Jahrhunderts

»Enlil sprach zu Ninlil von Beischlaf.
Sie will nicht.
Meine Vagina ist zu klein.
Sie versteht den Beischlaf nicht.
Meine Lippen sind zu klein.
Sie verstehen nicht zu küssen.«
(Rush 1985[3], 49)

Auf einer etwa 5.000 Jahre alten Tontafel der Sumerer finden sich diese Worte der Göttin Ninlil. Ninlil fühlte sich offenbar zu jung, um den sexuellen Wünschen des Gottes Enlil zu entsprechen. Dies ist einer der ersten Hinweise darauf, daß Männer schon in der Frühzeit der Menschheit kleine Kinder sexuell begehrten (ebd., 49f.).

Aus dieser Epoche gibt es leider kaum weitere Überlieferungen. Ein detailliertes Bild zu entwickeln, ist deshalb nicht möglich. Überhaupt ist es sehr schwierig, an frühe Fakten über die Geschichte des sexuellen Mißbrauchs an Kindern heranzukommen. In den Quellen wird er kaum thematisiert. Trotzdem finden sich ausreichend Hinweise, die deMause (1980, 71) zu folgender Einschätzung über die antiken Hochkulturen Europas kommen lassen:

»In der Antike lebte das Kind in den ersten Jahren in einer Atmosphäre sexuellen Mißbrauchs. In Griechenland oder Rom aufzuwachsen, bedeutete oft, von älteren Männern mißbraucht zu werden. Form und Häufigkeit des Mißbrauchs waren je nach Ort und Zeit verschieden.« Sexueller Mißbrauch wurde damals weitestgehend als normales Verhalten angesehen, das bis auf wenige Ausnahmen nicht bestraft wurde. Es war beispielsweise in Athen erlaubt, sich einen Jungen per Vertrag zu mieten. Vielfach wurden die Jungen kastriert, »um in Bordellen von Männern gebraucht zu werden, die die Päderastie mit jungen kastrierten Knaben liebten« (ebd., 75).

In der Rechtsprechung dieser Zeit und im Alten Testament war Vergewaltigung ein Diebstahlsdelikt. Nur wenn beispielsweise ein Mann ein noch nicht verlobtes Mädchen ohne die Erlaubnis des Vaters vergewaltigte, hatte er mit Strafe zu rechnen. Er mußte dann das Mädchen heiraten und dem Vater den Brautpreis auszahlen (Rush 1985[3], 55f.). Im Kapitel 22, Vers 28-29 des Deuteronomium, eines Buches des Alten Testaments, heißt es wörtlich:

»Trifft jemand eine noch nicht verlobte Jungfrau, packt sie, wohnt ihr bei und wird dabei ertappt, so hat der Mann, der ihr beiwohnte, dem Vater des Mädchens fünfzig Silberschekel zu zahlen. Auch muß er sie zum Weibe nehmen dafür, daß er sie schwächte.«

Zwischen Heirat und Vergewaltigung bestand angesichts einer solchen Praxis für das Mädchen wohl kaum ein großer Unterschied. Gefragt wurde sie in keinem Fall. Selbst wenn das Mädchen freiwillig mit einem Mann intim wurde, konnte der Vater eine Entschädigung verlangen, ohne einer Heirat zuzustimmen. Er behielt seine Tochter dann einfach, bis sich ein Bräutigam fand, der ihm besser paßte. Dies blieb bis zum 2. Jahrhundert unserer Zeitrechnung gängige Praxis (Rush 1985[3], 56f.).

Erst mit der Ausbreitung des Christentums vor etwa 2.000 Jahren veränderten sich langsam und zunächst fast unmerklich die Einstellungen. Kindliche Sexualität und sexuelle Handlungen galten zunehmend als unmoralisch und schädlich. Sie waren unvereinbar mit der von den Christen postulierten »Unschuld des Kindes« (Mrazek 1981, 6f.; deMause 1980, 76ff.).

Allerdings dauerte dieser Prozeß weit über ein Jahrtausend. Der Maler Pretonius stellte beispielsweise noch im fünften Jahrhundert die Vergewaltigung eines sieben-jährigen Mädchens dar, bei der ältere Frauen das Kind am Boden halten und applau-dieren, als der Täter in das Kind eindringt (ebd., 73; Schultz 1982, 22).

Erst Ende des 13. Jahrhunderts wurden dann in England die ersten Gesetze zum Schutz der Kinder vor sexueller Ausbeutung erlassen. Edward I. stellte es in den »Statutes of Westminster« unter Strafe, ein Mädchen unter zwölf Jahren zu vergewal-tigen, selbst wenn sie keinen sichtbaren Widerstand zeigte (Brownmiller 1980, 35f.; Rush 1985[3], 75f.). 150 Jahre später schuf man ebenfalls in England ein Gesetz zum Schutz der Jungen vor »forced sodomy«. Diese Gesetze wurden damals aber kaum angewandt (Schultz 1982, 22).

Die Hexenverfolgung ist ein Indiz dafür, daß sexueller Mißbrauch auch im Mittel-alter für viele Mädchen und Jungen eine – manchmal todbringende – Realität war. Denn verschiedene Autorinnen führen überzeugende Belege für ihre These an, daß die Verfolgung und Vernichtung von Mädchen und Frauen als Hexen auch dazu diente, reale sexuelle Gewalt gegen Kinder und Frauen zu vertuschen (Rush 1985[3], 79ff.; Wirtz 1989, 60). Die im berüchtigten »Hexenhammer« beschriebenen Sympto-me der »Hexen« gleichen denen, die Opfer sexueller Gewalt häufig entwickeln. Träume von einem gekrümmten Finger, der durchs Zimmer kriecht, Krämpfe und Schmerzverrenkungen galten als Beweis für Besessenheit.

Im allgemeinen stellt man sich unter Hexen runzlige, alte Frauen mit Krückstock vor. Doch wurden im Mittelalter meist junge Frauen oder Kinder als »Hexen« ermordet. In einem Brief an einen nicht identifizierten Freund schrieb der Kurfürst von Würzburg im Jahre 1624, daß da dreihundert Kinder »im Alter von drei und vier Jahren waren, die angeblich mit dem Teufel Verkehr hatten. Ich habe gesehen, wie Siebenjährige hingerichtet wurden.« (Rush 1985[3], 81.)

In den Folterkammern der Kirchenmänner war es für die Opfer sexuellen Miß-brauchs einfacher zu gestehen oder schließlich sogar selbst zu glauben, ein Dämon oder der Teufel habe sie vergewaltigt. Einige erschreckende Beispiele illustrieren dies: »Margret Duchall gestand offen ihren Pakt mit dem Teufel, ›wie er ihr zuerst in der Gestalt eines Mannes in braunen Kleidern und einem schwarzen Hut erschienen war.‹ Als Isabell Smyth allein beim Heidekrautpflücken war, ›erschien ihr der Teufel allein wie ein elegant gekleideter Herr‹ Maria de Allara wurde mit acht Jahren eine Hexe, als ein Mann in langen weißen Hosen sie betastete, und er war der Satan. ›Sie hatte zwanzigmal Verkehr mit ihm.‹ Ein unglückseliges Kind, das behauptet, von einem Inkubus mißbraucht worden zu sein, war, wie sich herausstellte, mit tödlicher Gonorrhoe infiziert, und ein anderes Mädchen behauptete, von drei Teufeln besessen zu sein, um von ihrer Schwangerschaft abzulenken.« (Ebd., 82.)

Erst im 18. Jahrhundert wurden die Stimmen lauter, die sexuelle Handlungen zwischen Kindern und Erwachsenen als schädlich und unmoralisch kritisierten. Ausgangspunkt war die alte christliche Vorstellung vom »unschuldigen Kind«, die also erst nach mehr als 1.500 Jahren eine breitere Zustimmung fand. Kindliche Sexualität wurde nun als eine schlimme Sünde betrachtet. Mit den unglaublichsten Methoden bestrafte man Kinder jetzt für sexuelle Äußerungen. Teilweise hatten die Bestrafungen den Charakter von Folter. Am Ende des 19. Jahrhunderts hatte die Desexualisierung ihren Höhepunkt erreicht. Man wollte nicht nur die Kinder vor sich selbst schützen, sondern auch schädliche Einflüsse von seiten der Erwachsenen unterbinden. Sexuelle Kontakte zwischen Erwachsenen und Kindern galten nun als sündhaft, unmoralisch und verletzend. Sie wurden zunehmend kriminalisiert und später pathologisiert (deMause 1980, 78f.; Mrazek 1981, 7f.; Schultz 1982, 24).

Voraussetzung für diese Entwicklung war, daß sich seit der Renaissance eine Vorstellung von Kindheit entwickelt hatte. Vorher wurden Kinder als »kleine Erwachsene« betrachtet. Erst als Kindheit und Jugend als besondere Lebensphasen betrachtet wurden, konnte sich die Sichtweise durchsetzen, daß Kinder und Jugendliche eines besonderen Schutzes bedürfen (Tucker 1980, 326ff.).

Diese erste große Kinderschutzbewegung basierte aber nicht nur auf christlichen und philanthropischen Motiven, auch gesellschaftliche Notwendigkeiten spielten eine entscheidende Rolle. Die Eltern-Kind-Beziehung mußte beispielsweise von erotischen und sexuellen Momenten befreit werden, um die neu entstandene Struktur der bürgerlichen Familie nicht zu gefährden, die auf die Monopolisierung der Sexualität zwischen den Ehepartnern angewiesen ist (Horkheimer 1936, 69; Rosenbaum 1982, 424).

Außer solchen Motiven war entscheidend, daß die rücksichtslose Ausbeutung der Kinder als Arbeiter in den Fabriken, auf der Straße und als Sexualobjekte zu Hause den Industriellen und Militärs mehr schadete als nützte. Denn man brauchte beispielsweise physisch und psychisch gesunde Frauen als Mütter und Männer als Soldaten (Johanson 1978, 77ff.; Bange 1990c, 33).

Wie notwendig und gleichzeitig erfolglos diese Kinderschutzbewegung war, zeigt sich am Ausmaß der Geschlechtskrankheiten bei Kindern. Denn »von den 1899 in den öffentlichen Krankenhäusern im Königreich Preußen behandelten geschlechtskranken Frauen (im ganzen 13.971) waren 434 Mädchen unter 14 Jahren und 4268 Mädchen im Alter von 15 bis 20 Jahren. Da eine Spitalbehandlung eher selten war, wurde die Zahl der Infizierten viermal so hoch geschätzt.« (Janssen-Jurreit 1985, 21.)

Viele dieser Mädchen waren von ihren Vätern und Brüdern sowie von Kostgängern der Familie sexuell mißbraucht worden. Einige wurden auf diese Weise noch vor ihrer Einschulung geschlechtskrank. Andere gingen der Prostitution nach und holten sich die Krankheiten dort (ebd., 20f.).

Sexueller Mißbrauch an Kindern ist historisch gesehen also ein altes Phänomen, das auch heute noch, im 20. Jahrhundert, das Leben vieler Kinder belastet. Daran hat auch die sich seit Sigmund Freud ausbreitende psychologische Forschung nichts geändert; eher hat sie dazu beigetragen, die sexuelle Gewalt gegen Kinder herunterzuspielen und die Opfer als unglaubwürdig hinzustellen.

1.2 Von Freud bis heute

Die Geschichte der Forschung zum sexuellen Mißbrauch ist fast so spannend wie ein Kriminalroman. Schaut man auf die letzten 100 Jahre zurück, zeigt sich ein interessantes Wechselspiel: Nach den sich wiederholenden Versuchen, sexuelle Ausbeutung von Kindern zu problematisieren, wurde das Thema in Deutschland immer wieder unter den Teppich gekehrt. Erst Anfang der achtziger Jahre wurde langsam immer mehr Menschen (meist Frauen) bewußt, daß sexuelle Gewalt gegen Kinder und Frauen etwas Alltägliches war und ist. Ähnlich wie in den USA, wo dieser Prozeß etwa zehn Jahre früher einsetzte, waren es betroffene Frauen, die dem Schweigen ein Ende bereiteten.

1982 war dabei das entscheidende Jahr. In einem Sonderheft der Zeitschrift »Brigitte« veröffentlichte Alice Miller den Artikel »Die Töchter schweigen nicht mehr« über sexuellen Mißbrauch an Mädchen. Eine Flut von Leserinnenbriefen erreichte daraufhin die Brigitte-Redaktion. Frauen berichteten in diesen Briefen meist zum ersten Mal über ihren eigenen sexuellen Mißbrauch. Diese Briefe wurden 1983 von Angelica Gardiner-Sirtl als Dokumentation herausgegeben. In Berlin gründeten zwei Frauen aus eigener Betroffenheit die erste Selbsthilfegruppe »Wildwasser« (Nitschke 1985, 7). Florence Rushs Buch »Das bestgehütete Geheimnis: Sexueller Kindesmißbrauch« erschien in deutscher Übersetzung. Rush belegt darin überzeugend, daß sexuelle Gewalt gegen Kinder historisch gesehen ein altes Phänomen ist und daß weniger die Tat verboten ist als vielmehr, über sie zu sprechen (Rush 1985[3], 41f.).

Ein Mann, der viel dazu beigetragen hat, daß diese schizophrene Situation so lange bestehen bleiben konnte, ist Sigmund Freud. Im Jahr 1896 veröffentlichte Freud seine Verführungstheorie. In seiner berühmten Publikation »Zur Ätiologie der Hysterie« führt er die hysterischen Symptome seiner KlientInnen auf sexuellen Mißbrauch in der Kindheit zurück. Alle 18 PatientInnen, die Freud zuerst behandelte, erzählten ihm von sexuellen Übergriffen, und Freud glaubte ihnen zunächst (Freud 1896, 443ff.). Dabei handelte es sich offenbar um massive Fälle sexueller Gewalt, denn Freud (ebd., 452) schreibt: »Sie enthalten alle Ausschweifungen, die (vom Wüstling und Impotenten) bekannt sind, bei denen Mundhöhle und Darmausgang mißbräuchlich zu sexueller Verwendung gelangen.«

Interessant ist zudem, daß es sich bei seinen KlientInnen um zwölf Frauen und sechs Männer handelte (ebd., 444). Den Männern wurde später von Freud der Opferstatus noch weniger als den Frauen zuerkannt. Noch heute werden sie in einigen Publikationen einfach übergangen. Luise Hartwig (1990, 28ff.) schreibt beispielsweise immer nur von Freuds »Patientinnen«, ohne auch nur zu erwähnen, daß Freuds Klientel zu einem Drittel aus Männern bestand.

Schon ein Jahr, nachdem Freud seine Verführungstheorie publiziert hat, beginnt er, sie zu widerrufen. Am 21. September 1897 schreibt er in einem Brief an seinen damaligen Freund Wilhelm Fließ: »Und nun will ich dir sofort das große Geheimnis anvertrauen, das mir in den letzten Monaten langsam gedämmert hat. Ich glaube an meine Neurotica (Theorie der Neurosen) nicht mehr. Das ist wohl ohne eine Erklärung nicht verständlich; Du hast ja selbst glaubwürdig gefunden, was ich Dir erzählen konnte. Ich will also historisch beginnen, woher die Motive zum Unbehagen gekommen sind. Die fortgesetzten Enttäuschungen bei den Versuchen, eine Analyse zum wirklichen Abschluß zu bringen. Dann die Überraschung, daß in sämtlichen Fällen der Vater als pervers beschuldigt werden muß, mein eigener nicht aus geschlossen, die Einsicht in die nicht erwartete Häufigkeit der Hysterie. Dann die sichere Einsicht, daß es im Unbewußten ein Realitätszeichen nicht gibt, so daß man die Wahrheit und die mit Affekt besetzte Fiktion nicht unterscheiden kann. Viertens die Überlegung, daß in der tiefgehendsten Psychose die unbewußte Erinnerung nicht durchdringt, so daß das Geheimnis der Jugenderlebnisse auch im verworrensten Delirium sich nicht verrät.« (Freud 1896, 283f.)

Mariane Krüll (1979, 74f.) erscheinen alle – bis auf einen – von Freud im »Widerruf-Brief« angeführten Gründe wenig plausibel. »In früheren Zeiten war der ausbleibende Erfolg nie Anlaß für die Aufgabe seiner theoretischen Überzeugungen gewesen. Weder vor noch nach dem Widerruf war es für Freud problematisch, sich die Häufigkeit der Hysterie aus der krankmachenden repressiven Sexualmoral der Gesellschaft zu erklären. Weshalb sollte ihr häufiges Vorkommen nunmehr Grund für den Widerruf sein? Auch die angeblich ›sichere Einsicht‹, daß man Wahrheit und Fiktion im Unbewußten nicht unterscheiden kann, ist ein Gedanke, der eigentlich im Widerspruch zu seinen bisherigen Erkenntnissen steht. Er hatte bislang immer erfolgreich den wahren Kern der Erlebnisse aufdecken können. Zusammen mit dem vierten Argument wäre diese Überlegung ein Eingeständnis der Unmöglichkeit der Therapie der Neurosen gewesen. Denn wenn man als Therapeut das Unbewußte nie bewußt machen kann, weil Wahrheit und Fiktion nie auseinanderzuhalten sind und weil das Unbewußte von sich aus nie ins Bewußtsein dringt, dann ist in der Tat alles umsonst.« Für Krüll ist wie für viele andere AutorInnen entscheidend, daß Freud seinen eigenen Vater als Täter beschuldigt. Freuds Kehrtwendung wird als ein Abwehrmechanismus verstanden, durch den die Möglichkeit bestand, die tatsächlichen Begebenheiten seiner eigenen Kindheit und der seiner Geschwister im Dunkeln zu lassen. Denn angesichts seiner eigenen neurotischen Symptome und der seiner Geschwister hätte sein Vater eigentlich ein Täter sein müssen (Rush 1985[3], 148ff.; Rijnaarts 1988, 112ff.; Hirsch 1990[2], 35f.). Vor allem Masson (1984, 158ff.) vertritt zudem die These, daß Freud sich durch die Verführungstheorie beruflich isoliert hatte. Sein Vortrag am 21. April 1896 über die Ätiologie der Hysterie fand, wie Freud in einem Brief an seinen Freund Fließ vom 26.4.1896 schreibt, »bei den Eseln eine eisige Aufnahme« (Freud 1986, 193). Freud mußte nach Masson die Verführungstheorie aufgeben, wollte er nicht die gesamte Psychoanalyse in Mißkredit bringen und sich selbst beruflich ruinieren. Denn die ehrenwerten (Wiener) Familienväter, die er ja zumindest teilweise schwer belastete, hätten dafür gesorgt, daß Freud und mit ihm die Psychoanalyse in der Versenkung verschwunden wäre. Und Freud »lag viel an gesellschaftlicher, wissenschaftlicher und universitärer Anerkennung sowie auch an materieller Sicherheit« (Hirsch 1990[2], 32).

Rush (1985[3], 146) merkt hierzu einschränkend an, daß dies wohl nicht der ausschlaggebende Grund gewesen sei, da Freud schon 1896 bereit war, für einen Aufruhr zu sorgen. Zudem löste Freud einige Jahre später mit seiner Theorie der kindlichen Sexualität ebenfalls Empörung und Ablehnung aus, ohne daß er sie deshalb widerrufen hätte (Köhler 1989, 180).

Drittens wird der Episode um Emma Eckstein und Wilhelm Fließ eine wichtige Rolle zugeschrieben. Emma Eckstein war eine der ersten KlientInnen Freuds, die an hysterischen Symptomen litt und deren Geschichte Freud wahrscheinlich zu seiner Verführungstheorie angeregt hat (Wirtz 1989, 33).

Ähnlich wie Freud glaubte auch sein Freund Fließ, daß hysterische Symptome sexuellen Ursprungs seien und eine Verschiebung stattfinde. »Für Freud war diese Verschiebung psychischer Natur: Der Patient verlagere seine Angstgefühle vom eigentlichen Problem auf ein harmloses Ersatzobjekt, so daß jeder Zusammenhang mit der wahren Quelle der Angst ausgelöscht werde. Fließ dagegen hielt die Störung für rein physisch: Nach seiner Überzeugung verlagerte sich das Problem von der Vagina auf die Nase.« (Rijnaarts 1988, 112.) Da Emma Eckstein an Menstruationsbeschwerden litt, stimmte Freud zu, daß Fließ Emma an der Nase operierte. Die Operation mißglückte. Fließ vergaß einen halben Meter Gaze in der Wunde, was zu dauerndem Nasenbluten führte. Anfangs war Freud über diesen Kunstfehler betroffen, später deutete er das Nasenbluten als Verführungsversuch Emmas um. Durch diese Umdeutung entlastete Freud Fließ und gab Emma die Schuld an dem lebensbedrohlichen Operationsfehler. Sie wird zur unglaubwürdigen Hysterikerin, deren Schilderung, vom Vater sexuell mißbraucht worden zu sein, folglich ebenfalls als reines Phantasieprodukt hingestellt wird (ebd., 112f.; Wirtz 1989, 33f.).

Rijnaarts (1988, 113) weist darauf hin, daß die beiden letzten Erklärungsversuche sich teilweise widersprechen. Denn wäre es Freud nur um die Anerkennung möglichst vieler Kollegen gegangen, hätte er nicht nur die Verführungstheorie, sondern auch Fließ fallen lassen müssen, da dieser nach seinem Kunstfehler nicht mehr besonders angesehen war.

Wie angstbesetzt für Freud die Verführungstheorie (besonders die Beschuldigung der »Väter als Täter«) war, zeigt sich darin, daß er seine KlientInnenberichte verfälschte. In dem gemeinsam mit Breuer 1895 veröffentlichten Buch »Studien über Hysterie« nennt er bei der Falldarstellung seiner Patientin Katharina den Onkel als Täter, obwohl es der Vater war. Ähnlich verhält es sich bei seiner Patientin Rosalie H. Erst 1924, anläßlich einer Neuausgabe, korrigierte er diese bedeutenden Entstellungen (Hirsch 1990[2], 28ff.).

Bezeichnend ist zudem die Geschichte um die Freud-Briefe an Wilhelm Fließ. Freud vernichtete, nachdem es 1902 zum Bruch mit Fließ gekommen war, alle Briefe, die er von Fließ bekommen hatte. Nach dem Tod von Fließ verkaufte dessen Witwe die Freud-Briefe an einen Berliner Buchhändler mit der Auflage, sie niemals in Freuds Hände gelangen zu lassen, da dieser sie sofort vernichten würde. Während des Nationalsozialismus mußte der Buchhändler Reinhold Stahl nach Paris flüchten, wo er Freuds Briefe an die Freud-Schülerin und entfernte Nachfahrin Napoleons, Marie Bonaparte, verkaufte. Sie besuchte daraufhin Freud in Wien, um ihn von der Bedeutung der Briefe zu überzeugen. Freud reagierte ablehnend und wollte die Briefe vernichtet wissen. Marie Bonaparte kam dem nicht nach. 1941 (zwei Jahre nach Freuds Tod) gelang es ihr, die Briefe nach England zu schmuggeln.

1950 erschien dann ein Teil dieser Briefe unter dem Titel »Aus den Anfängen der Psychoanalyse«. Anna Freud und Ernst Kris, die Herausgeber, behaupteten damals, nur die wissenschaftlich nicht relevanten Briefe weggelassen zu haben. Es fehlen aber ausgerechnet alle die Briefe, die nach dem 21. September 1897 datieren und die Verführungstheorie oder die Emma-Eckstein-Affäre betreffen. Aus dem oben zitierten »Widerruf-Brief« fehlt zudem gerade der Satz »mein eigener (Vater) nicht ausgeschlossen« (Hirsch 1990[2], 35; Rijnaarts 1988, 83f.; Rush 1985[3], 142ff.; Masson 1984, 135ff.).

Als Jeffery Moussaief Masson Leiter des Sigmund-Freud-Archivs wurde, stieß er auf die Briefe und erkannte ihre Brisanz. Er veröffentlichte seine Entdeckungen zu Kurt Eisslers und Anna Freuds Enttäuschung. Als Direktor des Freud-Archivs wurde er daraufhin entlassen (Rijnaarts 1988, 84f.).

Was ist an Freuds Abkehr von der Verführungstheorie und der Geschichte der Freud-Briefe aber überhaupt so wichtig? Freud entwickelte von 1897 an seine Ödipustheorie, nach der sich Kinder im Alter von etwa drei bis fünf Jahren sexuell zum gegengeschlechtlichen Elternteil hingezogen fühlen und nach der ihre Erzählungen vom sexuellen Mißbrauch (durch Väter) Phantasien sind. Phantasien, die durch den Ödipuskomplex erst entstehen. Freud glaubte nun in den meisten Fällen seinen KlientInnen nicht mehr, daß sie in ihrer Kindheit sexuell mißbraucht worden waren. Rückblickend schreibt er 1932 in der »Neuen Folge der Vorlesung zur Einführung in die Psychoanalyse«: »In der Zeit, da das Hauptinteresse auf die Aufdeckung sexueller Kindheitstraumen gerichtet war, erzählten mir fast alle meine weiblichen Patienten, daß sie vom Vater verführt worden waren. Ich mußte endlich zur Einsicht kommen, daß diese Berichte unwahr seien, und lernte so zu verstehen, daß die hysterischen Symptome sich von Phantasien, nicht von realen Begebenheiten ableiten. Später erst konnte ich in dieser Phantasie von der Verführung durch den Vater den Ausdruck des typischen Ödipuskomplexes beim Weibe erkennen.« (Freud 1932, 128.)

Freuds Ödipustheorie bestimmte lange Zeit das Denken vieler Menschen über sexuellen Mißbrauch an Kindern. Dabei ist vieles an dieser Theorie zweifelhaft oder mittlerweile überholt. Es gibt beispielsweise bisher keine einsichtigen und überzeugenden empirischen Beweise für den Ödipuskomplex (Eysenck 1985, 159ff.; Zimmer 1986, 192).

Zudem sieht Freud als Ursache für einen ungelösten Ödipuskomplex und damit für die Entstehung von Neurosen nur noch selten oder gar nicht mehr frühkindlichen sexuellen Mißbrauch an. Überhaupt spielt die äußere Realität für die Entwicklung von psychischen Auffälligkeiten nur noch eine untergeordnete Rolle. Die Vererbung ist jetzt der entscheidende Faktor. Damit verfällt Freud zurück in die biologistische Weltanschauung seiner Zeit.

1906 bezeichnet es Freud gar als »Zufall«, daß bei seinen ersten KlientInnen »in deren Kindergeschichte die sexuelle Verführung durch Erwachsene und andere ältere Kinder die Hauptrolle spielte« (Freud 1906, 153). Noch erschreckender ist, daß er die Berichte seiner KlientInnen zum großen Teil als Phantasien und falsche Beschuldigungen wertet, durch die der Jugendliche sein eigenes »Verbrechen« der kindlichen

Sexualbetätigung verdecken will. Freud (ebd.): »Ich überschätzte die Häufigkeit dieser (sonst nicht anzuzweifelnden) Vorkommnisse, da ich überdies zu jener Zeit nicht imstande war, die Erinnerungstäuschungen der Hysterischen über die Kindheit von den Spuren der wirklichen Vorgänge sicher zu unterscheiden, während ich seitdem gelernt habe, so manche Verführungsphantasie als Abwehrversuch gegen die Erinnerung der eigenen sexuellen Betätigung (Kindermasturbation) aufzulösen.« In seiner Schrift »Zur Geschichte der psychoanalytischen Bewegung« bezeichnet Freud gar alle Erzählungen seiner KlientInnen über sexuellen Mißbrauch als unwahr. »Unter dem Einfluß der an Charcot anknüpfenden traumatischen Theorie der Hysterie war man leicht geneigt, Berichte der Kranken für real und ätiologisch bedeutsam zu halten, welche ihre Symptome auf passive sexuelle Erlebnisse in den ersten Kinderjahren, also grob ausgedrückt: auf Verführungen zurückleiteten. Als diese Ätiologie an ihrer eigenen Unwahrscheinlichkeit und an dem Widerspruche gegen sicher festzustellende Verhältnisse zusammenbrach, war ein Stadium völliger Ratlosigkeit das nächste Ergebnis. Die Analyse hatte auf korrektem Wege bis zu solchen infantilen Sexualtraumen geführt, und doch waren diese unwahr. Man hatte also den Boden der Realität verloren.« (Freud 1914, 55.)

Diese Unterstellung Freuds, daß seine KlientInnen Hirngespinste ohne realen Hintergrund berichtet haben, ist scharf zurückzuweisen. Sie widerspricht zum einen seinen eigenen Aussagen von 1896 und zum anderen – was entscheidender ist – dem Ergebnis aller neueren wissenschaftlichen Untersuchungen, nach denen Kinder und auch Erwachsene so gut wie nie Geschichten über sexuellen Mißbrauch und Vergewaltigung erfinden (Wäller 1991, 33f.).

Das gleiche gilt für die immer wieder im Zusammenhang mit dem Ödipuskomplex geäußerte Annahme, daß die Initiative zum sexuellen Mißbrauch vom Kind ausgehe und damit die Schuld bei ihm liege. Allerdings muß hier angemerkt werden, daß dieser Gedanke zwar von der Ödipustheorie nahegelegt wird, Freud selbst aber meines Wissens an keiner Stelle explizit schreibt, daß realer sexueller Mißbrauch von den Kindern initiiert werde.

Dennoch hat diese Interpretation Freudscher Gedanken leider großen Einfluß auf die wissenschaftlichen und öffentlichen Einstellungen zum sexuellen Mißbrauch im allgemeinen und zum Vater-Tochter-Mißbrauch im besonderen gehabt. Beispielsweise geistert immer noch durch das Bewußtsein vieler Menschen, daß das Kind phantasiere oder lüge, daß es den sexuellen Mißbrauch selbst provoziert habe oder Vater-Tochter-Mißbrauch nichts Schlimmes sei. Das, was im Englischen »blaming the victim« heißt, also dem Opfer die Schuld zuschreiben, ist von Freud mitgetragen und damit noch fester zementiert worden.

Verschiedene Psychoanalytiker weisen allerdings zu Recht darauf hin, daß Freud keine Theorie des sexuellen Mißbrauchs entwickelt hat, sondern daß er bis 1897 sexuellen Kindesmißbrauch als die notwendige und hinreichende Bedingung für die Hysterie ansah, und zwar auch nur dann, wenn der sexuelle Mißbrauch verdrängt wurde und deshalb unbewußt war. Freuds Abkehr von diesem direkten Zusammenhang zwischen realen sexuellen Gewalterfahrungen und hysterischen Symptomen bedeutet deshalb nach Holland nicht, daß Freud die Realität sexueller Ausbeutung von Kindern völlig leugnet. Er gibt damit nur seine Theorie auf, daß hinter jeder

Hysterie ein sexueller Mißbrauch stecke (Holland 1989, 332f.; Köhler 1989, 176ff.; Paul 1985, 164ff.). Holland (ebd.) versucht, dies durch folgendes Beispiel anschaulich zu machen: »Wenn ich folgere, daß der Bazillus X nicht Tuberkulose verursacht, meint dies nicht, daß es Tuberkulose nicht gibt und daß der Bazillus X nicht existiert. Wenn Freud also annahm, daß Verführung oder Mißbrauch in der Kindheit nicht die Hysterie verursacht, meinte dies nicht, daß es keine Verführung und daß es keine Hysterie gab – es bedeutet nur, daß kein Zusammenhang bestand, speziell, daß da ein anderer Zusammenhang war.«

Als Erklärung für Freuds Sinneswandel führt Holland an, daß Freud bei seiner Selbstanalyse nicht finden konnte, daß er selbst sexuell mißbraucht worden sei. Als Hysteriker, der Freud war, hätte er dies aber nach seiner eigenen Theorie sein müssen (ebd., 335). Holland bedenkt dabei nicht, daß es Freud vielleicht einfach nicht gelang – zumal ohne Lehranalytiker –, die Geheimnisse seiner Kindheit zu ergründen. Der Widerstand seines Unbewußten war offenbar zu stark, als daß Freud seinen Vater als Mißbraucher und damit sich selbst und/oder seine Geschwister als Opfer sexueller Gewalt hätte erkennen können. Dieses Argument der Freud-KritikerInnen kann Holland nicht entkräften. Auch seine anderen Entgegnungen überzeugen nicht. Beispielsweise stimmt er Freuds Behauptung aus dem Widerruf-Brief, daß der sexuelle Mißbrauch durch Vater(figuren) nicht häufig genug sei, um jede Hysterie verursachen zu können, unkritisch zu. Die neueren Untersuchungsergebnisse, die da eine andere Sprache sprechen, ignoriert Holland.

Dennoch halte ich Hollands Kritik teilweise für berechtigt, da Freud den sexuellen Mißbrauch nicht durchgängig in die Phantasie der Kinder zurückverlegt hat. In seinen Veröffentlichungen finden sich immer wieder Textstellen, in denen Freud von realen sexuellen Gewalterfahrungen schreibt. Allein in den »Drei Abhandlungen zur Sexualtheorie« von 1905 weist Freud an einem halben Dutzend Stellen auf die »Verführung« als eine mögliche Ursache von Hysterien oder von Perversionen hin (Freud 1905, 91f., 92f., 121, 127, 136, 144). Im Zusammenhang mit sexuellen Auffälligkeiten von Kindern bezieht sich Freud sogar explizit auf seinen Beitrag »Über die Ätiologie der Hysterie« von 1896. Er schreibt: »Voran steht der Einfluß der Verführung, die das Kind vorzeitig als Sexualobjekt behandelt und es unter eindrucksvollen Umständen die Befriedigung von den Genitalzonen kennen lehrt, welche sich onanistisch zu erneuern es dann gezwungen bleibt. Solche Beeinflussung kann von Erwachsenen oder anderen Kindern ausgehen; ich kann nicht zugestehen, daß ich in meiner Abhandlung 1896 ›Über die Ätiologie der Hysterie‹ die Häufigkeit oder die Bedeutung desselben überschätzt habe, wenngleich ich damals noch nicht wußte, daß normal gebliebene Individuen in ihren Kinderjahren die nämlichen Erlebnisse gehabt haben können, und darum die Verführung höher wertete als die in der sexuellen Konstitution und Entwicklung gegebenen Faktoren. Es ist selbstverständlich, daß es der Verführung nicht bedarf, um das Sexualleben des Kindes zu wecken, daß solche Erweckung auch spontan aus inneren Ursachen vor sich gehen kann.« (Freud 1905, 91.)

In späteren Veröffentlichungen von Freud finden sich immer wieder Textstellen, in denen er »Verführung« als real beschreibt (Paul 1985, 174ff.; Köhler 1989, 176f.). Zwar sieht er nach 1897 überwiegend sexuelle Übergriffe auf Mädchen im »Lolitaalter« als real an und nicht mehr den sexuellen Mißbrauch von jüngeren Kindern, auch gibt es etliche Textstellen, in denen Freud sexuellen Mißbrauch als nur in der Phantasie von Kindern vorkommend beschreibt (s.o.), doch hat er sich von der Verführungstheorie nie vollständig abgewandt.

Die vielfach geäußerte Kritik an Freud, er habe die Verführungstheorie durch die vom Ödipuskomplex ersetzt, ist ebenfalls nicht ganz richtig. Denn die Verführungstheorie ist der Versuch, die Entstehung der Hysterie durch äußere Einflüsse – sprich sexuellen Kindesmißbrauch – zu erklären, während der Ödipuskomplex eine Entwicklungsphase ist, die laut Freud jedes Kind durchlebt (Freud 1905, 127f.; ders. 1938, 77f.). Zu psychischen Auffälligkeiten komme es nur dann, wenn der Ödipuskomplex nicht richtig aufgelöst werde. Freud machte hierfür in erster Linie angeborene Dispositionen verantwortlich, die durch belastende Kindheitserfahrungen nur modifiziert würden und zu abweichenden Bedürfnissen und Phantasietätigkeiten führten (Freud 1905, 137ff.). Die Verführungstheorie und die Theorie der kindlichen Sexualität sind also nicht notwendigerweise als zwei konkurrierende Gedankengebäude anzusehen (Köhler 1989, 189).

Kurz vor seinem Widerruf der Verführungstheorie hat Freud bereits die Bedeutung innerpsychischer Prozesse für die Entstehung der Hysterie erkannt. Im Mai 1897 hatten die Phantasien für Freud aber noch die Aufgabe, die unerträgliche Realität des sexuellen Mißbrauchs zu verschleiern, um das Trauma überleben zu können. Freud war also auf dem Weg zu einer Synthese von innerpsychischer und äußerer Realität und ihrer gegenseitigen Beeinflussung und Abhängigkeit (Freud 1986, 253; Hirsch 1990[2], 31f.). Erst mit der Aufgabe der Verführungstheorie eliminiert Freud die Realität als Ursache der Phantasietätigkeit fast völlig. Die Phantasien haben seitdem für Freud nur noch wenig Bezug zur Realität, selbst wenn seine KlientInnen sie als reale Erinnerungen empfinden.

Die Übernahme dieses falschen Dogmas ist es, die es den PsychoanalytikerInnen so schwer macht, die Verführungstheorie anzunehmen. Anna Freud antwortete Masson auf die Darlegung seiner Ansicht, daß Freud die Verführungstheorie zu Unrecht aufgegeben habe, 1981 in diesem Sinne: »Wenn man die Verführungstheorie aufrecht erhält, dann bedeutet das die Preisgabe des Ödipuskomplexes und damit der gesamten Bedeutung der bewußten wie der unbewußten Phantasietätigkeit. Danach hätte es meines Erachtens keine Psychoanalyse mehr gegeben.« (Masson 1984, 135f.)

Dabei hat Freud schon 1897 die Richtung gewiesen, wie innerpsychische Prozesse und äußere Realität miteinander in Einklang zu bringen sein könnten. Sandor Ferenczi schaffte 1932 gar eine wegweisende Integration der beiden Ebenen, ohne die die Folgen eines sexuellen Mißbrauchs nicht zu verstehen sind.

»Tatsächliche Vergewaltigungen von Mädchen, die kaum dem Säuglingsalter entwachsen sind, ähnliche Sexualakte erwachsener Frauen mit Knaben, aber auch forcierte Sexualakte homosexuellen Charakters gehören zur Tagesordnung. Schwer zu erraten ist das Benehmen und das Fühlen von Kindern nach solcher Gewalttätigkeit. Ihr erster Impuls wäre: Ablehnung, Haß, Ekel, kraftvolle Abwehr. ›Nein, nein, das will ich nicht, das ist mir zu stark, das tut mir weh. Laß mich‹, dies oder ähnliches wäre die unmittelbare Reaktion, wäre sie nicht durch eine ungeheure Angst paralysiert.

Die Kinder fühlen sich körperlich und moralisch hilflos, ihre Persönlichkeit ist noch wenig konsolidiert, zwingt sie automatisch, sich dem Willen des Angreifers unterzuordnen, jede seiner Wunschregungen zu erraten und zu befolgen, sich selbst ganz vergessend mit dem Angreifer vollauf zu identifizieren. Durch die Identifizierung, sagen wir Introjektion des Angreifers, verschwindet dieser als äußere Realität und wird intrapsychisch; das Intrapsychische aber unterliegt in einem traumhaften Zustand, wie die traumatische Trance einer ist, dem Primärvorgang, d.h. es kann, entsprechend dem Lustprinzip, gemodelt, positiv- und negativ-halluzinatorisch verwandelt werden. Jedenfalls hört der Angriff als starre äußere Realität zu existieren auf, und in der traumatischen Trance gelingt es dem Kind, die frühere Zärtlichkeitssituation aufrechtzuerhalten.« (Ferenczi 1984, 323f.)

Leider wurde Ferenczis letzter Vortrag von den PsychoanalytikerInnen mit großer Ablehnung aufgenommen, weil er sich über die damals herrschende psychoanalytische Lehrmeinung, daß sexueller Kindesmißbrauch von den KlientInnen nur phantasiert werde, hinweggesetzt hatte. Obwohl seine Gedanken dazu hätten genutzt werden können, eines der Kernstücke der Psychoanalyse, »die kindliche Phantasietätigkeit«, zu retten, ohne die Erzählungen von KlientInnen über sexuellen Kindesmißbrauch als ödipale Phantasien abtun zu müssen, hat es lange gedauert, bis sie wieder aufgenommen wurden (Hirsch 1990[2], 45ff.). Die Geschichte des Skandals um Ferenczis Vortrag wird aus chronologischen Gründen erst weiter unten ausführlicher aufgerollt.

Weiterhin ist Freuds Erkenntnis, Hysterie bzw. psychische Störungen seien nicht notwendigerweise auf sexuellen Mißbrauch zurückzuführen, sicher richtig. Körperliche und psychische Gewalt, Vernachlässigung, häufig wechselnde Bezugspersonen oder Traumata wie etwa der Tod eines Elternteils dürfen angesichts der Diskussion über den sexuellen Mißbrauch an Kindern als mögliche Ursachenfaktoren für kindliche Auffälligkeiten nicht übersehen werden.

Was letztlich auch immer Freuds Beweggründe für seinen Widerruf der Verführungstheorie waren, er hat mit dem Ödipuskomplex und der darauf beruhenden neuen Neurosentheorie der Gesellschaft bzw. den Männern bewußt oder unbewußt ein Mittel zur Verfügung gestellt, durch das Berichte von Mädchen und Jungen über sexuellen Mißbrauch als Phantasien abgetan und sogar als Ausdruck ihrer eigenen Wünsche interpretiert werden können.

Freud verkörpert also gleichzeitig das Wissen um die Realität sexuellen Mißbrauchs an Kindern und das Verleugnen dieser Realität. Damit demonstriert er die verlogene gesellschaftliche Situation, in der weniger die Tat selbst als das Sprechen darüber tabu ist.

Wie schnell Freuds Theorie aufgenommen wurde, um den realen sexuellen Mißbrauch an Kindern zu verleugnen oder die Schuld dafür den Kindern zu geben, zeigt sich auch bei Freuds Schülern. Karl Abraham verwies 1907 zwar nicht alle Mißbrauchsberichte von Mädchen ins Reich der Phantasie, aber wenn er den Kindern glaubt, unterstellt er den meisten von ihnen, daß »eine unbewußte Absicht auf Seiten des scheinbar passiven Teiles zugrundeliegt« (Abraham 1907, 180). Er geht sogar noch weiter und sieht das Erleiden sexuellen Kindesmißbrauchs als eine Form der kindlichen Sexualbetätigung an. Das Kind bringt den Erwachsenen dazu, es zu mißbrauchen, um seinem masochistischen Partialtrieb Lustgewinn zu verschaffen. Abraham (1907, 173f.): »Der Gewinn an sexueller Vorlust oder Befriedigungslust ist es, nach dem die kindliche Libido tendiert, wenn das Kind sich dem Trauma hingibt (...). Das Kind erleidet das Trauma aus einer Absicht des Unbewußten. Das Erleiden sexueller Traumen in der Kindheit gehört, wenn ihm ein unbewußtes Wollen zugrunde liegt, zu den masochistischen Äußerungen des Sexualtriebes. Es stellt also eine Form kindlicher Sexualbetätigung dar. Die Kinder jener Kategorien zeigen ein abnormes Begehren nach sexuellem Lustgewinn, und infolgedessen erleiden sie sexuelle Traumen.«

Mathias Hirsch (1990[2], 39f.) kommentiert diesen Beitrag Abrahams treffend: »Abrahams Argumentation macht das Kind zum Verführer, dreht die Täter-Opfer-Relation um. Indem er den Trieb des Kindes zur alleinigen Ursache der realen Verführung macht, entlastet er in aller Konsequenz den Erwachsenen von jeglicher Verantwortung und treibt damit auf die Spitze, was als Freuds Motiv, die Verführungstheorie aufzugeben, vermutet worden ist. Ich halte diese Arbeit für ein Beispiel ›schwärzester Psychoanalyse‹, die durch die Konstruktion übermäßiger Triebstärke und abnormer Partialtriebe im Kinde völlig davon absieht, was einem Kinde real widerfahren kann und auch gänzlich übersieht, welche Menschen als reale Objekte handelnd mit dem Kind in Beziehung – und dieses mit ihnen – stehen (...). Diese seine Arbeit erscheint wie die ›orthodoxe‹ Psychoanalyse selbst: Das Unbewußte und die Abwehrmechanismen werden überzeugend beschrieben, Trieb aber und Veranlagung müssen herhalten, um die Möglichkeit einer primären traumatischen Wirkung von Erwachsenen auf Kinder auszuschließen.«

Freud nahm diese Veröffentlichung Abrahams im übrigen positiv auf. Er schreibt 1914 in »Aus den Anfängen der Psychoanalyse«: »Das letzte Wort in der Frage der traumatischen Ätiologie sprach dann später Abraham (1907) aus, als er darauf verwies, wie gerade die Eigenart der sexuellen Konstitution des Kindes sexuelle Erlebnisse von besonderer Art, also Traumen, zu provozieren versteht.« (Freud 1914, 66.) Mit Ablehnung reagierte er dagegen auf die fast zur gleichen Zeit erschienene Arbeit von Otto Rank.

Otto Rank veröffentlichte 1912 (erst sechs Jahre, nachdem er sie fertiggestellt hatte) seine Arbeit »Das Inzest-Motiv in Dichtung und Sage«. Er weist darin in beeindruckender Art und Weise nach, daß in den Märchen und Sagen sowie in der Realität die Initiative zum Vater-Tochter-Mißbrauch vom Vater und nicht von der Tochter ausgeht. Immer wieder spricht er in diesem Zusammenhang von Vergewaltigung (Rank 1974, 337). Diese Erkenntnis widerspricht der damals geltenden Lehrmeinung. Rank erkennt diesen Widerspruch und deutet sein Ergebnis kurzerhand um. Er führt plötzlich überraschend aus, daß »der Mann (Vater) es vermag, die der Verdrängung verfallenen Inzestregungen zur Tochter in gewaltigen und wirksamen Phantasiebildungen auszuleben«, während sie bei der Tochter oft genug zur Neurose führen (ebd., 338). Paradoxerweise führt er am Ende des Kapitels dann 22 Zeitungsberichte an, in denen über sexuellen Mißbrauch an Kindern in Verbindung mit Mord oder Suizid berichtet wird. Rank (1974, 378) schließt daraus, daß sexueller Mißbrauch sehr häufig vorkommen muß, »wenn er in so relativ großer Zahl in die Öffentlichkeit zu dringen vermag«.

Trotz dieser Zeitungsberichte und seiner Ergebnisse aus der Sagen- und Märchen-
analyse verwirft Rank dennoch den Ödipuskomplex nicht, sondern verwendet ihn,
um die Realität der sexuellen Gewalt in die Phantasie zu verlegen (Rijnaarts 1988,
120ff.).

Goldwert (1986, 555f.) weist darauf hin, daß Rank als Siebenjähriger sexuell mißbraucht wurde und er dieses Erlebnis als den »Grabstein seiner Freude bezeichnet
hat«.

Auch C.G. Jung hat sich heftig dagegen gewehrt, daß sexueller Mißbrauch an
Kindern ein Ursprung der Neurose sein kann. Wirtz (1989, 37) vermutet, daß auch
der Freud-Schüler Jung ein Opfer sexuellen Mißbrauchs war: »Ich persönlich bin
durch das gründliche Studium des Briefwechsels von Freud und Jung zu der Überzeugung gelangt, daß Jung vehement verdrängen mußte, Opfer sexueller Ausbeutung
gewesen zu sein.«

Für diese These spricht, daß Jung in einem Brief an Freud schreibt, daß ihm der
»religiös-schwärmerische Charakter« seiner Verehrung »zwar weiter keine Molesten
verursacht, mir aber wegen seines unverkennbar erotischen Untertones ekelhaft und
lächerlich ist. Dieses abscheuliche Gefühl stammt daher, daß ich als Knabe einem
homosexuellen Attentat eines von mir früher verehrten Menschen unterlegen bin.«
(Briefwechsel Freud-Jung 1976, 105.)

Jung macht in diesem und in anderen Briefen sehr deutlich, daß er damals nicht über
seine Erlebnisse sprechen durfte und sie deshalb verdrängt hat. In seinen »Erinnerungen« schreibt er: »Meine ganze Jugend kann unter dem Begriff des Geheimnisses
verstanden werden. Ich kam dadurch in eine fast unerträgliche Einsamkeit.« (Jung
1962, 47.)

Jungs bereitwillige Zustimmung zu Freuds Widerruf der Verführungstheorie und
zu Freuds Meinung, daß es sich bei den Berichten der KlientInnen um Phantasien
handele, zeigt, wie willkommen den WissenschaftlerInnen der Ödipuskomplex war,
weil sie damit eigene oder gesellschaftliche dunkle Flecke im Dunkeln lassen konnten
(Wirtz 1989, 45).

1932 widersetzt sich – wie schon angedeutet – Sandor Ferenczi auf dem Wiesbade-
ner Psychoanalytischen Kongreß dem Tabu, sexuelle Gewalt als real anzusehen. In
seinem Vortrag mit dem etwas merkwürdigen Titel »Sprachverwirrung zwischen den
Erwachsenen und dem Kind. Die Sprache der Zärtlichkeit und Leidenschaft« läßt er
die Verführungstheorie wieder aufleben. Er führt die Neurose zurück auf den sexuellen Mißbrauch im Kindesalter.

»Vor allem wurde meine schon vorher mitgeteilte Vermutung, daß das Trauma,
speziell das Sexualtrauma, als krankmachendes Agens nicht hoch genug angeschlagen
werden kann, von neuem bestätigt. Auch Kinder angesehener, von puritanischem
Geist beseelter Familien fallen viel öfter, als man es zu ahnen wagte, wirklichen
Vergewaltigungen zum Opfer. Entweder sind es die Eltern selbst, die für ihre Unbe-
friedigtheit auf diese pathologische Art Ersatz suchen, oder aber Vertrauenspersonen,
wie Verwandte (Onkel, Tanten, Großeltern), Hauslehrer, Dienstpersonal, die Unwissenheit und Unschuld der Kinder mißbrauchen.« (Ferenczi 1984, 322f.)

Ferenczis Vortrag wird von allen führenden PsychoanalytikerInnen mißbilligt.
Freud kündigt Ferenczi nach mehr als 20 Jahren endgültig die Freundschaft. Auch

viele andere Kollegen wenden sich von ihm ab. Ferenczi gerät in eine fast totale berufliche Isolation (Masson 1984, 170ff.; Hirsch 1987[1], 38; Harmat 1988, 136). Selbst die Veröffentlichung seiner im gleichen Jahr angefertigten englischsprachigen Fassung des Vortrags im »International Journal of Psycho-Analysis« wird verhindert. Dies wird ihm jedoch bis zu seinem Tod im Jahr 1933 nicht mitgeteilt. Offenbar hatte man nicht den Mut dazu. Die schon fertigen Druckfahnen werden vernichtet. Es erscheint lediglich 1933 eine deutschsprachige Fassung in der in Wien herausgegebenen »Internationalen Zeitschrift für Psychoanalyse« (Ferenczi 1985, 326). Der Aufsatz erreicht also nicht die vom Autor beabsichtigte Verbreitung.

Robert A. Paul (1985, 162) merkt zu dem Skandal zutreffend an, daß sich der Bruch mit Ferenczi bereits vor seinem Vortrag wegen seiner unorthodoxen Behandlungstechniken abgezeichnet habe. Ferenczi habe sich beispielsweise von seinen Patientinnen küssen lassen. André Haynal (1989, 27ff.) meint im Gegensatz zu Masson, daß die »technischen Experimente (...) eine wichtigere Rolle« gespielt hätten als Ferenczis Gedanken vom Trauma. Vor allem Ernest Jones tat sich bei der Intrige hervor (Masson 1984, 177f.). Er bezichtigte Ferenczi der Geisteskrankheit, die er mit der perniziösen Anämie in Verbindung brachte, unter der Ferenczi litt. In seiner Freud-Biographie (1962c, 210ff.) führt Jones sogar aus, die organische Krankheit habe lediglich zum Ausbruch der schweren psychischen Störungen beigetragen. »Leute aus Ferenczis Umgebung lasen Jones' Zeilen mit Verwunderung. Weder Michael Balint oder Ferenczis Stieftochter Elma Lautvik, noch Georg Grodeck, Imre Hermann, Lajos Lévy, Sándor Lóránd oder Clara Thompson haben Spuren einer angeblichen Geisteskrankheit entdeckt. Jones' Behauptungen werden auch von Personen als aus der Luft gegriffene Ansichten eingestuft, die im Gegensatz zu Jones oder Michael Balint an der ganzen Angelegenheit nicht unmittelbar interessiert waren, die Akteure jedoch gut gekannt haben.« (Harmat 1988, 141.)

Paul Roazen (1976, 346) macht über ihn eine in diesem Zusammenhang interessante Anmerkung: »In London war Jones von zwei Kindern beschuldigt worden, er habe sich während des Sprachtests ›den ich mit ihnen durchführte, unanständig verhalten‹, er war tatsächlich eine Nacht lang in Haft, aber der Richter stellte das Verfahren ein. Später jedoch prahlte ein zehnjähriges Mädchen, mit dem Jones ein klinisches Gespräch geführt hatte, anderen Kindern gegenüber damit, der Doktor habe mit ihr über sexuelle Dinge geredet; Jones mußte seine Stellung aufgeben.« Als Jones später von einer Patientin mit der Anschuldigung erpreßt wurde, er habe sie verführt, zahlte er ihr fünfhundert Dollar für ihr Schweigen. Ob er sie wirklich mißbraucht hat und ob seine Angst vor der Verführungstheorie damit zu tun hat, ist nicht zu klären, doch erscheint es merkwürdig, daß ein renommierter Mann wie Jones seine Stellung aufgeben mußte.

---

[1]   In der überarbeiteten zweiten Fassung von Hirschs Buch »Realer Inzest« fehlt dieser Abschnitt über Ferenczis und Freuds Beziehung. Deshalb muß hier der Vollständigkeit halber die erste Auflage zitiert werden.

Erst 16 Jahre später erschien dann doch noch eine von Michael Balint übersetzte Fassung von Ferenczis letztem Vortrag im »International Journal of Psycho-Analysis« (Masson 1984, 178f.).

Sexueller Mißbrauch an Kindern wurde aber nicht nur in psychoanalytischen Kreisen thematisiert. Mit Beginn des 20. Jahrhunderts entwickelte sich auch eine lebhafte Diskussion über die Glaubwürdigkeit kindlicher Zeugen in Sittlichkeitsprozessen (Aengenedt 1955, 27ff.; Müller-Luckmann 1959, 1ff.). Meist wurde den kindlichen Aussagen wenig Wahrheitsgehalt zugesprochen. Wissenschaftliche Untersuchungen über Kinderaussagen wurden Anfang der dreißiger Jahre wieder seltener, da das Reichsgericht verbindliche Richtlinien für die Glaubwürdigkeitsbegutachtung gegeben hatte (Geissler 1959, 12).

Mehrere Studien erschienen über die Frage nach den Tätermotiven (Marcuse 1913, Hentig/Viernstein 1925, Többen 1925, Finke/Zeugner 1934). Dabei wurden vor allem Geisteskrankheit, angeborene Dispositionen, ein ungewöhnlich starker Geschlechtstrieb, Intelligenzdefekte, Psychopathien und Alkohol verantwortlich gemacht. Viele der heute noch bestehenden Mythen über die Täter haben hier ihren Ausgangspunkt. Ähnlich verhält es sich hinsichtlich der sozialen Ursachen. Wohnraumnot oder andere wirtschaftliche Nöte werden als ausschlaggebend angesehen. Erich Wulffen schreibt 1913 beispielsweise: »Anlaß bieten die elenden Wohnverhältnisse, Frauenmangel auf dem Lande und in Gebirgsgegenden, Trunksucht, Tuberkulose oder Geisteskrankheit.« (Wulffen 1913, 276.)

Im Mythos vom geisteskranken, alten Triebtäter aus der Unterschicht fließen diese Annahmen zusammen. Bemerkenswerterweise finden sich kaum Untersuchungen über die Folgen des sexuellen Mißbrauchs für die Opfer.

Während des Nationalsozialismus wurden die Täter von Wissenschaftlern als »menschliche Minusvarianten« und »minderwertige« Menschen klassifiziert (Schwalb 1938, 268). Zu Tausenden wurden sie als »sexuell Unangepaßte, Perverse« kastriert (Scheuer 1990, 78f.; Fegert 1991, 317). Bock (1986, 395) schreibt dazu: »Die Sterilisation von Männern, die sexueller Gewalt an Frauen überführt worden waren, spielte in der rassenhygienischen Tradition eine bedeutende Rolle.«

Den offiziell bekanntgewordenen Opfern sexueller Gewalt ging es nicht besser, denn sie wurden als geistig und seelisch gestört, als schwachsinnig und sexuell hemmungslos angesehen (Schwalb 1938, 268ff.). Viele von ihnen wurden deshalb sterilisiert. Beispielsweise berichtete ein Gynäkologieprofessor »von einer 20jährigen ›schwachsinnigen‹ Frau mit fünf Kindern, deren erstes Kind bei einer Vergewaltigung durch ihren Stiefvater, einen brutalen ›Psychopathen‹, gezeugt worden war: ›Wir haben das Mädchen zur Stellung eines Antrages auf Sterilisation ermuntert und werden, wenn sie den Rat nicht befolgt, das Erbgesundheitsgericht über die Sachlage unterrichten.‹ Die ›Sachlage‹ hieß nicht Vergewaltigung, sondern Zwangssterilisation ihres Opfers. In Fällen von ›Blut‹-Schande wurden mit Vorliebe die Töchter als ›Schwachsinnige‹ sterilisiert.« (Bock 1986, 394.)

Der »Völkische Beobachter« vom 20.05.1936 meldete, daß »1935 von 34.000 Fürsorgezöglingen in Preußen 4,8% unfruchtbar gemacht wurden, bei 3,3% sei der Antrag ›noch nicht rechtskräftig‹, und bei weiteren 5,3% seien die ärztlichen Untersuchungen noch nicht abgeschlossen.« (Hepp 1987, 205f.) Darunter haben sich sicher viele mißbrauchte Mädchen befunden.

Hinweise auf Entschädigungszahlungen für die sozial auffälligen Menschen wie Mißbrauchsopfer, Prostituierte, Obdachlose, AusreißerInnen, HilfsschülerInnen u.a., die Opfer der Greueltaten der Nationalsozialisten wurden, konnten nicht gefunden werden. Vielmehr kamen beispielsweise »die ehemaligen ›Erzieher‹ der ›Jugendschutzlager‹ alle wieder zu Ehren und Würden: in der Kriminalpolizei, als Lehrer oder Rektor einer Schule, als Leiter eines Erziehungsheimes, als Missionsinspekteur usw. Der ehemalige Leiter des Lagers Litzmannstadt verzehrt seine Rente als pensionierter Kriminalbeamter inzwischen verhandlungsunfähig und jahrelang unbehelligt von der Justiz. Die ehemaligen Häftlinge des Lagers hingegen haben bis heute keinerlei Entschädigung erhalten.« (Ebd., 213.)

Weitere Nachforschungen über das Schicksal von Mißbrauchs- und Vergewaltigungsopfern während des Nationalsozialismus wären wünschenswert, würden aber leider den Rahmen dieser Arbeit sprengen.

Einige Jahre nach dem Ende des Nationalsozialismus setzte die Diskussion über die Glaubwürdigkeit der Opfer vor Gericht wieder ein. Erneut prallten die unterschiedlichen Meinungen aufeinander, wenn auch nach Ansicht von Geissler (1959, 16) »die Gegensätze zwischen medizinischen und psychologischen Experten nicht mehr so scharf sind wie zur Zeit der Kontroversen zwischen Moll und Stern« in den ersten drei Jahrzehnten des Jahrhunderts. Allerdings finden sich beispielsweise in psychologischen Lehrbüchern wie in dem von Remplein (1952, 240f.) immer noch krasse Aussagen: »Welche Gefahr diese sexuellen Phantasien in sich bergen, zeigen die dabei immer wieder vorkommenden Fälle, in denen Erwachsene von halbwüchsigen Mädchen unzüchtiger Handlungen beschuldigt werden. Psychologisch lassen sich diese Fälle nur so verständlich machen, daß die betreffenden Mädchen ihre Opfer so lange in ihre Tagträume einspinnen, bis die Grenze zwischen Traum und Wirklichkeit zu fließen beginnt.«

Neben der Frage der Glaubwürdigkeit stand wiederum der Täter und die sozioökonomische Familiensituation im Zentrum der Forschung (u.a. Nürnberger 1955; Gerchow 1955). Auch 1964, auf dem 8. Kongreß der Deutschen Gesellschaft für Sexualforschung, hatte sich diese Situation nicht sonderlich geändert. Über die Hälfte der gehaltenen Vorträge befassen sich mit der Täterproblematik (Stockert 1965a, 1965b).

Langsam änderte sich nun aber die Sicht auf die Täter. Maisch wendet sich schon 1968 ganz eindeutig gegen den Mythos vom geistesgestörten alten »Sittenstrolch«. »Was sich heute aufgrund der bisherigen Forschung ganz sicher sagen läßt ist, daß es den Inzesttäter gar nicht gibt. Sein Persönlichkeitsbild reicht (vereinfacht ausgedrückt) vom geistig normalen, charakterlich und sozial völlig unauffälligen, treusorgenden Familienvater bis zur durch alkoholische Exzesse bereits veränderten Persönlichkeit.« (Maisch 1968, 92.) Dennoch hält sich der Mythos bis heute.

Ähnlich verhält es sich mit anderen Mythen. Thea Schönfelder (1968, 18f.) findet bei ihrer Aktenanalyse heraus, daß 32 Prozent der Täter aus der Familie, 50 Prozent aus dem sozialen Umfeld der Kinder kommen und nur 18 Prozent Fremde sind. Schon 1952 kommt Nabel in einer Untersuchung zu fast dem gleichen Ergebnis. Nur

20 Prozent der Täter sind dem Kind nicht bekannt (Groffmann 1962, 157). Bei Elisabeth Nau (1965, 32) kennen 59 Prozent der mißbrauchten Jungen den Täter. Trotz dieser wissenschaftlichen Erkenntnisse wurde selbst in den siebziger Jahren in Aufklärungsbroschüren der Polizei weiterhin nur vor Fremdtätern gewarnt (Braun 1990, 14ff.).

In den sechziger Jahren wies man in verschiedenen Untersuchungen auch schon darauf hin, daß sehr viele der sexuell mißbrauchten Kinder unter zehn Jahre alt sind. Bei Nau waren beispielsweise fast 50 Prozent der 1441 betroffenen Mädchen und fast 30 Prozent der 205 Jungen drei bis zehn Jahre alt (Nau 1965, 33). Trotzdem hält sich bis heute hartnäckig der Mythos, daß es vor allem Mädchen im »Lolitaalter« sind, die die Männer verführen. Ein Richter schrieb sogar noch 1984 in einer Urteilsbegründung, die Initiative zur Tat sei »bis zu einer gewissen Grenze von seinem frühreifen Opfer ausgegangen«. Das Kind war sieben Jahre alt (Trube-Becker 1991, 90).

Trotz dieser damals schon sehr fundierten Ergebnisse gab und gibt es AutorInnen, die den Kindern nicht glauben, die Täter als Randgruppen abstempeln, den Müttern mehr Schuld zuweisen als den Tätern. Auch fällt auf, daß sich die Gesellschaft bzw. die Wissenschaft immer noch nur sehr sporadisch mit den Folgen für die Opfer beschäftigt (vgl. Groffmann 1962, 149). Und wenn die Folgen thematisiert werden, wird meist lediglich untersucht, ob die Initiative zum sexuellen Mißbrauch vom Opfer ausging oder ob die Opfer glaubwürdig sind (z.B. Steinkopf 1971, 101ff.).

Auch zu anderen heute diskutierten Fragen wurden in den sechziger Jahren grundlegende Erkenntnisse formuliert. Verschiedene Autoren sahen beispielsweise schon damals innerfamilialen sexuellen Mißbrauch als Ausdruck gestörter Familienbeziehungen (Gerchow 1965, 39; Maisch 1968, 159). Vieles, was heute als neu dargestellt wird, findet sich in diesen Arbeiten. Nach dieser regen wissenschaftlichen Diskussion flaute Ende der sechziger Jahre das Interesse am Thema sexueller Mißbrauch an Kindern wieder ab.

Einige Jahre lang wurde über die »sexuelle Revolution« gestritten, durch die sich langsam ein Klima entwickelte, in dem über Sexualität offener gesprochen und Sexualität auch freier gelebt werden konnte. Eine Diskussion über die Gefahren sexueller Gewalt hätte den Reformern dieser Zeit wohl Schwierigkeiten bereitet, da sie von den Konservativen sicher als Argument gegen die sexuelle Liberalisierung benutzt worden wären. David Finkelhor (1979, 10f.) vermutet beispielsweise, daß Alfred Kinsey seinen eigentlich aufsehenerregenden Ergebnissen über die Häufigkeit sexueller Gewalt gegen Kinder deshalb kaum Beachtung schenkte, weil er fürchtete, die sexuellen Reformen zu gefährden. Bei Kinseys Befragung hatten 24 Prozent der 4441 befragten Frauen geantwortet, sie hätten in ihrer Kindheit sexuellen Mißbrauch erlebt (Kinsey 1964, 117ff.).

In den ersten Jahren der Reformbewegung zogen fast alle liberalen Kräfte an einem Strang. Als diese Koalition mehr und mehr auseinanderbrach, thematisierten die einzelnen Gruppen, etwa die Frauen- oder die Schwulenbewegung, zunehmend ihre besonderen Problemlagen.

Nachdem die Frauenbewegung in der Bundesrepublik Deutschland seit Mitte der siebziger Jahre sexuelle Gewalt gegen Frauen öffentlich thematisiert hatte, war es nur noch eine Frage der Zeit, bis auch die sexuelle Ausbeutung von Kindern diskutiert wurde. Dies war sicherlich eine Voraussetzung dafür, daß in den siebziger Jahren die Familie zumindest ein Stück weit von ihrem Sockel der »heiligen Institution« heruntergeholt wurde (z.B. Copper 1972).

Es war nun möglich, über Sexualität zu sprechen, die Familie zu kritisieren. Außerdem schafften es vor allem die Frauen und teilweise auch die Kinderschutzbewegung, Gewalt in Beziehungen, gegen Frauen und Kinder diskutierbar zu machen. Die drei Tabus Sexualität, Gewalt und Familie, die beim Thema sexueller Mißbrauch an Kindern zentral berührt werden, hatten einen Teil ihrer Kraft verloren. Die breite gesellschaftliche Diskussion konnte beginnen.

1982 kam dann, wie anfangs beschrieben, sexuelle Gewalt gegen Kinder erneut in die Diskussion, die nun zum ersten Mal – und dies ist eine ihrer Besonderheiten – nicht von WissenschaftlerInnen, JuristInnen, MedizinerInnen und PsychologInnen bestimmt und geführt wurde: Betroffene Frauen waren es, die den Anstoß gaben und sexuellen Mißbrauch an Kindern zum weithin beachteten sozialen Problem machten.

Dabei ging es zuerst um die sexuelle Gewalt gegen Mädchen in der Familie. Die Bücher »Täter als Väter« von Barbara Kavemann und Ingrid Lohstöter (1984) und »Kiss Daddy Goodnight« (1985) von Louise Armstrong sind Beispiele dafür.

Die Medien berichteten nun immer wieder über sexuellen Mißbrauch an Kindern. Aufsätze in Fachzeitschriften und Bücher erschienen zuhauf. An vielen Orten fanden, meist initiiert von Frauen- oder Selbsthilfegruppen, Podiumsdiskussionen statt. Die Grünen stellten 1985 eine Große Anfrage zum sexuellen Mißbrauch an Kindern an die deutsche Bundesregierung.

Die Öffentlichkeit reagierte zumeist geschockt, ungläubig und empört. Vor allem die Aussagen, daß jedes dritte oder vierte Mädchen betroffen ist, daß die Täter aus allen Schichten kommen und ganz »normale« Männer sind, und daß die Opfer oftmals ihr ganzes Leben unter den Folgen leiden, führten zu diesen Reaktionen.

Im Eifer dieser Jahre wurden einige Aspekte überbetont, andere übersehen. Vor allem daß nicht nur Väter die Täter sind, sondern oftmals auch andere Autoritätspersonen wie Lehrer oder Geistliche, Bekannte und Nachbarn, wurde erst nach einiger Zeit thematisiert (Enders 1987, 4).

Anschließend rückten auch die Jungen als Opfer sexueller Gewalt mehr in den Blickpunkt des Interesses (Bange 1989, 1990a, 1991; Glöer/Schmideskamp-Böhler 1990). In der letzten Zeit ist ein weiteres Tabu überwunden worden: Es wird jetzt auch über Frauen als Täterinnen gesprochen (Bange 1990b; Enders 1990, 23f., 37f.; Bass/Davis 1990, 88f., 267f.).

Daß sich die Diskussion über den sexuellen Mißbrauch etablieren konnte, liegt vielleicht mit daran, daß Kinder aus allen sozialen Schichten sexuell mißbraucht werden. Gerade diese Überlegung nehmen seit kurzem einige AutorInnen zum Anlaß, die Glaubwürdigkeit der Betroffenen anzuzweifeln und die Initiativen gegen sexuelle Ausbeutung von Kindern in Frage zu stellen. Sie schreiben, bei der Behauptung, sexueller Mißbrauch komme in allen Schichten vor, gehe es darum, an Gelder zu kommen. Denn – und das trifft sicher zu – Gelder flössen bekanntlich schneller, wenn die Töchter und Söhne der Bessergestellten betroffen seien (Rutschky 1990, 71f.; dies. 1991, 7f.; Wolff/Bernecker-Wolff 1990, 6f.). Zudem bezweifeln diese

AutorInnen die hohe Zahl von jährlich 300.000 sexuell mißbrauchten Kindern in den alten Bundesländern.

Diese Gegenreaktion war angesichts der (Forschungs-)Geschichte zu erwarten. Sie ist typisch für den bisherigen Verlauf der Diskussion um den sexuellen Mißbrauch an Kindern:

Freud stellt die Verführungstheorie auf und verwirft sie wieder. Wulffen – wiederum – schätzt die Situation 1913 wie folgt ein: »Der Mißbrauch von Schulmädchen ist in Deutschland eine Volksseuche (...). Daß Väter mit ihren Töchtern in Blutschande leben, ist nicht zu selten.« (Wulffen 1913, 275f.) Gleichzeitig überwiegt aber unter den Wissenschaftlern die Meinung, daß Kinder in dieser Hinsicht als unglaubwürdig und die Täter als perverse Außenseiter zu betrachten seien. Dann schläft die Diskussion ein. 1954 schreibt Nass seinen Artikel »Unzucht mit Kindern – das Delikt unserer Zeit«. Auch er spricht wie Wulffen 1913 von einer seuchenähnlichen Ausbreitung (Nass 1954, 69). Wieder folgt eine Auseinandersetzung um die kindliche Glaubwürdigkeit, und wieder sollen die Täter nichts mit dem »normalen« Mann gemein haben. Doch zeigen sich zunehmend Risse in der »conspiracy of silence« (Butler 1978). Nach einem weitere Jahrzehnt Stille kommt es zur öffentlichen Diskussion. Jetzt formiert sich konsequenterweise eine Gegenbewegung.

Zusammengefaßt zeigt die (Forschungs-)Geschichte und die heutige Diskussion:

- Auf jeden Versuch, sexuelle Gewalt gegen Kinder zu problematisieren, folgte immer der Versuch, die Realität sexuellen Mißbrauchs an Kindern zu leugnen.

- Dabei wurde jedesmal die Glaubwürdigkeit der Opfer angezweifelt. Der Ödipuskomplex diente immer wieder als Möglichkeit, den Opfern eine rege Phantasie zu unterstellen und die Täter als abnorm hinzustellen, um die Normalität des Problems zu verschleiern.

- Mit Ausnahme der heutigen Diskussion wurde sexueller Mißbrauch immer als ein besonderes Problem der Zeit hingestellt. Die historische Kontinuität wurde nicht wahrgenommen.

- Nach den Folgen für die Opfer wurde, außer seitens der Frauen- und Kinderschutzbewegung, nicht gefragt.

- Die Debatten über die sexuelle Gewalt gegen Kinder sind immer durch die herrschenden kulturellen Normen und Werte mitbestimmt.

- Die WissenschaftlerInnen, die PsychologInnen, die PädagogInnen, die MedizinerInnen und die JuristInnen standen selten auf der Seite der Opfer. Meist waren sie damit beschäftigt zu beweisen, daß die Opfer lügen, phantasieren, es selbst wollten usw. Sie waren Teil des gesellschaftlichen Verleugnungssystems und bekamen auch dafür ihr Geld.

Zum Abschluß dieses Kapitels die Aussage einer Frau, die illustrieren soll, wie verhängnisvoll sich bis heute diese wissenschaftlichen Theorien auswirken: »Vorausgegangen waren mißglückte Gespräche mit einer Psychologin von ›Pro Familia‹ sowie einem Psychiater. Diese wollten mir klarmachen, daß kein Kind sich 10 Jahre lang sexuell mißbrauchen lassen würde, ohne es selbst zu wollen. Einen Schaden hätte ich erst recht nicht davongetragen (...). Auch wurde mir gesagt, daß es ganz normal sei, daß ich in meiner Phantasie den Wunsch äußerte, mit meinem Vater sexuelle Kontakte zu unterhalten.« (Jäckel 1988, 30.)

2. Forschungsstand

Die Beschreibung der Forschungsgeschichte seit Freud hat deutlich gezeigt, daß die WissenschaftlerInnen in Deutschland, aber auch im Ausland bisher überwiegend zur Verschleierung der sexuellen Gewalt gegen Kinder beigetragen haben. Meist wurden Theorien entwickelt, die entweder die realen Gewalterfahrungen der Opfer in die Phantasie verlegten oder den Opfern die Schuld zuschrieben. In dieses Bild paßt auch, daß in der Bundesrepublik Deutschland bisher keine größere Untersuchung über die Häufigkeit, die Umstände und Hintergründe sexueller Gewalt gegen Kinder durchgeführt worden ist. Es liegen nur einzelne, sehr kleine Befragungen von StudentInnen vor. In den USA, Kanada, Großbritannien und Holland gibt es dagegen bereits eine ganze Reihe von Dunkelfelduntersuchungen. Deren Ergebnisse und die dürftigen Erkenntnisse der deutschen Studien sollen im folgenden beschrieben werden.

2.1 Ausmaß

Kirchhoff und Kirchhoff (1979, 114ff.) befragten mittels eines Fragebogens 243 StudienanfängerInnen (130 Frauen, 113 Männer). Sie kamen dabei zu dem Ergebnis, daß etwa 37 Prozent der Frauen und 45 Prozent der Männer als Kinder sexuellen Mißbrauch erlebt hatten.

Nele Glöer (1988) befragte im Rahmen ihrer Diplomarbeit ebenfalls per Fragebogen 150 PsychologiestudentInnen. Von den 93 teilnehmenden Frauen gaben 24 Prozent an, daß sie als Kinder sexuell ausgebeutet worden waren. Von den 57 befragten Männern waren es 16 Prozent (Glöer 1989, 129).

Die für die alten Bundesländer immer wieder genannte Zahl von jährlich 300.000 sexuell mißbrauchten Kindern ist eine Schätzung. Sie wurde von Kavemann und Lohstöter (1984, 28f.) erstmals in die Diskussion gebracht und hat sich so weit durchgesetzt, daß sie auch von offizieller Seite publiziert wird (z.B. Expertise des Ministeriums für Arbeit, Gesundheit und Soziales des Landes Nordrhein-Westfalen 1989, 11). Sie beruht zum einen auf der »Polizeilichen Kriminalstatistik« und zum anderen auf Dunkelfeldschätzungen von Michael Baurmann, der beim Bundeskriminalamt beschäftigt ist. In der »Polizeilichen Kriminalstatistik« werden jährlich zwischen 10.000 und 15.000 Fälle sexueller Gewalt gegen Kinder registriert. Diese Zahl multiplizieren Kavemann und Lohstöter mit einer von Baurmann 1978/1983 angenommenen Hell-/Dunkelfeld-Schätzung von 1:18 bis 1:20. So ergibt sich die Zahl 300.000.

Dazu ist anzumerken: Die »Polizeiliche Kriminalstatistik« liefert mit Sicherheit kein repräsentatives Bild, da beispielsweise fremde Täter deutlich häufiger angezeigt werden als Bekannte oder Familienmitglieder (Fegert 1987, 165).

Seit 1989 läßt Baurmann verlauten, die Zahl 300.000 beruhe auf Rechenfehlern. Exhibitionistische Kontakte seien fälschlicherweise mitberechnet, und darüber hinaus sei ein zu hoher Dunkelfeldmultiplikator verwendet worden. Nach seinen neuesten Berechnungen sind jährlich »nur« noch 50.000 bis 60.000 Kinder Opfer sexueller Gewalt (Baurmann 1990, 35; ders. 1991, 230ff.).

Weit stichhaltiger sind die Aussagen zur Häufigkeit sexuellen Mißbrauchs an Kindern, die sich aus den ausländischen Studien ergeben. Finkelhor (1979), Fritz u.a. (1981), Fromuth (1986), Risin und Koss (1987) und Briere und Runtz (1988) befragten in den USA StudentInnen per Fragebogen nach sexuellen Mißbrauchserfahrungen. Von den 278 von Briere und Runtz (1988, 53) befragten Studentinnen gaben 15 Prozent an, Opfer sexueller Ausbeutung gewesen zu sein. 19 Prozent der bei Finkelhor teilnehmenden Frauen und neun Prozent der Männer hatten sexuellen Kindesmißbrauch erlebt (Finkelhor 1979, 55f.). Fromuth befragte nur Frauen. Von diesen Frauen waren 22 Prozent als Mädchen sexuell mißbraucht worden (Fromuth 1986, 6). Risin und Koss (1987, 315) stellten in ihrer Untersuchung fest, daß sieben Prozent der befragten Männer in ihrer Kindheit Opfer sexueller Gewalt geworden waren. Bei Fritz u.a. (1981, 56) sind fünf Prozent der Studenten, aber – in deutlichem Gegensatz zu den anderen Studien – nur acht Prozent der Studentinnen betroffen. An dieser Studie ist allerdings zu kritisieren, daß eine sehr diffuse Definition zugrundegelegt ist. Sie lautet: »Als sexuell mißbrauchte Männer und Frauen werden all diejenigen Personen definiert, die mindestens eine sexuelle ›Begegnung‹ mit einem nachadoleszenten Individuum hatten, bevor sie in die Pubertät kamen. Sexuelle ›Begegnung‹ wurde als ein Vorkommnis definiert, bei dem ein offen sexueller Körperkontakt stattfand.« (Ebd., 55.)

Inwieweit lassen sich diese Ergebnisse von StudentInnenbefragungen nun aber auf die Gesamtbevölkerung übertragen? Im Vergleich mit Untersuchungen, in denen andere Bevölkerungsgruppen befragt wurden, liegt das Ausmaß bei StudentInnenbefragungen im Mittelfeld. Kerscher und McShane (1984, 497) schickten an 2000 zufällig ausgewählte FührerscheinbesitzerInnen, die für die Bevölkerung von Texas repräsentativ waren, Fragebögen zum sexuellen Mißbrauch an Kindern. Insgesamt bekamen sie 53 Prozent der Bögen ausgefüllt zurück. Elf Prozent der Frauen und drei Prozent der Männer gaben sexuelle Mißbrauchserfahrungen an (ebd., 497f.).

Finkelhor (1984, 70) befragte Eltern von 6-14jährigen Kindern aus Boston, die nach dem Zufallsprinzip ausgewählt und für diese Gruppe repräsentativ waren. 15 Prozent der Mütter und sechs Prozent der Väter berichteten in den Tiefeninterviews davon, daß sie in ihrer Kindheit sexuelle Ausbeutung erlebt hatten (ebd., 72).

Deutlich höhere Ergebnisse erbrachten die Studien von Bagley und Ramsay (1986), Bagley (1990), Russell (1983) und Wyatt (1985), die jeweils Tiefeninterviews mit Frauen aus kanadischen bzw. US-amerikanischen Großstädten durchgeführt hatten. Dabei handelte es sich jeweils um für die Städte repräsentative, nach dem Zufallsprinzip ausgewählte Stichproben. 22 Prozent der Frauen einer kanadischen Großstadt, 32 Prozent der Frauen aus Calgary, 54 Prozent der Frauen aus San Francisco und 62 Prozent der Frauen aus Los Angeles erzählten den Interviewerinnen, daß sie sexuellen Kindesmißbrauch erlitten hatten (Bagley/Ramsay 1986, 36; Bagley 1990, 402; Russell 1983, 137f.; Wyatt 1985, 513).

Die verwendeten Definitionskriterien sind bei Bagleys und Ramsays kanadischer Studie, daß entweder ein Altersunterschied von drei Jahren zwischen Opfer und Täter bestand oder Drohungen bzw. Gewalt angewandt wurden (Bagley/Ramsay

1986, 36). Bei der Untersuchung, die Bagley allein durchführte, war Voraussetzung, daß die Handlungen vom Opfer ungewollt waren (Bagley 1990, 401). Russell legt bei außerfamilialem sexuellem Mißbrauch ebenfalls das Kriterium »ungewollt« zugrunde und zählt alle innerfamilialen sexuellen Handlungen, die ausbeuterischen Charakter haben, zum sexuellen Mißbrauch an Kindern (Russell 1983, 135f.). Wyatt setzt entweder einen Altersunterschied von fünf Jahren voraus oder setzt als Kriterium, daß die sexuellen Handlungen ungewollt und mit Zwang durchgesetzt worden waren (Wyatt 1985, 511). Die hohen Ergebnisse resultieren also in keinem Fall aus ungenauen oder zu weit gefaßten Definitionen.

Ein niedrigeres Ausmaß wird meist in den Studien mit Stichproben festgestellt, die auf einem repräsentativen Querschnitt der Bevölkerung eines Landes beruhen. Draijer (1988) fand, daß 33 Prozent der 1054 befragten niederländischen Frauen von inner- oder außerfamilialem sexuellem Mißbrauch betroffen waren (Finkelhor 1990, 18). Dabei wurde – was mit Ausnahme von Fritz u.a. (1981) und Bagley und Ramsay (1986) bei den bisher referierten Untersuchungen nicht der Fall war – Körperkontakt vorausgesetzt. Als Definitionskriterium galt, daß »die sexuellen Kontakte gegen den Wunsch des Mädchens stattfanden bzw. sie sich nicht dagegen wehren konnte, weil sie über körperliche oder psychische Gewalt erzwungen wurden« (Draijer 1990, 128).

Eine ähnlich enge Definition verwendete Bagley (1989, 295f.), bei dem nur »ungewolltes sexuelles Anfassen oder versuchter/vollendeter vaginaler oder analer Geschlechtsverkehr« als sexueller Mißbrauch gelten. 18 Prozent der befragten Frauen und acht Prozent der Männer waren danach in ihrer Kindheit sexuell ausgebeutet worden. Die Stichprobe war repräsentativ für die kanadische Bevölkerung.

Wenn, wie bei den anderen Studien, sexueller Mißbrauch ohne Körperkontakt mitgezählt worden wäre, hätte die Studie sicher ein weit höheres Ausmaß ergeben. Für Draijers Untersuchung gilt das gleiche. Denn bei Russell (1983, 138) und Wyatt (1985, 513) hatten jeweils 16 Prozent sexuellen Mißbrauch ohne Körperkontakt erlebt. Die Los Angeles Times führte 1985 eine landesweite Telefonbefragung in den USA durch. 27 Prozent der Frauen und 16 Prozent der Männer berichteten am Telefon von sexuellen Gewalterfahrungen in ihrer Kindheit. Der überwiegende Teil erzählte von sexuellem Mißbrauch, der Körperkontakte einschloß. Allein 49 Prozent der betroffenen Frauen erzählten von versuchter oder vollendeter Vergewaltigung (Finkelhor u.a. 1990, 20f.).

Ein bei den Frauen sehr niedriges Ergebnis brachte die britische Studie von Baker und Duncan (1985). Danach sind zwölf Prozent der Frauen und acht Prozent der Männer betroffen. Jeweils etwa die Hälfte der Frauen und Männer hatte sexuellen Mißbrauch ohne Körperkontakt erlebt (Baker/Duncan 1985, 459ff.). Angesichts der in dieser Untersuchung verwendeten Definition ist dieses »niedrige« Ergebnis allerdings nicht überraschend. Baker und Duncan (ebd.) definieren sexuellen Mißbrauch wie folgt: »Ein Kind (jemand unter 16 Jahren) ist sexuell mißbraucht, wenn eine andere Person, die sexuell überlegen ist, das Kind in Aktivitäten verwickelt, die zur sexuellen Erregung der Person führen.« Unklar bleibt erstens, was eine sexuell überlegene Person ist, und zweitens, welche Aktivitäten gemeint sind; drittens erscheint es bedenklich, die sexuelle Erregung des Täters zum Definitionskriterium zu machen, denn für das Opfer spielt es keine Rolle, ob der Täter sexuell erregt ist oder nicht. Beispielsweise könnte ein Mann seine Tochter mit dem Finger penetrieren, ohne dadurch sexuell erregt zu werden. Von vielen Vergewaltigern ist bekannt, daß bei ihnen nicht Lustgefühle, sondern Wut, Haß, Panik, Ekel und Angst im Vordergrund stehen (Hedlund 1986, 83). Außerdem ist es recht merkwürdig, Opfer nach der sexuellen Erregung der Täter zu fragen und nicht danach, ob sie sich sexuell mißbraucht fühlten oder ob die sexuellen Handlungen ungewollt waren. Ungewöhnlich ist auch, daß die Befragten teilweise noch Jugendliche waren, deren eigener sexueller Mißbrauch, so sie betroffen waren, noch nicht lange zurücklag bzw. noch andauerte. Wie fast alle Kinder, die in einer Mißbrauchssituation gefangen sind, werden diese Befragten aller Wahrscheinlichkeit nach einen Mißbrauch verneinen (Braun 1991, 9).

Erstaunlich ist zudem, daß Baker und Duncan als einzige die Antwortverweigerer in ihre Berechnung aufnehmen: Obwohl 13 Prozent der ausgewählten BürgerInnen sich nicht interviewen ließen, beziehen Baker und Duncan die 206 Fälle sexueller Gewalt auf die Gesamtstichprobe. Es kann aber davon ausgegangen werden, daß auch unter den Verweigerern sexuell mißbrauchte Menschen sind (Kapitel 4.8). Rechnet man diese 13 Prozent Antwortverweigerer nicht mit, steigt die Zahl der Betroffenen von zwölf auf 14 Prozent bei den Frauen und von acht auf zehn Prozent bei den Männern.

Welche Schlüsse lassen sich aus den referierten Ergebnissen ziehen? Läßt man die Studie von Baker und Duncan aufgrund der genannten Einschränkungen außer Betracht, zeigen die Ergebnisse der Untersuchungen mit einer für eine Nation repräsentativen Stichprobe, daß etwa jede dritte bis fünfte Frau in ihrer Kindheit sexuellen Mißbrauch erfährt, bei dem Körperkontakt stattfindet. Werden die Fälle sexueller Gewalt ohne Körperkontakt hinzugezählt, liegt die Zahl noch deutlich höher.

Inwieweit die unterschiedlichen Ergebnisse der Studien durch nationale Eigenschaften und Bedingungen beeinflußt sind, ist nicht abzuschätzen. Im kulturellen Vergleich sind uns sicher die Niederlande am ähnlichsten, so daß die Ergebnisse von Draijers Untersuchung (1988) wohl in einem gewissen Maße auf die bundesdeutsche Situation übertragbar sind. Leider haben außer Baker und Duncan (1985) nur die Los Angeles Times (1985) und Bagley (1989) auch Männer befragt. Danach ist etwa jeder siebte bis zwölfte Mann betroffen. Diese Ergebnisse machen deutlich, daß Jungen seltener sexuell mißbraucht werden als Mädchen. Bezieht man die anderen Untersuchungen mit ein, kristallisiert sich ein Verhältnis von ungefähr 1:3 heraus.

Im Vergleich mit den für eine Nation repräsentativen Studien zeigen StudentInnenbefragungen meist etwas niedrigere Mißbrauchszahlen. Dies könnte einerseits damit zusammenhängen, daß StudentInnen wirklich seltener betroffen sind. Andererseits könnte es sich dabei aber auch um einen forschungsmethodischen Effekt handeln. Denn die StudentInnen wurden immer schriftlich befragt, während die repräsentativen Untersuchungen auf Tiefen- oder Telefoninterviews beruhen, die in der Regel ein höheres Ausmaß zutage fördern (vgl. Kapitel 4.2.1 und Tabelle 3a,b).

Nach den beiden Untersuchungen, die in kalifornischen Großstädten durchgeführt wurden, ist jeweils über die Hälfte aller Frauen in ihrer Kindheit sexuell mißbraucht worden (Russell 1983, Wyatt 1985). Drei Erklärungen für dieses Phänomen sind denkbar. Erstens könnte es sich um regionale Besonderheiten handeln. San Francisco und Los Angeles gelten in den USA als sehr liberal. Außenseitergruppen wie beispielsweise Homosexuelle machen dort einen besonders großen Anteil an der Bevölkerung aus. Vielleicht zieht dieses »Flair« auch sexuell mißbrauchte Menschen an. Wyatt (1985) stellt eine allerdings nur schwache Tendenz in diese Richtung fest. Von den Frauen ihrer Stichprobe, die in Kalifornien geboren wurden, hatten fünf Prozent weniger sexuellen Mißbrauch erlebt als die in den anderen US-Staaten Geborenen (Russell 1986, 73). Zweitens könnte es aber genauso gut sein, daß durch das liberale Klima in diesen beiden Städten Menschen eher bereit sind, über ihren sexuellen Mißbrauch zu sprechen. Vielleicht haben sie einfach weniger Angst, diskriminiert zu werden. Drittens gehören die beiden Studien unter methodischen Gesichtspunkten mit zu den besten (Tiefeninterviews, eigens ausgebildete Interviewerinnen). Allein die Vorgehensweise könnte zu einer höheren Aufdeckungsquote geführt haben.

Die Studien, nach denen sexueller Mißbrauch weniger häufig ist, sollen nicht unerwähnt bleiben. Auf die Mängel in den Definitionen bei Fritz u.a. (1981) sowie Baker und Duncan (1985) ist bereits hingewiesen worden. Für das niedrige Ergebnis von Kerscher und McShane (1984) könnten methodische Probleme verantwortlich sein, da sie per Fragebogen eine sehr heterogene Gruppe wie FührerscheinbesitzerInnen untersuchten. Das Problem dabei ist, daß ein Sprachniveau gefunden werden muß, durch das sich beispielsweise ein Professor genauso angesprochen fühlt wie ein ungelernter Arbeiter. Außerdem stellten Kerscher und McShane in ihrem Fragebogen nur eine Frage zum sexuellen Mißbrauch (»Sind Sie als Kind sexuell mißbraucht worden?«), was nur wenig aufdeckende Wirkung hat (vgl. Kapitel 4.3.1.4).

Die ausländischen Untersuchungsergebnisse führen zu dem Schluß, daß etwa jedes dritte bis fünfte Mädchen und jeder siebte bis zwölfte Junge sexuell mißbraucht wird. Wie dieses Kapitel zeigt, ist es strittig, wie verbreitet sexueller Mißbrauch an Kindern in der Bundesrepublik ist. Es fehlt eine groß angelegte, möglichst repräsentative Untersuchung.

2.2 Umstände

Entgegen der lange Zeit herrschenden Meinung, daß Kinder meist durch Fremde sexuell mißbraucht werden, zeigen die ausländischen Dunkelfelduntersuchungen, daß der überwiegende Teil der Kinder die Täter bereits vor dem sexuellen Mißbrauch kennt. Mädchen werden danach zu etwa einem Viertel durch Familienangehörige, zur Hälfte durch Bekannte und zu 15 bis 25 Prozent durch Fremde sexuell mißbraucht. Bei den Jungen kommen die Täter mit zehn bis 20 Prozent etwas seltener aus der Familie. Dafür werden sie häufiger als Mädchen Opfer von Tätern aus dem außerfamilialen Nahraum und von Fremden sexuell mißbraucht (Tabelle 1).

Weiterhin zeigen die Untersuchungen, daß das Verhältnis von einmaligem zu mehrmaligem sexuellem Mißbrauch bei den Mädchen etwa 2:1 ist (Finkelhor u.a. 1990, 22; Fromuth 1986, 6; Wyatt 1985, 516; Baker/Duncan 1985, 459). Bei den Jungen schwanken die Ergebnisse zwischen 1:1 und 1:2 (Finkelhor u.a. 1990, 22; Risin/Koss 1987, 315; Fromuth/Burkhart 1987, 247; Baker/Duncan 1985, 459). In klinischen Studien ist der Anteil der einmaligen Übergriffe erheblich niedriger. Bei Gomes-Schwartz u.a. (1990, 59f.) waren beispielsweise nur 21 Prozent der 156 untersuchten Kinder einmal sexuell mißbraucht worden.

Relativ unklar ist derzeit noch, wie viele der sexuell mißbrauchten Kinder anal, oral oder vaginal vergewaltigt werden, wie viele von ihnen genitale Manipulationen erdulden müssen und wie häufig der sexuelle Mißbrauch aus erzwungenen Zungenküssen, Anfassen an der Brust u.ä. besteht. Russell (1986, 98f.) stellte beispielsweise fest, daß 24 Prozent der von ihr befragten innerfamilial mißbrauchten Frauen vergewaltigt worden waren, während bei der Studie der Los Angeles Times 49 Prozent der Frauen Vergewaltigungen erlebt hatten (Finkelhor u.a 1990, 20f.).

Tabelle 1: Inner- und außerfamilialer sexueller Mißbrauch an Kindern – Studienergebnisse im Vergleich

Studien	Frauen: Täter waren			Männer: Täter waren		
	Angehö-rige	Bekann-te	Fremde	Angehö-rige	Bekann-te	Fremde
Risin/Koss 1987	–	–	–	22%	63%	15%
Finkelhor 1979	43%	33%	24%	17%	53%	30%
Russell 1983	29%	60%	11%	–	–	–
Wyatt 1985	24%	32%	45%	–	–	–
Bagley 1989	25%	60%	15%	3%	70%	27%
Baker/Duncan	14%	30%	56%	13%	44%	42%
L.A. Times 1985[a]	29%	50%	21%	11%	49%	40%

a) Daten nach Finkelhor u.a. 1990

Körperliche Gewalt oder Drohungen wurden nach der Studentinnenbefragung von Briere und Runtz (1988, 53) von 51 Prozent der Täter eingesetzt. Auch in der klinischen Studie von Gomes-Schwartz u.a. (1990, 61) wurde festgestellt, daß bei 55 Prozent der 156 untersuchten Kinder von den Tätern körperliche Gewalt oder Drohungen benutzt worden waren, um die Kinder gefügig zu machen. Von den anderen Tätern verlassen sich die meisten auf die bestehende emotionale Abhängigkeit des Kindes oder setzen auf manipulative Strategien wie Geldgeschenke.

Ein Mythos, der bis heute das Denken vieler Menschen über sexuellen Mißbrauch an Kindern bestimmt, lautet, daß nur Mädchen im »Lolitaalter« sexuell ausgebeutet werden (Lechmann 1987, 64f.). In Wirklichkeit sind aber Mädchen und Jungen jeden Alters betroffen. Kinder werden im Säuglings- und im Kleinkindalter, im Kindergarten- und Grundschulalter sowie in der Pubertät sexuell mißbraucht (Trube-Becker 1987, 116; Fürniss/Phil 1986, 336).

Zu dieser Erkenntnis ist die Wissenschaft durch die therapeutische Arbeit mit den Opfern gelangt. In vielen Fällen wird der sexuelle Mißbrauch zwar erst im Alter von 15 bis 16 Jahren oder noch später aufgedeckt, doch stellt sich in der Beratung und Therapie oft sehr schnell heraus, daß er meist wesentlich früher begonnen hat. Hinzu kommt, daß die Beratungsstellen in den letzten Jahren zunehmend mit jüngeren

Kindern konfrontiert werden. Beispielsweise waren von den 55 Opfern, die bis August 1989 im Kinderschutzzentrum Kiel beraten wurden, 16,4 Prozent bei Beginn des sexuellen Mißbrauchs jünger als vier Jahre, 40 Prozent fünf bis acht Jahre, 27 Prozent neun bis zwölf Jahre und 14,6 Prozent 13 bis 16 Jahre alt (Johns 1990, 11f.). Diese Ergebnisse decken sich weitgehend mit denen aus englischen und US-amerikanischen Kinderschutz- und Beratungseinrichtungen (Faller 1989, 284; Cupoli/Sewell 1987, 153; Reinhart 1987, 232; DeJong u.a. 1982, 990; Ellerstein/Canavan 1980, 255).

Die Dunkelfelduntersuchungen belegen ebenfalls, daß sexueller Kindesmißbrauch oft lange vor der Pubertät anfängt. Bei den Jungen schwankt das Durchschnittsalter zwischen 9,8 und 12 Jahren und bei den Mädchen zwischen 9,6 und 11,4 Jahren (Finkelhor u.a. 1990, 21; Risin/Koss 1987, 315; Baker/Duncan 1985, 459; Russell 1986, 100; Finkelhor 1979, 60).

Hinsichtlich der Altersstruktur der Täter zeigen die Studien, daß etwa ein Drittel der Täter selbst noch Kinder oder Jugendliche und nur etwa ein Zehntel über 50 Jahre alt sind. Der überwiegende Teil der Täter ist zwischen 19 und 50 Jahre alt (Russell 1986, 222; Wyatt 1985, 516; Finkelhor 1979, 74).

Daraus ergibt sich, daß viele Kinder und Jugendliche durch Gleichaltrige sexuell mißbraucht werden. Nach der Russell-Studie wurden beispielsweise 15 Prozent der innerfamilial mißbrauchten Frauen durch gleichaltrige Familienangehörige mißbraucht (Russell 1986, 153).

In letzter Zeit kommen mit leicht steigender Tendenz Frauen und Männer in die Beratungsstellen, die von ihren Müttern, Tanten oder Babysitterinnen sexuell mißbraucht wurden (mündliche Mitteilung Enders 1991). Durch die vermehrte Medienberichterstattung und vermehrte Hinweise bei Fortbildungen, Informationsveranstaltungen und in Veröffentlichungen auf Frauen als Täterinnen ist anscheinend ein weiteres Tabu entkräftet worden (Bass/Davis 1990, 88f., 267f.).

In den ausländischen Studien schwankt der Anteil von Frauen an den Menschen, die Mädchen sexuell mißbrauchen, zwischen null und sechs Prozent (Finkelhor u.a. 1990, 22; Gordon 1990, 326; Fromuth 1986, 10; Wyatt 1985, 516; Russell 1983, 138f.; Finkelhor 1984, 187). Eine von zwei Ausnahmen bildet – wie so oft – die Untersuchung von Fritz u.a. (1981, 56), in der zehn Prozent Täterinnen festgestellt wurden. Einen noch etwas höheren Anteil fanden Briere und Runtz: 15 Prozent der Betroffenen waren zumindest einmal das Opfer einer Frau geworden (Briere/Runtz 1988, 53).

Jungen werden nach den US-amerikanischen Studien häufiger von Frauen sexuell mißbraucht als Mädchen. Finkelhor fand in seinen beiden Studien, daß etwa jeder sechste bis siebte der sexuell mißbrauchten Jungen einer Frau zum Opfer gefallen war (Finkelhor 1984, 187). Bei der von der Los Angeles Times durchgeführten Telefonbefragung gaben 17 Prozent der sexuell mißbrauchten Männer an, eine Frau sei die Täterin gewesen (Gordon 1990, 326). In den Studien von Risin und Koss (1987, 315), Fritz u.a (1981, 56) und Fromuth und Burkhart (1987, 259) liegt die Quote mit 47 bis 75 Prozent sogar noch wesentlich höher.

Allerdings stellen Risin und Koss ihr eigenes Ergebnis in Frage. Um sich noch einmal abzusichern, gleichen sie ihre Definitionskriterien denen von Finkelhor an. Dennoch sinkt ihr Frauenanteil nur von 47 auf 35 Prozent und ist damit immer noch doppelt so hoch wie der von Finkelhor festgestellte (Risin/Koss 1987, 320). Weiterhin kritisieren Risin und Koss ihre Definition, die nicht differenziert zwischen Männern, die penetriert worden waren, und Männern, die selbst eine andere Person penetriert hatten. Denn gut die Hälfte der Täterinnen waren Babysitterinnen im Alter von 14 bis 17 Jahren, und etwa die Hälfte der Jungen machte aktiv mit. Von diesen »aktiven« Jungen fühlte sich der überwiegende Teil nicht mißbraucht, während die »passiven« Jungen sich meist sexuell ausgebeutet fühlten (ebd., 321). Es könnten also eine ganze Reihe einvernehmlicher sexueller Kontakte zwischen Jungen und älteren Mädchen einbezogen worden sein.

Fromuth und Burkhart (1987, 250) kommen sogar zu einem noch höheren Prozentsatz. Etwa 75 Prozent der sexuell mißbrauchten Studenten waren das Opfer einer Frau geworden. Dabei muß allerdings einschränkend gesagt werden, daß die Übergriffe durch Frauen von den Jungen sehr häufig nicht als sexueller Mißbrauch erlebt wurden. Jungen bewerten sexuelle Handlungen, die ältere Frauen mit ihnen vornehmen, vielfach eher als Einführung in die Sexualität denn als sexuellen Mißbrauch. Jungen sind in dieser Hinsicht durch die Sozialisation geprägt, die ihnen eine solche Interpretation nahelegt (ebd., 250ff.).

2.3 Soziale Hintergründe

Über die sozialen Hintergründe sexuellen Mißbrauchs an Kindern gibt es bisher kaum empirische Untersuchungen (Stermac u.a. 1990, 143).

Ausgehend von den feministischen Überlegungen zu den Ursachen sexueller Gewalt gegen Frauen wird häufig die patriarchale Gesellschaftsstruktur als sozialer Ausgangspunkt sexueller Gewalt angesehen. In einer durch die Herrschaft von Männern über Frauen gekennzeichneten Gesellschaft würden den Männern durch die Sozialisation Einstellungen vermittelt, die sie dazu bewegen könnten, ein Kind sexuell zu mißbrauchen (Hartwig 1990, 59).

In den USA haben eine Reihe von Studien – entsprechend den feministischen Annahmen – denn auch gezeigt, daß sich bei Männern, die sexuelle Gewalt gegen Frauen ausüben, folgende Einstellungen in viel deutlicherer Form finden als bei den anderen Untersuchungsteilnehmern:

- Partnerinnen und Kinder sind männlicher Besitz.
- Frauen und Kinder sind Männern untergeordnet.
- Männer müssen in der Sexualität dominieren.
- Männer haben ein Recht auf Bedürfnisbefriedigung, auch wenn sie damit gegen die Bedürfnisse anderer Menschen verstoßen.
- Gewalt kann ein legitimes Mittel sein, Interessen durchzusetzen.
- Kindern macht Sexualität mit Erwachsenen Spaß (Gutjahr/Schrader 1988, 20ff.; Stermac u.a. 1990, 148f.).

Allerdings ist meines Wissens bisher nicht untersucht worden, ob Kindesmißbraucher ebenfalls in besonderer Weise zu diesen Meinungen tendieren. Den feministischen Erklärungen widersprechen zumindest teilweise die AutorInnen, die sexuellen Mißbrauch als durch soziale Deklassierung, beengte Wohnsituation, Arbeitslosigkeit und soziale Isolation der Familien mitbedingt sehen (Wolff 1987, 10). Für sie ist sexueller Mißbrauch ein Unterschichtphänomen, das nicht in erster Linie durch das

Geschlechterverhältnis, sondern durch soziale Ungerechtigkeit verursacht wird. Ob sexueller Mißbrauch an Kindern ein über alle soziale Schichten gleichmäßig verteiltes Problem ist oder nicht, ist eine heiß umstrittene Frage. Sie läßt sich aufgrund der vorliegenden ausländischen Studien nicht eindeutig beantworten. Zwar findet sich meist kein Zusammenhang zwischen sozialer Schicht und der Häufigkeit sexuellen Kindesmißbrauchs (Russell 1986, 106; Peters u.a. 1986, 28f.), doch sind bei einigen Studien die Kinder aus schlechter gestellten Familien etwas überrepräsentiert (Finkelhor 1984, 24). Sicher ist aber, daß sexueller Mißbrauch in allen Schichten sehr häufig vor kommt.

Im Sinne der Vermutung, daß Familien, in denen es zu sexueller Gewalt kommt, häufig sozial isoliert sind, wird gemeinhin angenommen, daß sexueller Kindesmißbrauch in ländlichen Gebieten häufiger vorkommt als in den Städten. Finkelhor (1979, 113f.) fand in seiner StudentInnenbefragung diesen Zusammenhang teilweise bestätigt. StudentInnen, die auf Farmen aufgewachsen waren, berichteten signifikant häufiger über sexuellen Mißbrauch. Russell (1986, 113) konnte dagegen keinen Zusammenhang feststellen.

Eine interessante Frage ist auch, ob zwischen der Religionszugehörigkeit und sexuellem Kindesmißbrauch eine Beziehung besteht. Die US-amerikanischen Studien konnten keinen signifikanten Zusammenhang feststellen (Finkelhor 1984, 31; Russell 1986, 122f.). Allerdings kommt Finkelhor (1984, 43f.) durch die Ergebnisse der Täterforschung zu der Hypothese, daß sexueller Mißbrauch durch repressive Sexualnormen innerhalb der Familie mitbedingt sein könnte. Beispielsweise seien in vielen Familien, in denen es zum sexuellen Mißbrauch komme, außereheliche Affären extrem tabuisiert. Dies hindere den Vater daran, sich nach anderen erwachsenen Frauen umzusehen, wenn die Beziehung zu seiner Frau belastet sei oder zerbreche. In sehr religiösen Familien existieren tatsächlich meist sehr strenge Sexualtabus. Deshalb könnte man einen Zusammenhang zwischen dem Grad der Religiosität und sexuellem Mißbrauch vermuten.

2.4 Familiale Hintergründe

Bis in die sechziger Jahre unseres Jahrhunderts standen die Person des Täters und sein Milieu im Vordergrund der Forschung (Kapitel 1.2). Seit den Arbeiten der sogenannten »Palo-Alto-Gruppe« um Gregory Bateson zur Genese der Schizophrenie Mitte der fünfziger Jahre rückt jedoch in den Sozialwissenschaften zunehmend die Familiensituation ins Blickfeld des Interesses (Textor 1988, 10ff.). Diese Entwicklung nahm natürlich auch Einfluß auf die Erforschung des sexuellen Mißbrauchs an Kindern. In den USA veröffentlichten Kaufman u.a. (1954) und Lustig u.a. (1966) erste Beiträge, in denen der desolate Zustand der Familie als Hauptursache des sexuellen Mißbrauchs beschrieben wird.

Von den TheoretikerInnen dieses familiendynamischen Ansatzes werden die Familien, in denen es zu sexueller Gewalt kommt, als »dysfunktional«, »desorganisiert« und »zerrüttet« bezeichnet. Sexueller Mißbrauch ist für sie ein Überlebensmechanismus der gesamten Familie. Durch ihn sollen die zwischen den einzelnen Familienmitgliedern bestehenden Spannungen abgebaut und so die Auseinandersetzung mit den zugrundeliegenden Konflikten vermieden werden. Die Familie droht demnach also schon vor dem sexuellen Mißbrauch auseinanderzubrechen. Die einzelnen Familienmitglieder wollen aber die Familie unter allen Umständen zusammenhalten, wobei ihnen die sexuelle Ausbeutung als Bindemittel dient (Rijnaarts 1988, 156; Hirsch 1990[2], 157f.; Larson 1986, 104ff.; Mrazek/Bentovim 1981, 167ff.).

In der Bundesrepublik Deutschland ist Herbert Maisch (1968) einer der ersten, der diese Sichtweise propagiert. In der Zusammenfassung seiner Ergebnisse einer Gerichtsaktenanalyse von 78 Fällen innerfamilialen sexuellen Mißbrauchs schreibt er: »Die meisten Familien, in denen es zu inzestuösen Beziehungen kommt, sind bereits vor Tatbeginn gestört. Insofern ist das inzestuöse Geschehen in der Regel nicht Ursache, sondern Symptom einer gestörten Familienverfassung.« (Maisch 1968, 166.)

Dem familiendynamischen Ansatz liegt die Systemtheorie zugrunde, deren Kerngedanke besagt, »daß abweichendes Verhalten nicht auf Faktoren im Inneren des Individuums zurückzuführen sei, sondern aus einem interpersonalen Kontext heraus entstehe, einem Netz von Beziehungen, in denen Menschen aus der Bahn gerieten. Als ein solches Netz wird die Familie gesehen.« (Rijnaarts 1988, 157.) Damit befreit sich die Sozialwissenschaft aus der Zwangsjacke der kausalen Bezüge und schaut mehr auf das, was in der Interaktion, der Kommunikation zwischen den Menschen nicht stimmt. Diese neue Perspektive war ohne Zweifel gewinnbringend für die Sozialwissenschaft und die therapeutische Arbeit. Doch ist mit dieser Denkweise fast untrennbar die Abschaffung der Schuldfrage verbunden, und die Machtverhältnisse innerhalb der Systeme geraten aus dem Blickfeld. Die Begriffe »Opfer« und »Täter« verlieren ihre Bedeutung.

Letztlich wird eine Konstellation dreier gleichgestellter Familienmitglieder – Vater, Mutter, Kind – angenommen, die angeblich über ein gleiches Maß an Wissen und Macht verfügen. Außerdem wird hier allen Beteiligten ein gleich starkes Interesse am Symptom, dem sexuellen Mißbrauch, zugeschrieben. Dabei wird völlig außer acht gelassen, daß zumindest in traditionellen Familien der Vater über die Mutter und die Erwachsenen über die Kinder bestimmen (ebd., 158; Bartels 1990, 208f.). Die gesellschaftlichen Bedingungen sexueller Gewalt werden im familientherapeutischen Modell ebenfalls vernachlässigt.

Erst auf dieser Grundlage sind die folgenden Ergebnisse der ausländischen Studien zu den familialen Hintergründen der sexuellen Ausbeutung von Kindern als das zu verstehen, was sie sind: Ein wichtiger Teil des Bedingungsgefüges sexuellen Mißbrauchs. Nicht mehr und nicht weniger.

Verschiedene Untersuchungen zeigen, daß die sexuell mißbrauchten Kinder häufiger als die nicht mißbrauchten aus sogenannten »broken homes« kommen. Kinder, die den Tod eines Elternteils oder die Scheidung ihrer Eltern erleben oder eine Zeitlang ohne ihre Mütter oder Väter aufwachsen, sind gefährdeter als andere Kinder, sexuell mißbraucht zu werden (Finkelhor/Baron 1986, 72f.).

Doch sind viele Familien von sexuell mißbrauchten Kindern nicht nur strukturell beeinträchtigt, sehr häufig scheint auch das emotionale Familienklima gespannt zu sein. Denn in einer Reihe von Studien schätzten die befragten Mißbrauchsopfer sowohl die Beziehung ihrer Eltern als auch ihre Beziehung zu den Eltern signifikant schlechter ein als die nicht betroffenen UntersuchungsteilnehmerInnen (Draijer 1990, 134; Greenwald u.a. 1990, 508; Finkelhor/Baron 1986, 34ff.).

Fast alle Untersuchungen fanden zudem, daß es neben dem belasteten Familienklima eine weitere Gemeinsamkeit zwischen den Familien gibt, in denen es zu sexueller Gewalt kommt: Es handelt sich meist um Familien mit traditioneller Rollenverteilung. Der Vater ist der Herr im Haus, und zwar nicht nur, weil er das Geld verdient, sondern einfach, weil er ein Mann ist. Die Frau ist ihm untergeordnet. Sie arbeitet oft in niedriger Position oder ist gar nicht berufstätig und vom Mann finanziell abhängig (Herman 1981, 124f.; Finkelhor 1984, 39; Rijnaarts 1988, 256ff.). Viele dieser Männer betrachten Kinder als Besitz. Kinder dürfen ihnen nicht widersprechen und müssen ihrer Ansicht nach Erwachsenen in jedem Fall Respekt entgegenbringen.

2.5 Folgen

Leider gibt es auch zu den Folgen des sexuellen Mißbrauchs an Kindern keine deutsche Untersuchung, weshalb wiederum auf die ausländischen Ergebnisse zurückgegriffen werden muß. Da mir der direkte Vergleich meiner eigenen Untersuchungsergebnisse mit denen der ausländischen Studien sehr wichtig ist, und um etliche Sachverhalte nicht doppelt darstellen zu müssen, werden an dieser Stelle nur einige Ergebnisse von Studien beschrieben, in denen Erwachsene untersucht wurden. Dafür wird ausführlich auf die Ergebnisse der Kinderforschung eingegangen, um zu zeigen, welche Folgen ein sexueller Mißbrauch nach sich ziehen kann.

In den meisten Studien wird zwischen körperlichen, psychosomatischen, psychischen und sozialen Folgen sowie Autoaggressionen und Auswirkungen auf die Sexualität differenziert (z.B. Browne/Finkelhor 1986).

2.5.1 Körperliche Verletzungen

Längst nicht jeder sexuelle Mißbrauch hinterläßt körperliche Verletzungen. Wenn keine körperlichen Symptome vorhanden sind, darf dies deshalb nicht als Beweis dafür gelten, daß kein sexueller Mißbrauch stattgefunden hat (Sgroi 1978, 146). Allerdings gibt es eine Reihe physischer Verletzungen und Symptome, die mit hoher Wahrscheinlichkeit durch sexuellen Mißbrauch bedingt sind und deshalb wichtige diagnostische Hinweise liefern. »Weitaus häufiger als Laien vermuten mögen, werden Kinder mit Verletzungen im Genitalbereich und Geschlechtskrankheiten in Krankenhäuser eingeliefert.« (Enders 1990, 77.) Leider werden von MedizinerInnen bis heute einige der im folgenden referierten körperlichen Verletzungen nicht mit sexuellem Mißbrauch in Verbindung gebracht (Fegert 1990, 162). Deshalb sollte gesetzlich vorgeschrieben werden, daß in der MedizinerInnenausbildung die Diagnose von sexuellem Mißbrauch an Kindern gelehrt wird. Natürlich sollten aber auch Eltern, ErzieherInnen und PsychologInnen bei Verletzungen im Genitalbereich von Kindern immer die Möglichkeit sexuellen Mißbrauchs in ihre Überlegungen über den Ursprung solcher Verletzungen einbeziehen.

Indikatoren für einen sexuellen Mißbrauch können die folgenden körperlichen Verletzungen sein: **Verletzungen im Genital- und Analbereich (z.B. unerkläliches**

Bluten, Hämatome, Scheiden- oder Analrisse, Fremdkörper in der Scheide oder im After) und Geschlechtskrankheiten (z.B. Pilze, Herpes, Gonorrhoe, AIDS).

Ellerstein und Canavan (1980) untersuchten 145 sexuell mißbrauchte Kinder, die Patienten eines Kinderkrankenhauses in Buffalo waren. 50 Prozent der sexuell ausgebeuteten Jungen und 36 Prozent der Mädchen litten unter körperlichen Verletzungen, die sich überwiegend im Genital- und Analbereich befanden (Ellerstein/Canavan 1980, 255f.). Spencer und Dunklee (1986, 135) fanden in einem Kinderkrankenhaus in San Diego sogar bei 68 Prozent von 140 sexuell mißbrauchten Jungen körperliche Symptome. Andere Studien, die sich nicht mit KrankenhauspatientInnen beschäftigen, fanden allerdings mit 14 bzw. 23 Prozent einen wesentlich niedrigeren Anteil an körperlichen Verletzungen (DeJong 1982, 990; Gomes-Schwartz u.a. 1990, 61).

Trube-Becker (1987[2], 124f.) weist aufgrund ihrer langjährigen gerichtsmedizinischen Praxis zudem darauf hin, daß striemenartige Spuren an den Innenseiten der Oberschenkel und Bißringe auf der Brust, an Ohrläppchen oder am Hals häufig ebenfalls Anzeichen für einen sexuellen Mißbrauch sind. Hinweise auf sexuellen Mißbrauch können auch parallele Hämatome auf den Hüften sein, die vom Herunterdrücken bei analen Vergewaltigungen herrühren, und Brandwunden sowie Fingerabdrücke im Genitalbereich (mündliche Mitteilung Enders 1991).

Branch und Paxton (1965, 351) berichten, daß von 161 mit genitaler Gonorrhoe infizierten Kindern 160 die Krankheit durch einen sexuellen Kontakt übertragen bekamen. 19 von den 20 infizierten Kindern im Alter von ein bis vier Jahren und alle 25 Kinder im Alter von fünf bis neun Jahren waren durch einen sexuellen Kontakt mit einem Erwachsenen infiziert worden. Ebenso hatten sieben der 116 Zehn- bis Elfjährigen die Gonorrhoe durch einen sexuellen Mißbrauch bekommen. Der überwiegende Teil der anderen Kinder hatte sexuelle Kontakte mit Gleichaltrigen gehabt. Wie viele von ihnen durch Erwachsene infiziert worden waren, blieb unklar.

Zwei andere Studien fanden, daß bei etwa 70 Prozent der Kinder die Gonorrhoe durch sexuelle Kontakte übertragen worden war. Als eindeutige Opfer sexuellen Mißbrauchs schätzten sie 53 Prozent bzw. 41 Prozent der Kinder ein (Sgroi 1979, 74ff.; Farrell u.a. 1981, 151f.).

Augenfällig wird bei diesen Studien zudem, daß man sexuelle Kontakte und sexuellen Mißbrauch als Ursachen der Gonorrhoe um so häufiger feststellt, je intensiver die Umgebungsuntersuchungen und die Interviews durchgeführt werden können. Dabei ist von entscheidender Bedeutung, daß Untersuchung und Befragung dem Alter des Kindes entsprechen (Frank/Stachiw 1984, 225).

Erfahrungen aus den USA, England und Kanada belegen, daß ein Teil der HIV-positiven Kinder durch sexuellen Mißbrauch infiziert wurde (Gellert/Durfee 1989, 685). Dieser Zusammenhang wird in der Bundesrepublik Deutschland bisher kaum beachtet (Enders 1990, 88).

2.5.2 Psychosomatische Symptome

Verschiedene Studien belegen, daß ein Teil der sexuell mißbrauchten Kinder und Erwachsenen mit psychosomatischen Beschwerden reagiert. Durch **Kopf-, Hals-,**

Magen- und Unterleibsbeschwerden ohne erkennbare organische Ursachen, durch Eßstörungen, Schlafstörungen, Erstickungsanfälle und Sprachstörungen bringen sie ihre leidvollen Erfahrungen zum Ausdruck. So zeigte sich beispielsweise in einer der methodisch überzeugendsten Folgenuntersuchungen, die von Conte, Berliner und Schuerman durchgeführt wurde, daß die untersuchten sexuell mißbrauchten Kinder signifikant häufiger unter Schlafstörungen und Alpträumen litten. Conte u.a. ließen bei ihrer Studie in einem ersten Schritt SozialarbeiterInnen eine 38-Punkte-Symptomliste über 369 sexuell mißbrauchte Kinder ausfüllen, die in Seattle in einem »Sexual Assault Center« vorgestellt worden waren. Die SozialarbeiterInnen stützten sich dabei auf Gespräche mit den Kindern, mit den Eltern und mit Verwandten. Gleichzeitig legten die ForscherInnen den Eltern bzw. dem nicht mißbrauchenden Elternteil ein Kinderverhaltensprofil vor. Die Eltern sollten dabei einschätzen, ob und wie häufig ihr Kind jede der 110 aufgelisteten Verhaltensweisen zeigte. Diese erste Befragung fand in der Regel einige Wochen nach der Aufdeckung des sexuellen Mißbrauchs statt. Ein Jahr später wurden dann die Eltern noch einmal befragt. Diesmal hatten sie beide Symptomlisten selbst auszufüllen. Bei der zweiten Befragung konnten allerdings nur noch Daten über 198 Kinder erhoben werden. Es gab auch eine Vergleichsgruppe. Dafür wurde aber nur den Eltern der Kinder eine leicht modifizierte Fassung des Kinderverhaltensprofils vorgelegt (Conte/Schuerman 1987, 381ff.; Conte 1988, 310ff.; Conte/Berliner 1988, 75ff.).

Nach Angaben der SozialarbeiterInnen litten 20 Prozent der mißbrauchten Kinder unter Schlafstörungen und Alpträumen. Bei der Elternbefragung nach zwölf Monaten berichteten 32 Prozent von solchen Problemen. Vor dem sexuellen Mißbrauch hatten laut Aussage der Eltern neun Prozent der Kinder Schlafstörungen und Alpträume. Von den 165 Kindern der Vergleichsgruppe hatten dagegen nur sieben Prozent solche Schwierigkeiten. Statistisch signifikant sind die Unterschiede zudem bei Konzentrationsstörungen und Eßstörungen (Conte 1988, 315ff.).

In Erfahrungsberichten, in Fallstudien und in den von PraktikerInnen zusammengestellten Symptomlisten tauchen neben den beschriebenen noch eine ganze Reihe weiterer körperlicher und psychosomatischer Auffälligkeiten auf. Allerdings ist meines Wissens bisher für keines dieser Symptome untersucht worden, wie oft sie bei sexuell mißbrauchten Kindern auftreten und ob die Opfer sexueller Gewalt häufiger unter ihnen leiden als ihre nicht mißbrauchten Altersgenossen. Deshalb werden sie hier nur kurz aufgezählt: **Hauterkrankungen, Legasthenie, Asthma, Epilepsie, Hormon- und Menstruationsstörungen** (Enders 1990, 81; Steinhage 1989, 24f.; Fürniss/Phil 1986, 337).

2.5.3 Psychische Symptome

Der sexuelle Mißbrauch wird wohl von allen betroffenen Kindern als demütigend erlebt. Sie denken, wem so etwas passiert, der kann nicht viel wert sein. Sie glauben, sie könnten auch sonst nichts bewirken, da sie ja auch den sexuellen Mißbrauch nicht verhindern konnten. Sie schämen sich dafür, daß sie sexuell mißbraucht werden, sie fühlen sich schuldig und schmutzig. Sie zweifeln häufig an sich selbst. Dementsprechend zeigten in der Studie von Conte u.a. nach Angaben der SozialarbeiterInnen 33

Prozent der sexuell mißbrauchten Kinder kurz nach der Aufdeckung und 42 Prozent bei der Elternbefragung nach einem Jahr ein **niedriges Selbstwertgefühl** und wenig Vertrauen in ihre eigenen Fähigkeiten. Im Vergleich mit den nicht sexuell mißbrauchten Kindern waren die Werte zum Zeitpunkt der zweiten Befragung mehr als doppelt so hoch (Conte 1988, 315ff.).

Tong u.a. (1987) kommen zu einem ähnlichen Ergebnis. Die 33 untersuchten sexuell mißbrauchten Mädchen zeigten auf der »Piers-Harris Self-Concept Scale« ein statistisch signifikant niedrigeres Selbstwertgefühl als die Mädchen der Vergleichsgruppe. Die sexuell mißbrauchten Jungen unterschieden sich dagegen kaum von den Jungen der Vergleichsgruppe. Tong u.a. führen dies darauf zurück, daß die Jungen häufiger von Fremden sexuell ausgebeutet worden waren, die meist »weniger intensiven« sexuellen Mißbrauch verübt hatten (Tong u.a. 1987, 375ff.).

Bagley und Ramsay (1986) befragten 377 zufällig ausgewählte Frauen aus Calgary in Kanada. 22 Prozent von ihnen hatten in ihrer Kindheit sexuellen Mißbrauch erfahren. Alle Frauen füllten eine Reihe standardisierter psychologischer Fragebögen aus. Dabei zeigte sich beim »Coopersmith-Selbstwert-Inventar«, daß 19 Prozent der sexuell mißbrauchten Frauen, aber nur fünf Prozent der nicht mißbrauchten Frauen ein sehr niedriges Selbstwertgefühl hatten. Dementsprechend zeigten 20 Prozent der Frauen der Vergleichsgruppe, aber nur neun Prozent der Mißbrauchsopfer ein sehr hohes Selbstwertgefühl. Diese Unterschiede sind statistisch hochsignifikant (Bagley/Ramsay 1986, 40f.).

Depressive Reaktionen von Kindern auf einen sexuellen Mißbrauch werden von vielen ExpertInnen geradezu als symptomatisch betrachtet (Mitnick 1986, 86). Es ist ja auch allzu verständlich, wenn die Kinder traurig darüber sind, daß ein vertrauter Mensch sie benutzt und ihnen weh getan hat. Sie sind enttäuscht, daß sie sich selbst nicht aus dieser Situation befreien können und andere Menschen ihnen ebenfalls nicht helfen. So überrascht es nicht, daß fast alle Studien einen signifikanten Zusammenhang zwischen sexuellem Mißbrauch und depressiven Verhaltensweisen feststellen. Bei der klinischen Studie von Kolko, Moser und Weldy (1988, 537) zeigten die sexuell mißbrauchten Kinder signifikant mehr depressive Reaktionen als die körperlich mißhandelten Kinder und als die weder sexuell noch körperlich mißbrauchten Jungen und Mädchen. Die Kinder waren im übrigen alle Patienten einer Kinder- und Jugendpsychiatrie. Von den in der Studie von Conte u.a. befragten Eltern sexuell mißbrauchter Kinder beobachtete ein Jahr nach der Aufdeckung des Mißbrauchs fast die Hälfte beim Kind Rückzugsverhalten, Trauer und Depressionen, während dies bei den 165 Kindern in der Vergleichsgruppe nur bei etwa 15 Prozent der Fall war. Zusammengefaßt zu einer Verhaltensdimension »Depression« ist dieser Unterschied hochsignifikant (Conte 1988, 319).

Pantle und Oegema (1990) stellten allerdings bei einer Untersuchung von 111 Mädchen, die sich überwiegend wegen Depressionen in stationärer psychiatrischer Behandlung befanden, fest, daß mit 32 Prozent die Anzahl von Mißbrauchsopfern unter ihnen nicht viel höher war als bei Mädchen allgemein (Pantle/Oegema 1990, 58). Insgesamt wird dennoch deutlich, daß zwischen sexuellem Mißbrauch und depressiven Verhaltensweisen von Kindern eine enge Beziehung besteht. Auch wenn längst nicht jedes sexuell mißbrauchte Kind depressiv reagiert und nicht notwendigerweise hinter jeder kindlichen Depression ein sexueller Mißbrauch steckt, muß bei kindlichem Rückzugsverhalten, bei Anzeichen von Trauer und Depression immer ein sexueller Mißbrauch als mögliche Ursache in Betracht gezogen werden.

Ein großer Teil der Kinder entwickelt infolge des sexuellen Mißbrauchs massive **Angstgefühle**. Die Kinder haben zum einen die sehr realistischen Ängste, erneut mißbraucht zu werden. Sie fürchten sich davor, daß der Täter seine Drohungen wahr macht und sie schlägt oder gar tötet, wenn sie etwas verraten. Auch Befürchtungen, daß ihnen nicht geglaubt wird, daß sie von den Eltern und Geschwistern getrennt werden und daß sie in der Schule und von den Freunden verspottet werden, wenn der sexuelle Mißbrauch entdeckt wird, sind häufig. Einige Kinder zeigen plötzlich eine für ihre Umwelt unerklärliche Angst vor Menschen, die sie durch ihre Stimme, ihren Tonfall, einen Bart, die Statur usw. an den Täter erinnern. Manchmal kommt es sogar zu panikartigen Reaktionen. Ähnliches gilt für bestimmte Situationen oder Räume. So kann es ein wichtiger Hinweis auf sexuellen Mißbrauch sein, wenn ein Kind plötzlich Angst hat, mit einer bestimmten Person allein im Haus zu bleiben.

Die Untersuchungen bestätigen den Zusammenhang von Ängsten und sexuellem Mißbrauch eindrucksvoll. Bei der Studie von Conte u.a. hatten nach Angaben der Eltern 20 Prozent der sexuell mißbrauchten Kinder Angst, die Wohnung zu verlassen, 24 Prozent hatten Panik- und Angstanfälle, und sogar 36 Prozent hatten Angst vor bestimmten Menschen, Situationen und Plätzen (Conte 1988, 319). Dagegen traten solche Ängste unter den nicht mißbrauchten Kindern nur bei sechs, acht bzw. 18 Prozent auf. Dieser Unterschied erreichte, wenn man die verschiedenen Symptome zu einer Dimension »Angst« zusammenfaßte, Signifikanzniveau (ebd. 320). Die Ergebnisse anderer Studien sind ähnlich (Mannarino/Cohen 1986, 21; Elwell/Ephross 1987, 112; Tong u.a. 1987, 377ff.; Kolko u.a. 1988, 537; Gomes-Schwartz u.a. 1990, 86ff.).

Bei den Jungen kommen zu den beschriebenen Ängsten noch zwei geschlechtsspezifische hinzu. Zum einen erzählen viele Männer, die als Jungen von Männern sexuell mißbraucht wurden, daß sie damals Angst hatten, homosexuell zu sein oder als Schwule beschimpft zu werden. Denn allein die Tatsache, daß sie homosexuelle Kontakte mit einem Mann hatten, reicht aus, daß Jungen denken, sie seien schwul. Wenn die sexuellen Handlungen bei ihnen zudem auch noch angenehme Gefühle ausgelöst haben, ist dies für sie ein deutliches Indiz für ihre Homosexualität. Und in unserer Gesellschaft, die durch eine hohe Angst vor Homosexualität geprägt ist, wird den Kindern immer noch beigebracht, daß nur heterosexuelle Sexualität »normal« ist. Aber auch wenn eine Frau die Täterin ist, kann es zu solchen Ängsten kommen. Fürchtet sich der Junge vor der Frau, ekelt er sich vor dem sexuellen Mißbrauch und wird er dadurch nicht erregt, glaubt er, er sei schwul. Denn jeder »richtige« Junge möchte doch Sexualität mit einer Frau haben und das auch toll finden (Rogers/Terry 1984, 95; Sebold 1987, 76f.; Glöer/Schmideskmap-Böhler 1990, 72 und 138). Durch die Diskussionen über Frauen als Täterinnen wird in diesem Zusammenhang die Frage aufgeworfen, ob auch Mädchen, die von einer Frau sexuell mißbraucht wurden, Angst haben, homosexuell zu sein. Bisher gibt es zu dieser Frage keine gesicherten Erkenntnisse. Allerdings muß hier noch einmal betont werden, daß nicht jeder Junge solche Ängste entwickelt. So wissen etwa Jungen, die im Kleinkindalter sexuell mißbraucht werden, oft noch gar nicht, was Homosexualität ist.

Vor allem kleinere Kinder zeigen infolge eines sexuellen Mißbrauchs **regressive Verhaltensweisen**. Sie möchten plötzlich wieder mehr auf den Schoß der Mutter oder in den Arm genommen werden, klammern sich ans Bein und wollen wieder mehr umsorgt werden. Auch lutschen sie plötzlich wieder am Daumen oder machen ins Bett. Manchmal fallen sie in kindlicheres Sprechen und Spielen zurück. Bei Elwell und Ephross (1987, 112) klammerten sich über 40 Prozent der Kinder plötzlich wieder mehr an ihre Eltern. Bei Mannarino und Cohen (1986, 21) fielen 22 Prozent der Kinder durch solches Verhalten auf. 18 Prozent machten wieder ins Bett. Zwischen den sexuell mißbrauchten und den nicht mißbrauchten Kindern fand sich in der Studie von Conte u.a. auch bei der Verhaltensdimension »Regression« ein hochsignifikanter Unterschied (Conte 1988, 320).

Wahrscheinlich wegen ihrer großen Enttäuschung, ihres Mißtrauens, ihrer Schamgefühle und ihrer Angst vor weiterer sexueller Ausbeutung zieht sich ein erheblicher Teil dieser Kinder in sich selbst zurück. Dieser Zusammenhang wird wiederum von der Studie von Conte u.a. eindrucksvoll belegt. Die sexuell mißbrauchten Kinder zeigten im Gegensatz zu den Kindern der Vergleichsgruppe sehr viel häufiger **Rückzugsverhalten**. Beispielsweise gaben die Eltern von sexuell ausgebeuteten Kindern siebenmal häufiger an, daß die Kinder Probleme hatten, Freunde zu finden bzw. Freundschaften aufrechtzuerhalten, als die Eltern von Kindern, die nicht mißbraucht worden waren (Conte 1988, 319f.). Bei Tong u.a. (1987, 374) berichteten 30 Prozent der Eltern, daß ihre Kinder nach der Aufdeckung des sexuellen Mißbrauchs weniger Freunde hatten. 28 Prozent der Kinder spielten seltener mit ihren Freunden als früher.

2.5.5 Soziale Auffälligkeiten

Kinder und Jugendliche zeigen nach einem sexuellen Mißbrauch überdurchschnittlich oft **Verhaltensauffälligkeiten und Schulprobleme**. Wie jedoch die folgende Aussage von Sylvia Fraser (1990, 80) illustriert, reagieren Kinder nicht nur mit Leistungsverweigerung, sondern manchmal auch mit **extremer Leistungsbereitschaft** auf einen sexuellen Mißbrauch:

»Diese Glamourpuppe, die ich schon damals Schöner Schein nannte, hatte die Aufgabe, der Welt zu demonstrieren, wie einfach und prima alles lief, wenn bei mir selbst die Verzweiflung am größten war. Ich schickte sie ins Rennen – zu den Wahlen für die Schülervertretung, den Popularitätswettbewerben, den sportlichen Ausscheidungskämpfen; ich kaufte ihr das Cheerleaderkostüm. Jahrelang gewann sie die Preise, sammelte sie die Stimmen, aber sie hatte eine entscheidende Schwäche: Sie reagierte nicht auf die Wirklichkeit um sie herum, ihre Gefühle waren nicht echt. Sie war programmiert wie ein Computer, und wie ein Computer zog sie ihr Programm durch.«

Hinter dieser verzweifelten Leistungsbereitschaft stehen verschiedene Motive. Der Erfolg in der Schule gibt den Kindern Sicherheit. Der »Schöne Schein« kann wie eine Tarnkappe über den sexuellen Mißbrauch gezogen werden. So können beispielsweise die Ängste, entdeckt zu werden oder anders als die anderen zu sein, gemildert werden. Die Schule kann als Raum fungieren, in dem die Kinder keine Angst vor sexuellen Übergriffen haben müssen und sich deshalb entfalten können. Durch die Schulerfolge bekommen die Kinder zudem Anerkennung, die ihnen helfen kann, den sexuellen Mißbrauch zu überleben. Ein anderes Motiv dafür, sich in der Schule anzustrengen, ist bei einigen Kindern, möglichst schnell Geld zu verdienen und damit unabhängig zu werden (Enders 1990, 106). Leider hat keine der mir vorliegenden Studien den Zusammenhang zwischen extremer Leistungsmotivation und sexuellem Mißbrauch untersucht. Wie häufig sich sexuell mißbrauchte Kinder zu »jedermanns Liebling« entwickeln, ist also unbekannt.

Dagegen beweisen die Untersuchungen, daß ein erheblicher Teil der Opfer sexuellen Kindesmißbrauchs mit Leistungsverweigerung und mit Schulproblemen reagiert. Die Eltern in der Studie von Conte u.a. gaben beispielsweise an, daß 25 Prozent der mißbrauchten Kinder ein Jahr nach der Aufdeckung des sexuellen Mißbrauchs Leistungsprobleme und 22 Prozent Verhaltensauffälligkeiten in der Schule zeigten. Die nicht mißbrauchten Kinder hatten hier mit zehn bzw. fünf Prozent erheblich weniger Schwierigkeiten (Conte 1988, 319). Tong u.a. (1987, 379) befragten bei ihrer Untersuchung auch die LehrerInnen der sexuell mißbrauchten Kinder nach Auffälligkeiten in der Schule, ohne den LehrerInnen dabei mitzuteilen, daß die Kinder sexuell mißbraucht worden waren. Die LehrerInnen schätzten die sexuell mißbrauchten Kinder als weniger hart arbeitend und weniger lernend ein. Zudem zeigten sie nach Meinung der LehrerInnen öfter ein situations- und altersunangemessenes Verhalten und schienen auch weniger Spaß an der Schule zu haben als die nicht mißbrauchten Kinder der Vergleichsgruppe.

Ein plötzlicher Leistungsknick in der Schule, egal ob nach »oben« oder nach »unten«, sollte deshalb immer hinterfragt werden. Sexueller Mißbrauch löst bei vielen Kindern ein Gefühl der Ohnmacht aus. Sie fühlen sich hilflos in der Situation gefangen, sind verzweifelt, daß sie sich nicht selbst helfen können, und enttäuscht über die fehlende Hilfe Dritter. Sich diese Schwäche einzugestehen, fällt vor allem Jungen sehr schwer. Schwach und ohnmächtig zu sein, paßt nicht in ihr gesellschaftlich vermitteltes Jungenbild. Um ihre Männlichkeit zurückzugewinnen, begeben sich die Jungen leicht in die Rolle des Aggressors. Sie verhalten sich gegenüber kleineren und schwächeren Kindern aggressiv oder lassen sich auf Prügeleien ein, damit sie sich wieder als »richtige« Jungen fühlen können (Rogers/Terry 1984, 96). Außerdem dienen die **aggressiven Verhaltensweisen** dazu, die Haßgefühle gegenüber dem Täter auszuleben. Auch die Wut, daß ihnen so etwas überhaupt angetan wird, ist sicher ein Motiv für die Aggressionen der Kinder.

Leider differenzieren die Studien selten zwischen Jungen und Mädchen, so daß die offensichtliche Verschiedenheit ihrer Reaktionsweisen nur aus vereinzelten Fallberichten und Aussagen von TherapeutInnen und der Studie von Friedrich u.a. (1986) hervorgeht, die bei ihrem Vergleich von sexuell mißbrauchten Jungen und Mädchen nur einen einzigen wesentlichen Unterschied festgestellt haben: Jungen neigen eher zu nach außen gerichteten Verhaltensweisen wie Aggressionen und Mädchen eher zu nach innen gerichteten (ebd., 53).

Daß aber zweifellos die Neigung zu aggressiven Verhaltensweisen nach einem sexuellen Mißbrauch deutlich steigt, beweist erneut die Studie von Conte u.a.: 39 Prozent der Eltern von sexuell mißbrauchten Kindern berichteten, daß die Kinder sich schlugen, andere anschrieen oder Sachen zerstörten. Nur zwei Prozent der Eltern gaben an, daß dies auch vor dem sexuellen Mißbrauch so gewesen sei. Im Vergleich zu den nicht mißbrauchten waren die mißbrauchten Kinder auch im Hinblick auf aggressives Verhalten wesentlich auffälliger (Conte 1988, 319f.).

Bei der Untersuchung von Gomes-Schwartz u.a. zeigte sich gleichfalls, daß ein großer Teil der Mißbrauchsopfer aggressiv reagiert. So zeigten beispielsweise von den 58 untersuchten sieben- bis 13jährigen Kindern fast 50 Prozent ein als pathologisch bewertetes Aggressionsverhalten. Ebenfalls fast die Hälfte der Kinder fiel durch antisoziales Verhalten auf. Als Meßinstrument diente dabei die »Louisville Behavior Checklist« (Gomes-Schwartz u.a. 1990, 90).

Die sexuell mißbrauchten Kinder und Jugendlichen geraten häufiger in Konflikt mit dem Gesetz als ihre nicht mißbrauchten Altersgenossen. Etwa ein Prozent der in der Studie von Conte u.a. erfaßten sexuell mißbrauchten Kinder hatte nach Angaben der Eltern schon einmal ernste Schwierigkeiten mit der Polizei (Überfälle oder Raub) gehabt. Knapp fünf Prozent von ihnen waren wegen geringfügigerer Delikte wie Ladendiebstahl oder Vandalismus aufgefallen. Die nicht mißbrauchten Kinder hatten dagegen keine schweren und nur zu zwei Prozent kleinere Delikte begangen (Conte 1988, 319).

Dieses Ergebnis wird durch Runtz' und Brieres Studentinnenbefragung gestützt. Dort zeigte sich, daß die sexuell mißbrauchten Frauen häufiger Probleme mit dem Gesetz hatten als die nicht mißbrauchten (Runtz/Briere 1986, 328f.). Eine Untersuchung mit 63 verurteilten jugendlichen Straftätern, die an einem Wohngruppenprojekt in den USA teilnahmen, ergab, daß 70 Prozent dieser Jungen zuvor sexuell mißbraucht oder belästigt worden waren (Brannon u.a. 1989, 163ff.). Dieser Wert liegt weit über der durchschnittlichen Mißbrauchsquote unter Jungen im allgemeinen.

Auch wenn insgesamt nur ein kleiner Teil der sexuell mißbrauchten Kinder und Jugendlichen delinquentes Verhalten an den Tag legt, sollte von den Eltern und vor allem von den MitarbeiterInnen der psychosozialen Dienste und den VertreterInnen unseres Rechtssystems ein solches Verhalten immer als Hilferuf angesehen werden – zumal weiteren Straftaten eher durch eine Auseinandersetzung mit den dahinter liegenden Problemen vorgebeugt wird als durch Strafen (Runtz/Briere 1986, 332).

1980 schätzten Kempe und Kempe, daß über 50 Prozent aller **AusreißerInnen** sexuell mißbraucht worden seien (Kempe/Kempe 1980, 65). Herman (1981, 93) berichtet, daß 33 Prozent der von ihr befragten Opfer innerfamilialer sexueller Gewalt in der Adoleszenz von zu Hause weggelaufen seien. McCormack u.a. (1986) fanden bei ihrer Untersuchung heraus, daß von 144 streunenden Jugendlichen 73 Prozent der Mädchen und 38 Prozent der Jungen sexuellen Mißbrauch erlebt hatten (McCormack u.a. 1986, 390). Außerdem zeigte sich, daß die sexuell mißbrauchten TrebegängerInnen häufiger als die anderen Jugendlichen Ängste und Suizidgedanken äußerten. Die sexuell mißbrauchten Mädchen zeigten zudem eine höhere Tendenz zu Promiskuität, Prostitution und kriminellem Verhalten. Die männlichen Mißbrauchsopfer hatten dagegen mehr körperliche Verletzungen und Krankheiten sowie Angst vor erwachsenen Männern (ebd., 390ff.).

Weglaufen oder Streunen scheint bei Mädchen also ein wichtiger Hinweis auf einen möglichen sexuellen Mißbrauch zu sein. Jungen laufen dagegen nach einer sexuellen Ausbeutung offenbar seltener weg. Sebold (1987, 80) meint, daß dieser Unterschied durch die geschlechtsspezifische Sozialisation bedingt ist. Jungen wird vermittelt, daß sie schmerzliche Situationen aushalten und ihre Probleme allein lösen müssen. Sich Hilfe zu holen oder wegzulaufen gilt als Schwäche. Ein weiterer Grund dafür, daß Jungen nicht so oft aus der Mißbrauchssituation fliehen wie Mädchen, könnte sein, daß sie seltener innerhalb der Familie zu Opfern sexueller Gewalt werden. Die Familie bietet ihnen bei einem Mißbrauch durch einen Bekannten vielleicht immer noch einen gewissen Schutzraum oder zumindest die Hoffnung darauf. Letztlich muß aber auch bei streunenden Jungen immer damit gerechnet werden, daß sie sexuell mißbraucht worden sind.

Sehr häufig zeigen Mißbrauchsopfer zudem **autoaggressive Verhaltensweisen**. Sie entwickeln **Suizidgedanken** oder versuchen, sich selbst zu töten, um der Mißbrauchssituation zu entfliehen oder um den Schmerz zu beenden. Sie verletzen sich selbst in der Hoffnung, gefragt zu werden, warum sie das tun, oder um sich selbst zu bestrafen. Bei der Studie von Conte u.a. berichteten beispielsweise 14 Prozent der Eltern, daß ihre Kinder in dem Jahr nach der Aufdeckung des sexuellen Mißbrauchs von Selbsttötung gesprochen hätten, und über vier Prozent der Eltern sagten, ihr Kind habe sogar versucht, sich zu töten. Im Gegensatz dazu hatten »nur« drei Prozent der Kinder der Vergleichsgruppe über Suizid gesprochen. Kein einziges hatte eine Selbsttötung versucht (Conte 1988, 319).

Auch **bewußte Selbstverletzungen** finden sich bei sexuell mißbrauchten Kindern häufiger als bei nicht mißbrauchten. So fanden Dixon u.a. (1978, 835ff.) bei zwei der von ihnen untersuchten sechs Jungen, die von ihren Vätern sexuell mißbraucht worden waren, eine Reihe ungeklärter Unfälle (z.B. Autounfälle, Stürze von Dächern, Schußverletzungen). Einer der Jungen schnitt sich fast gewohnheitsmäßig in die Arme. Von den 45 von Mary deYoung befragten innerfamilial mißbrauchten Mädchen und Frauen haben sich 26 bewußt selbst verletzt. Sie schnitten sich in Arme und Beine, versuchten, sich die Arme und Beine zu brechen, fügten sich Verletzungen an den Brüsten und im Genitalbereich zu und drückten sich Zigaretten auf dem Körper aus (deYoung 1982, 579).

Bei der Studie von Conte u.a. begaben sich nach Angaben der Eltern elf Prozent der sexuell mißbrauchten Kinder unnötigerweise in gefährliche Situationen, und etwas über vier Prozent verletzten sich selbst, indem sie beispielsweise so lange mit ihrem Arm gegen eine Mauer schlugen, bis er brach. Unter den nicht mißbrauchten Kindern wurde ein solches Verhalten bei drei bzw. zwei Prozent beobachtet (Conte 1988, 319).

2.5.5 Auffälliges Sexualverhalten

Wesentlich häufiger als im Bevölkerungsdurchschnitt sind bei den Mißbrauchsopfern Sexualprobleme festgestellt worden. So ist zum Beispiel ein **altersunangemessenes Sexualverhalten** von Kindern eines der wenigen wirklich eindeutigen Anzeichen für sexuellen Mißbrauch (Enders 1990, 85). Dies wird durch eine ganze Reihe von Studien belegt:

Bei der Studie von Kolko u.a. (1988, 537) zeigten die sexuell mißbrauchten Kinder im Gegensatz zu den körperlich mißhandelten und den von beiden Gewaltformen verschonten Kindern statistisch hochsignifikant mehr sexualisiertes Verhalten.

Eine sehr ähnlich angelegte Studie von Gale u.a. (1988) kam zu dem gleichen Resultat: 41 Prozent der sexuell mißbrauchten Kinder, aber nur drei bzw. vier Prozent der Kinder der beiden Vergleichsgruppen waren sexuell auffällig (Tharinger 1990, 334).

Friedrich u.a. (1986) verglichen 31 sexuell mißbrauchte Jungen im Alter von drei bis acht Jahren mit 33 gleichaltrigen Jungen, die wegen Erziehungsschwierigkeiten in therapeutischer Behandlung waren. Dabei zeigten die Kinder auf der »Child Behavior Checklist« nur zwei wesentliche Unterschiede: Die sexuell mißbrauchten Jungen verhielten sich deutlich häufiger sexuell auffällig, während die anderen Jungen entsprechend ihrer Diagnose häufiger zu Hause ungehorsam waren, »zappelten« und »jammerten« (Friedrich u.a. 1986, 25f.).

In einer zweiten Studie verglich Friedrich (1988) sexuell mißbrauchte Kinder sowohl mit nicht mißbrauchten Kindern in therapeutischer Behandlung als auch mit Kindern, die weder mißbraucht noch in Behandlung waren. Die beiden klinischen Gruppen unterschieden sich in allen Punkten der »Child Behavior Checklist« von den anderen Kindern. Wiederum der einzige Unterschied zwischen den sexuell mißbrauchten und den anderen Kindern in Therapie war, daß sich die Mißbrauchsopfer deutlich sexualisierter verhielten (Friedrich 1988, 181f.).

Bei der britischen Studie von Bentovim u.a. (1987, 1456) ließ sich bei 38 Prozent der 441 untersuchten sexuell mißbrauchten Kinder sexualisiertes Verhalten feststellen, während nur fünf Prozent der Kinder der Vergleichsgruppe durch solches Verhalten auffielen.

Sebold (1987, 78) befragte TherapeutInnen, die mit sexuell mißbrauchten Jungen arbeiteten. Auch sie berichteten, daß die Jungen sehr häufig und exzessiv masturbierten und sehr oft ein sexualisiertes Sprachverhalten zeigten.

Die Ergebnisse der Studie von Gomes-Schwartz u.a. sind ähnlich. Die 30 untersuchten vier- bis sechsjährigen Kinder wiesen in elf der 18 Dimensionen der »Louisville Behavior Checklist« höhere Werte auf, als Kinder dies normalerweise tun. Im Vergleich mit den Werten von Kindern in psychiatrischer Behandlung findet sich dann allerdings nur ein statistisch signifikanter Unterschied: Die sexuell mißbrauchten Kinder fallen häufiger durch altersunangemessenes Sexualverhalten auf (Gomes-Schwartz u.a 1990, 84). Bei den 58 sieben- bis 13jährigen Kindern ist das Ergebnis sehr ähnlich: In fast allen Dimensionen der Checklist haben sie signifikant höhere Werte als nicht mißbrauchte Kinder, und im Vergleich zu den Kindern, die therapeutische Hilfe brauchen, haben sie nur beim Sexualverhalten signifikant höhere Werte (ebd., 88ff.).

Etwas über 14 Prozent der von Conte u.a. befragten Eltern sexuell mißbrauchter Kinder fiel ein sexualisiertes Verhalten bzw. Sprachverhalten bei ihren Kindern auf. In der Vergleichsgruppe lag dieser Wert unter zwei Prozent (Conte 1988, 319).

Bei Mannarinos und Cohens Studie (1986, 21) war altersunangemessenes Sexualverhalten ebenfalls eines der am häufigsten von den Eltern beobachteten Symptome. Allerdings berichteten insgesamt nur 16 Prozent der Eltern von einem solchen Verhalten ihrer Kinder. Dies könnte damit zusammenhängen, daß viele der in dieser Studie untersuchten Kinder einen einmaligen Mißbrauch erlebt hatten, der manchmal nicht so traumatisch wirkt.

Jampole und Weber (1987) versuchten, in einer kleinen Untersuchung festzustellen, ob sich das Spiel sexuell mißbrauchter Kinder mit zur Diagnose verwendeten anatomisch korrekten Puppen von dem nicht mißbrauchter Kinder unterscheidet. Neun der zehn Mißbrauchsopfer spielten eindeutig sexuelles Verhalten mit den Puppen nach. Sie demonstrierten entweder Geschlechtsverkehr oder Oralverkehr zwischen den Puppen oder Geschlechtsverkehr und Oralverkehr zwischen sich und der Puppe. Dagegen zeigten nur zwei der zehn Kinder der Vergleichsgruppe ein solches Verhalten (Jampole/Weber 1987, 190f.).

Doch nicht nur eine exzessive Beschäftigung mit der Sexualität wird bei sexuell mißbrauchten Kindern beobachtet, die Kinder zeigen auch vielfach **Angst vor sexuellen Dingen**. Sie haben Sexualität als etwas Gewalttätiges und Schmutziges erlebt und dadurch oft negative Gefühle mit der Sexualität assoziiert, die dazu führen können, daß die Kinder sexuelle Aktivitäten als bedrohlich erleben. Sie vermeiden sie deshalb. Johnson und Shreir (1985) verglichen in einer der wenigen Studien zu dieser Frage 40 sexuell mißbrauchte ältere Jungen mit 40 nicht mißbrauchten. 23 Prozent der mißbrauchten, aber nur acht Prozent der anderen Jungen hatten verschiedene psychosoziale Probleme mit der Sexualität (Johnson/Shreir 1985, 374). Johnson und Shreir (ebd.) fanden zudem bei 25 Prozent der sexuell mißbrauchten, aber nur bei fünf Prozent der nicht mißbrauchten Jungen verschiedene Arten von **sexuellen Dysfunktionen**, die nicht organisch bedingt waren (z.B. gehemmte Libido, vorzeitige Ejakulation, ausbleibende Ejakulation).

Für sexuell mißbrauchte Mädchen ist dieser Zusammenhang bisher bezeichnenderweise noch nicht untersucht worden, obwohl von den PraktikerInnen und von den Opfern in Erfahrungsberichten immer wieder von solchen Problemen berichtet wird (Karedig 1990, 38; Lison/Poston 1991, 182ff.). Es scheint für die ForscherInnen offensichtlich interessanter und vielleicht auch – weil spektakulärer – besser zu verkaufen zu sein, sich mit Folgeproblemen wie Promiskuität oder Prostitution zu befassen. Wie folgenschwer jedoch die in der Stille der Schlafzimmer sich offenbarenden Ängste vor der Sexualität für die Mißbrauchsopfer sind, soll deshalb noch einmal durch einige Schilderungen und Aussagen von Betroffenen unterstrichen werden: »Nun liegt er neben mir, streicht über die knochigen Schultern, die weichen Arme, berührt Rippen und Hüften, er schiebt die Kleider weg, seine Finger berühren den Körper, bleiben in der Kniekehle liegen ... Ich sehe seine Hand, aber die Berührung hat keinen Inhalt. Es ist nur ein bangloser Druck auf der Haut, keine Spannung, kein Kribbeln, keine Freude ... Eine Zeitlang kann ich mich ablenken, indem ich ihn beobachte, mich darauf konzentriere, seine Erregung zu steigern, ihm Spaß zu machen. Aber das Gegenstück fehlt. Mein Spaß ist wie weggeblasen, als ob ich keinen Körper mehr hätte, alles nur Schein, alles nur ein Witz, alles nur für ihn da – die Enttäuschung ist bodenlos.« (Karedig 1990, 20.) »Soweit ich weiß, empfinde ich in sexueller Hinsicht nichts.« (Fraser 1990, 105.) »Ich erinnere mich, als ich älter wurde und die Mädchen, mit denen ich aufwuchs, mit Küssen und all diesen Sachen anfingen – für sie war das neu. Und ich kannte schon so viel. Ich glaube, ich fühlte mich schmutzig. Sexualität wurde für mich zu etwas Schmutzigem.« (Armstrong 1985, 55.)

Angesichts dieser Auswirkungen auf die Kinder wäre es schon erstaunlich, wenn die erwachsenen Mißbrauchsopfer nicht ebenfalls unter vielfachen psychosomatischen und psychischen Erkrankungen sowie Sexualproblemen litten. Wie bereits ausgeführt, werden die Folgen des sexuellen Kindesmißbrauchs auf das Erwachsenenleben im Auswertungsteil dieser Studie anhand meiner eigenen und der ausländischen Studienergebnisse beschrieben (Kapitel 9.2).

3. Definition: Was ist sexueller Mißbrauch?

In der Literatur und in den wissenschaftlichen Untersuchungen über das Ausmaß sexueller Gewalt gegen Kinder werden sehr unterschiedliche Definitionen verwendet. Dies trägt mit dazu bei, daß die Ergebnisse der Studien teilweise erheblich divergieren. Eine enge Definition, bei der nur durch Drohungen oder Gewalt erzwungene sexuelle Übergriffe mit Körperkontakt als sexueller Mißbrauch gelten, führt zu niedrigeren Resultaten, als wenn beispielsweise jede Handlung, die ein Kind als sexuelle Gewalt erlebt, mitgezählt wird (Peters u.a. 1986, 22ff.).

Fromuth und Burkhart (1987, 244ff.) weisen dies exemplarisch anhand ihrer eigenen Untersuchungsergebnisse nach. Sie legen ihrer Auswertung einer Studentenbefragung sechs unterschiedliche Definitionen zugrunde. Nach ihrer weitesten Definition, die Mißbrauchserfahrungen mit und ohne Körperkontakt sowie unter Gleichaltrigen einschließt, sind 22 Prozent der befragten 582 Männer Opfer sexuellen Kindesmißbrauchs. Je weiter die Definition eingeschränkt wird, desto weiter sinken die Zahlen. Wenn beispielsweise nur noch solche Erfahrungen als sexueller Mißbrauch gelten, bei denen Zwang oder Gewalt angewendet wurde, mindestens ein Altersunterschied von fünf Jahren bestand und Körperkontakt stattfand, sind nur noch acht Prozent betroffen. Bei noch engerer Definition sinkt das Ergebnis bis auf vier Prozent ab (Kapitel 4).

In der öffentlichen Diskussion wird durch diese unterschiedlichen Untersuchungsergebnisse über die Häufigkeit sexuellen Mißbrauchs an Kindern Unsicherheit und Verwirrung gestiftet. Die Studien, die ein geringes Ausmaß finden, werden von den AutorInnen zitiert, denen die Problematisierung des sexuellen Mißbrauchs übertrieben erscheint (Rutschky 1990, 72). Andere erwähnen nur solche Untersuchungen, nach denen die Hälfte aller Frauen Opfer sind (Hartwig 1990, 17). Selten wird dabei auf die zugrundegelegten Definitionen und forschungsmethodischen Bedingungen hingewiesen.

Eine detaillierte Auseinandersetzung mit der Definitionsfrage ist folglich sowohl für die öffentliche Diskussion als auch für wissenschaftliche Untersuchungen von besonderer Bedeutung. Zum einen, weil nur so die verschiedenen Untersuchungsergebnisse eingeordnet und verglichen werden können, was zu mehr Sachlichkeit in der öffentlichen Kontroverse führen könnte. Zum anderen, weil dadurch die Voraussetzungen der Untersuchungen transparent werden. Als erster Schritt auf dem Weg zu einer Definition sexuellen Mißbrauchs an Kindern werden deshalb in den folgenden Abschnitten die einzelnen bisher in Studien verwendeten Definitionskriterien diskutiert.

3.1 Die Definitionskriterien

3.1.1 »Wissentliches Einverständnis«

Von den meisten SozialwissenschaftlerInnen wird das Konzept des »informed consent« (wissentliches Einverständnis) als Definitionsgrundlage verwendet (Schlechter/Roberge 1976, 127f.; Finkelhor 1979, 50f.; Kempe/Kempe 1980, 62; Sgroi u.a. 1982, 9; Saller 1986, 180; Abelmann-Vollmer 1989, 6). Ausgangspunkt dieses Konzepts ist, daß bei Erwachsenen strafrechtlich eine Vergewaltigung dann gegeben ist, wenn eine Person an einer anderen Person ohne deren Zustimmung sexuelle Handlungen ausführt. Bei Kindern ist die Frage nach der Zustimmung wesentlich schwieriger zu beantworten. Ist es beispielsweise eine Zustimmung, wenn ein Mädchen der Aufforderung ihres Onkels, sich für ihn auszuziehen, nachkommt?

Die zwei wesentlichen Voraussetzungen des wissentlichen Einverständnisses sind bei Kindern nicht erfüllt. Kinder haben erstens nicht den gleichen Informationsstand wie die Erwachsenen. Selbst wenn Kinder die körperliche Bedeutung der Sexualität kennen sollten, heißt dies noch lange nicht, daß sie die soziale Tragweite sexueller Beziehungen erfassen können. Kindern fehlen aufgrund ihres Entwicklungsstandes und/oder ihrer Unerfahrenheit die Kriterien, um beurteilen zu können, wer für sie der »richtige« Sexualpartner sein könnte. Sie haben keine Kenntnisse, wie eine solche Beziehung normalerweise abläuft. Sie können also nicht überblicken, auf was sie sich einlassen. Zweitens sind Kinder auf die Liebe und Zuneigung Erwachsener angewiesen. Sie sind emotional von Erwachsenen abhängig. Es wird ihnen zudem beigebracht, daß Kinder Erwachsenen zu gehorchen haben. Kinder sind außerdem auch rechtlich von Erwachsenen abhängig. Zwischen Erwachsenen und Kindern besteht folglich ein strukturelles Machtgefälle. Kinder können aufgrund von fehlenden Kenntnissen und fehlender Macht also nicht als gleichberechtigte Partner sexuelle Kontakte mit Erwachsenen ablehnen oder ihnen zustimmen. Die erwachsenen Täter nutzen ihre Macht und Überlegenheit aus, um ihre eigenen Bedürfnisse auf Kosten der Kinder zu befriedigen. Kinder werden so zu Sexualobjekten degradiert. Demnach ist jeder sexuelle Kontakt zwischen Kindern und Erwachsenen sexueller Mißbrauch (Finkelhor 1979, 50f.; ders. 1984, 17f.; Fegert 1987, 167; Abelmann-Vollmer 1989, 6; Hirsch 1990[2], 9ff.).

Natürlich ist auch dieser Definitionsansatz von Kritik nicht verschont geblieben. Befürworter der Pädophilie weisen darauf hin, daß es auch in den Beziehungen von

Erwachsenen nicht immer einvernehmlich zugeht. Diese sicherlich zutreffende Feststellung ist aber ein als zynisch zu bezeichnendes Gegenargument. Denn es ist der Versuch, einen Mißbrauch durch einen anderen Mißbrauch zu legitimieren. Außerdem haben Erwachsene eher als Kinder die Möglichkeit, sich zu informieren und sich aus einer solchen Beziehung zu befreien (Finkelhor 1984, 17).

Als zweiten Kritikpunkt am Konzept des wissentlichen Einverständnisses führen die Pädophilen und ihre »Anwälte« an, zwischen Kindern und Pädophilen bestehe kein Machtgefälle und die Initiative zu den sexuellen Kontakten gehe immer von den Kindern aus (Bernard 1979, 79ff.; Bongersma 1980, 102f.).

Selbst der von den Pädophilen immer wieder zitierte und gelobte Theo Sandfort (1986, 69) kommt aufgrund seiner Untersuchung von zwanzig »pädophilen Beziehungen« zu einem widersprechenden Ergebnis: »Wenn zwischen Erwachsenen von Initiative-Ergreifen die Rede ist, weiß sowohl die Person, die darauf eingeht oder nicht, meistens, worum es geht. Der Jüngere weiß aber höchstens in Worten und nicht aus Erfahrung, worauf er aus ist (...). Soweit Ältere sagen, daß Jüngere die Initiative zum ersten Kontakt ergriffen haben, ist es von Belang, sich zu vergegenwärtigen, daß das Verhalten des Jüngeren dabei interpretiert ist. Eventuelle Provokationen von Kindern brauchen nicht immer bewußt sexuell gemeint zu sein und bekommen erst in der Interpretation des Älteren ein sexuelles Element.« Deutlicher kann kaum zum Ausdruck gebracht werden, daß die Pädophilen die fehlenden Kenntnisse der Kinder ausnutzen. Die von den Opfern Pädophiler beschriebenen, teilweise gravierenden Folgen bestätigen dies (Glöer/Schmideskamp-Böhler 29ff., Kapitel 9.2).

3.1.2 Folgen als Definitionskriterium

Eines der wahrscheinlich gängigsten Argumente gegen Sexualität zwischen Erwachsenen und Kindern ist, daß dadurch das Kind geschädigt werde (Finkelhor 1979, 15). Folgende Gründe sprechen aber dafür, sexuellen Mißbrauch unabhängig von den möglichen Folgen zu definieren:

Erstens ist nicht jeder sexuelle Mißbrauch traumatisch. Es gibt Kinder, deren Psyche fähig ist, »weniger intensive« sexuelle Ausbeutung ohne bedeutende Beeinträchtigungen der seelischen und sexuellen Entwicklung zu verarbeiten (Baurmann 1983, 16; Dannecker 1987, 81; Russell 1986, 42; Finkelhor 1984, 15f.). Hinzu kommt, daß einige Kinder und Erwachsene, die in ihrer Kindheit sexuelle Kontakte mit Erwachsenen hatten, diese als neutral oder positiv bewerten (Sandfort 1986, 47).

Dabei muß allerdings beachtet werden, daß es für einen Teil dieser Menschen nötig ist, ihre Gefühle zu verleugnen und umzudeuten, um psychisch zu überleben. Besonders deutlich wird dies in dem Bericht eines Mädchens, den Louise Armstrong (1985, 132ff.) veröffentlicht hat und der ihrem Buch teilweise heftige Kritik einbrachte, da dort vielfältige »pornographische« Aktivitäten minutiös beschrieben werden (Hirsch 1985, 152).

In ihren Briefen an Louise Armstrong schildert die 19jährige Annabel, wie sie seit dem sechsten Lebensjahr von ihrem Vater auf alle erdenklichen Arten sexuell mißbraucht wurde. Trotzdem schreibt Annabel: »Ich wußte von Anfang an, daß es nicht richtig war, weil wir es vor Mom geheimhalten mußten. Aber ich hatte meinen Dad sowieso viel lieber ... Ich wußte nie, warum es falsch sein sollte, weil wir uns gern hatten und es einfach schön war.« (Armstrong 1985, 134.) Später schränkt sie diese Aussage wiederholt ein. »Es ist nicht ganz richtig, wenn ich sage, daß ich es schön fand, als ich noch ganz klein war. Ich wußte ja eigentlich gar nicht, was Sex ist, und hatte erst viel später sexuelle Gefühle. Eigentlich habe ich alles nur getan, weil Dad es wollte, weil ich ihm so nah war.« (Ebd. 135.) Immer wieder finden sich solche Hinweise auf die emotionale Bedürftigkeit des Mädchens, die überdeutlich in dem folgendem Satz zum Ausdruck kommt: »Das ist besser als nichts und als ganz ohne Liebe zu leben.« (Ebd., 148.) Diese Gefühle werden aber immer wieder sofort unterdrückt. Das Verhalten des Vaters wird entschuldigt und umgedeutet. Alles, was er mit ihr macht, sieht sie als Ausdruck seiner Liebe.

Ursula Wirtz (1989, 149) ist hier zuzustimmen, wenn sie schreibt: »Ich glaube, daß diese Form selektierter Wahrnehmung, Verleugnung eigener Gefühle und Umdeutung für das Mädchen eine seelische Notwendigkeit war, um zu überleben.« Denn wenn ihr bewußt geworden wäre, wie sehr ihr Vater sie sexuell ausgebeutet hat, hätte sie jeden emotionalen Halt verloren. Für sie war ihr Vater der einzige Mensch, von dem sie Aufmerksamkeit und Zuwendung bekam. Folglich können auch Menschen, die ihre Erfahrungen neutral oder positiv bewerten, trotzdem Opfer sein.

Zweitens ist eine traumaorientierte Definition in gewissem Sinne eine empirische, die beispielsweise vor Gericht dazu führen könnte, »darüber zu streiten, ob überhaupt Schäden entstanden sind. Da bei sexuellem Mißbrauch sowohl Sofort- wie auch extreme Langzeitfolgen bekannt sind, ist eine solche Überprüfung schwierig.« (Fegert 1987, 167; Kapitel 9.)

Finkelhor (1984, 16f.) kritisiert zudem, ein Abwägen von negativen und positiven Konsequenzen lasse jegliche moralische Dimension außer acht. Er vergleicht sexuellen Mißbrauch mit Sklaverei, deren Ablehnung auch keine empirische Frage sei. Es werde doch nicht erst untersucht, ob die Sklaverei für die unterdrückten Menschen schädlich oder positiv gewesen sei. Sklaverei widerspreche einfach unseren ethischen Vorstellungen. Die Aussagen einiger Menschen, sie zögen Sklaverei der Freiheit vor, überzeugten uns schließlich auch nicht davon, daß »einvernehmliche« Sklaverei erlaubt werden solle. Eine solche moralische Ablehnung sexueller Gewalt ist aber nicht einmal notwendig. Es gibt Definitionskriterien, die ohne den »moralischen Zeigefinger« auskommen.

3.1.3 Mißachtung des kindlichen Willens

In vielen Untersuchungen ist ein entscheidendes Kriterium für einen sexuellen Mißbrauch, daß die sexuellen Handlungen gegen den Willen des Kindes ausgeführt werden (Draijer 1990, 128; Bagley 1990, 401; Wyatt 1985, 511). Dieses Kriterium findet unter den WissenschaftlerInnen uneingeschränkten Zuspruch. Auch für die Befürworter der »freien Sexualität zwischen Erwachsenen und Kindern« sind sexuelle Kontakte ohne Zustimmung des Kindes sexueller Mißbrauch (Bornemann 1989, 123).

Dennoch darf eine Definition nicht nur davon abhängig gemacht werden, ob die sexuellen Kontakte bewußt gewollt oder ungewollt sind. Bei Russell (1986, 47ff.)

gaben nämlich »nur« 85 Prozent der durch Angehörige sexuell mißbrauchten Frauen an, die sexuellen Handlungen seien gänzlich ungewollt gewesen. Bei sieben Prozent geschahen sie teilweise gegen den Willen der Opfer, bei sieben Prozent überwiegend und bei immerhin zwei Prozent waren sie eher oder völlig gewollt. Ein anschließender Vergleich der als ungewollt betrachteten Erlebnisse mit den ambivalenten ergab, daß letztere von den Frauen als traumatischer erlebt wurden. »54 Prozent der Erlebnisse, die als ungewollt angesehen wurden, bewerteten die Frauen als beträchtlich oder extrem traumatisch, verglichen mit 83 Prozent der als ambivalent bewerteten.« (Ebd., 47.)

Dies ist nicht so erstaunlich, wie es auf den ersten Blick erscheint. Denn für Betroffene kann es eine wichtige Überlebensstrategie sein, zu sagen, sie hätten es gewollt. Sie geben sich damit der Illusion hin, sie hätten Einfluß auf die Situation gehabt. Dadurch deuten sie ihre Machtlosigkeit und das verletzende Verhalten des Täters um. Würden sie dies nicht tun, könnte ihre ausweglose Situation sie in den Wahnsinn oder Suizid treiben. Den Tätern kommt diese Überlebensstrategie offenbar entgegen, denn es zeigte sich bei der Russell-Studie, daß die sexuellen Übergriffe um so »intensiver« wurden, je weniger Widerstand das Kind zeigte (ebd.).

Einen bedrückenden Beleg für die Gültigkeit dieser Ergebnisse liefert die schon beschriebene Geschichte von Annabel, die den sexuellen Mißbrauch durch ihren Vater überwiegend positiv bewertet. Ihr Vater nutzte dies derart aus, daß er sie nicht nur selbst mißbrauchte, sondern sie zudem anderen Männern im Tausch gegen deren Kinder oder Frauen zur Benutzung freigab (Armstrong 1985, 142ff.).

Definitionen, die ausschließlich darauf beruhen, daß nur sexuelle Handlungen, die gegen den Willen des Kindes geschehen, sexuelle Gewalt sind, greifen zu kurz. Sie erfassen längst nicht jeden Fall sexueller Gewalt gegen Kinder.

3.1.4 Sich mißbraucht fühlen

Die Methode, nur Erlebnisse als sexuelle Gewalt zu definieren, durch die sich Menschen sexuell mißbraucht fühlen, weist ähnliche Mängel auf. Denn obwohl beispielsweise Annabel eindeutig sexuell mißbraucht wurde, fühlt sie sich nicht als Opfer. »Mit anderen Worten, sexueller Mißbrauch kann stattfinden, auch wenn das Opfer sich nicht mißbraucht und geschädigt fühlt.« (Finkelhor 1979, 52.)

Viele Menschen lehnen es strikt ab, sich als Opfer sexueller Gewalt zu bezeichnen. Vor allem Männer begeben sich nicht gern in eine Opferrolle. Das paßt einfach nicht zum herrschenden Männerbild. Ob jemand sich mißbraucht fühlt, bestimmen also nicht nur die tatsächlichen Begebenheiten, sondern auch das eigene Selbstbild und die darin enthaltenen gesellschaftlichen Normen und Werte.

Damit ist aber keineswegs gesagt, daß Kinder nicht merken, wenn sie sexuell mißbraucht werden. Der überwiegende Teil der Kinder spürt genau, daß etwas nicht stimmt. Fast alle Kinder können zwischen zärtlichen Berührungen und ausbeuterischem Anfassen unterscheiden (Anderson 1979, 793). Auch Annabel weiß ganz genau, daß die Übergriffe des Vaters nicht in Ordnung sind.

3.1.4.1 Sexueller Mißbrauch durch Blicke und Worte

Kontroversen löst immer wieder die Frage aus, ob auch Blicke und Worte sexueller Mißbrauch sein können. Vor allem FeministInnen sind der Meinung, daß »die ›fachmännische‹ Begutachtung der sich entwickelnden körperlichen Rundungen, das Betasten der Brust oder des Brustansatzes, verbunden mit abschätzigen oder auch wohlwollenden Qualitätsurteilen, daß das Mädchen jetzt zur Frau und damit als Sexualobjekt attraktiv wird«, sexuelle Gewalt darstelle. »Vielen Frauen fallen zu diesem Thema sofort Situationen aus ihrer Kindheit ein. Sie erinnern sich noch gut an die damit verbundene Verunsicherung und Demütigung, auch durch lüsterne Blicke oder das so häufige Klatschen auf den Po. Solche sexuellen Angriffe graben sich tief in das Selbstverständnis und die Psyche von Mädchen ein.« (Kavemann/Lohstöter 1984, 10.)

Vor allem wenn Kinder zu Hause in einem Klima latenter sexueller Gewalt aufwachsen, können gravierende Schäden entstehen. Die Kinder – vor allem Mädchen – verstehen, daß sie die Objekte der sexuellen Wünsche ihrer Väter, Brüder oder Großväter sind, selbst wenn diese darauf verzichten, sie körperlich zu benutzen. Immer wieder zu hören, daß der Vater einen am liebsten »haben« möchte, immer wieder die lüsternen Blicke auf dem Körper zu spüren, ist als Botschaft deutlich genug. Als Erwachsene nehmen diese Mädchen beispielsweise nicht sexistisch gemeinte Blicke verzerrt wahr. Sie fühlen sich als Sexobjekte oder als Opfer sexueller Bedrohung, wo in Wirklichkeit ein Blick gar keine Aufforderung zur Sexualität sein sollte. Auch Komplimente, beispielsweise über ihre »schicke Kleidung«, die freundlich gemeint sind, bereiten diesen Frauen manchmal Schwierigkeiten (Lison/Poston 1991, 205).

Die Beschreibung einer Studentin illustriert, wie Mädchen so etwas empfinden können. »Soweit ich mich zurückerinnern kann und seitdem ich mich langsam mit meinem Geschlecht identifiziere, habe ich diese Erlebnisse auf der Straße gehabt. Ich fühl(t)e mich gedemütigt und ohnmächtig, ich haßte mich selbst für meine eigene Unzulänglichkeit, die sich darin ausdrückte, mich gegen diese entwürdigende Behandlung nicht zur Wehr setzen zu können.« (Bernard/Schlaffer 1980, 22.)

Ähnlich verhält es sich beim Exhibitionismus, der auch negative Folgen haben kann. Hinzu kommt, daß es sich hierbei um eine Straftat handelt. Außerdem ist die Intention zumindest einiger Exhibitionisten, Befriedigung aus der Angst und dem Schock des Opfers zu ziehen (Peters u.a. 1986, 25). Allerdings meint ein Teilnehmer der Dortmunder Selbsthilfegruppe für Exhibitionisten, daß es sowohl bei ihm als auch bei allen Exhibitionisten, mit denen er gesprochen habe, nicht darum gehe, den Kindern oder Frauen einen Schrecken einzujagen. Dies werde oft fälschlicherweise angenommen (Dokument des Autors 1990). Doch selbst wenn diese Aussage zutrifft: Männlicher Exhibitionismus wird von den Betroffenen häufig als bedrohlich empfunden. Das heißt, daß exhibitionistische Handlungen nicht völlig harmlos sind, wie von einigen WissenschaftlerInnen behauptet wird (z.B. Schorsch 1980, 122).

Ein bisher weitgehend übersehenes Problem sind die sogenannten »obszönen Anrufe«, die von der (Fach-)Öffentlichkeit ebenfalls als harmlos, von den Betroffenen oftmals aber als sehr beeinträchtigend empfunden werden (Wyre/Swift 1991,

89f.). Auch sie sind eindeutig als sexuelle Gewalt zu betrachten. Leider war auch ich mir über das Ausmaß und die Tragweite solcher Anrufe zur Zeit der Fragebogenentwicklung nicht bewußt, so daß sie in dieser Studie nicht thematisiert worden sind.

3.1.5 Altersunterschied zwischen Opfer und Täter

Um subjektiven Verzerrungen wie etwa der Einschätzung, ob sexuelle Handlungen gewollt oder ungewollt waren, zu entgehen, wird in verschiedenen Untersuchungen ein Altersunterschied zwischen Opfer und Täter als Definitionskriterium verwendet. In den Studien von Finkelhor (1979, 55ff.; 1984, 71), Fromuth (1986, 7) und Wyatt (1985, 511) ist jeder sexuelle Kontakt zwischen einem Kind und einer mindestens fünf Jahre älteren Person als sexueller Mißbrauch definiert.

Ausgangspunkt ist dabei die Annahme, ein wissentliches Einverständnis seitens der jüngeren Person sei aufgrund der Macht- und Wissensunterschiede nicht möglich (s.o.). Die schon wiederholt zitierte Annabel würde nach dieser Definition als mißbraucht gelten, was sicher der Realität entspricht.

Kritisiert wird an diesem Kriterium, daß sexueller Mißbrauch unter Gleichaltrigen nicht erfaßt werde (Russell 1986, 40ff.). Fünf Jahre Altersunterschied können gerade bei Kindern große Entwicklungsunterschiede ausmachen. Wiederholt berichteten mir in Beratungsgesprächen Männer, daß sie als Kinder von Brüdern, Cousins oder Freunden sexuell mißbraucht worden seien, die nur wenig älter waren. Ein heute etwa vierzigjähriger Lehrer erzählte beispielsweise: »›Ich hab' da neulich so was Komisches mit meinem Vater erlebt, das möchte ich mit dir auch mal machen. Wir haben da so eine Show gesehen, wo die Leute nackt herumliefen und sich den Penis in den Hintern steckten. Das können wir doch auch mal machen‹, sagte mein drei Jahre älterer Vetter zu mir. Ich fand die Vorstellung ziemlich eklig, daß er mir sein Glied in den Hintern reinstecken würde. Aber ich hatte ziemliche Angst, wenn ich nicht mitmachen würde, daß er mich dann wieder schlagen würde. Ich hab' das dann mitgemacht.« (Bange 1989b, 36.)

Nur einen Altersunterschied von fünf Jahren zum Kriterium zu machen, schließt also ebenfalls einen Teil der Fälle sexuellen Mißbrauchs aus. Nach neueren amerikanischen Untersuchungen fangen viele der erwachsenen Sexualstraftäter bereits in ihrer Kindheit und Jugend an, andere sexuell auszubeuten. Der sexuelle Mißbrauch durch Kinder und vor allem Jugendliche darf also nicht länger unterschätzt werden (Ryan u.a. 1987, 385f.; Johnson 1988, 219ff.; Kapitel 6.6 und 6.7).

Im Bereich der sexuellen Gewalt unter gleichaltrigen Kindern ist eine Grenzziehung allerdings sehr schwierig. Von sexueller Ausbeutung sollte nach meiner Meinung nur dann gesprochen werden, wenn die sexuellen Handlungen eindeutig gegen den Willen des einen Kindes stattfinden. Einige WissenschaftlerInnen setzen zudem die Anwendung von Zwang und/oder körperlicher Gewalt voraus (Draijer 1990, 128).

Diese sehr genaue Unterscheidung zwischen gewalttätigem und nicht gewalttätigem Verhalten ist notwendig, um nicht in eine neue Prüderie zu verfallen, die den Kindern ihr Recht auf einvernehmliche Sexualität mit anderen Kindern abspricht.

3.1.6 Zwang und Gewalt

Ein weiteres Kriterium ist, ob die sexuellen Handlungen durch Zwang oder Gewalt erreicht werden. Damit ist nicht nur körperliche Gewalt gemeint, sondern auch psychische (Draijer 1990, 128). Drohungen wie »wenn du was erzählst, habe ich dich nicht mehr lieb, stirbt deine Mama, kommst du ins Heim« zählen genauso dazu wie körperliche Mißhandlungen. Viele Täter – gerade innerhalb der Familie – haben es aufgrund der emotionalen Abhängigkeit des Kindes aber gar nicht nötig, zu drohen oder Gewalt anzuwenden. Ein Mädchen sagte beispielsweise auf die Frage, ob sie ihrem Onkel nie gesagt hätte, sie wolle das Spiel nicht spielen: »Er war mein Onkel, er war älter, und du darfst deinem Onkel nicht sagen, was er tun soll. Das war's, wie ich erzogen wurde.«

Annabels Vater mußte ihr ebenfalls nicht drohen oder sie schlagen. Sie war emotional derart auf ihn angewiesen, daß er dies nicht nötig hatte. Auch für Heather, das mißbrauchte Mädchen aus Deborah Moggahs Roman »Rot vor Scham«, trifft dies zu: »Warum ich meinen Vater nicht daran gehindert habe, all die Jahre über, hat einen ganz einfachen Grund. Er hätte dann vielleicht aufgehört, mich zu lieben. Und er war der einzige, der das tat.« (Moggah 1985, 92.)

Daß dies bei Jungen nicht anders ist, darauf deutet der Bericht eines von einem Pädophilen mißbrauchten Mannes hin: »Er war an sich sehr sympathisch, freundlich und nett und für meine Eltern, als Leiter der Jugendgruppe, eine Vertrauensperson (...). Das wurde dann immer aufdringlicher und unangenehmer, weil ich mit meinen Eltern eigentlich wenig zu tun hatte und diese Jugendgruppe mein Halt und meine Bindung war. Deswegen war ich überhaupt nicht in der Lage zu sagen, das will ich nicht. Es war aussichtslos für mich.« (Glöer/Schmideskamp-Böhler 1990, 40f.)

Körperliche Gewalt oder offene Drohungen zum alleinigen Definitionskriterium zu machen, schließt folglich ebenfalls viele Fälle sexueller Gewalt aus.

Zusammenfassung:

Ein einzelnes Definitionskriterium reicht nicht aus, um alle Fälle sexueller Gewalt zu erfassen. Eine Kombination verschiedener Ansätze ist notwendig. Doch es gibt immer Grenzfälle. Ein Verhalten kann einmal sexueller Mißbrauch sein und ein anderes Mal nicht. Wenn beispielsweise ein Vater immer schon mit seiner Tochter gebadet hat und sie Spaß daran hat, ist es sicher kein sexueller Mißbrauch, wenn er auch im Alter von neun, zehn Jahren noch mit ihr planscht. Sollte seine Tochter ihm aber zeigen, daß sie es nun nicht mehr möchte, und er tut es trotzdem, ist die Grenze überschritten. Haben Vater und Tochter nie zusammen gebadet und sich nie nackt gesehen, erlebt es das Kind sicher als sexuellen Übergriff, wenn der Vater plötzlich nach zehn Jahren mit ihr badet (Saller 1987, 30).

Aus diesem Beispiel könnte man sogar noch ein weiteres Definitionskriterium ableiten, nämlich daß die Familienregeln oder soziale Regeln verletzt werden müssen. In den Untersuchungen wird dieses Kriterium nicht benutzt, da es nur sehr schwer in Frageform umzusetzen ist. Das stellt allerdings kaum eine Beeinträchtigung dar, weil es in den anderen Definitionskriterien implizit enthalten ist (z.B. »gegen den Willen«).

3.2 Die Definition sexuellen Mißbrauchs in dieser Untersuchung

Die Diskussion der in den Sozialwissenschaften gebräuchlichen Definitionskriterien sexuellen Mißbrauchs an Kindern zeigt, wie schwer es ist, eine umfassende Definition zu entwickeln. Die in dieser Studie verwendete Definition stützt sich nach Abwägung der genannten Argumente auf folgende Kriterien: Die sexuellen Handlungen fanden entweder gegen den Willen des Kindes statt, oder das Kind war nicht in der Lage, den sexuellen Handlungen wissentlich zuzustimmen. Ein Altersunterschied zwischen Opfer und Täter ist ebensowenig Definitionskriterium wie negative Folgen. Sexueller Mißbrauch durch Worte und Blicke ist nicht aufgenommen worden, damit die Definition nicht zu weit wird. Es hätte sonst die Gefahr bestanden Erlebnisse zu erfassen, die auch im Verständnis der Betroffenen unbedeutend sind. Auch Russell (1986, 51) nimmt aus diesem Grund solche Fälle sexueller Gewalt zumindest bei ihrer engeren Definition nicht auf.

Exhibitionistische Erlebnisse werden thematisiert wegen ihrer strafrechtlichen Relevanz und weil sie in den meisten anderen Untersuchungen einbezogen sind. Außerdem bietet sich so die Möglichkeit, im Vergleich mit körperlichen Übergriffen festzustellen, ob es berechtigt ist, exhibitionistische Handlungen als sexuellen Mißbrauch zu bezeichnen. Ansonsten wird Körperkontakt vorausgesetzt. Die Definition lautet:

Sexueller Mißbrauch an Kindern ist jede sexuelle Handlung, die an oder vor einem Kind entweder gegen den Willen des Kindes vorgenommen wird oder der das Kind aufgrund körperlicher, psychischer, kognitiver oder sprachlicher Unterlegenheit nicht wissentlich zustimmen kann. Der Täter nutzt seine Macht- und Autoritätsposition aus, um seine eigenen Bedürfnisse auf Kosten des Kindes zu befriedigen.

3.2.1 Altersbegrenzung

In den meisten der ausländischen Studien liegt die Grenze zwischen Kindes- und Erwachsenenalter bei 16 Jahren. D.h. es werden nur sexuelle Übergriffe, die ein Mensch erlebt, bevor er 16 Jahre alt wird, zum sexuellen Kindesmißbrauch gezählt. Dieser Auffassung schließe ich mich – nicht nur aus Gründen der Vergleichbarkeit – an. Obwohl laut § 176 StGB nur sexuelle Handlungen vor, an oder mit Personen unter 14 Jahren »sexueller Mißbrauch von Kindern« sind, werden die sexuellen Gewalterfahrungen von 14- und 15jährigen von mir als sexueller Kindesmißbrauch definiert. Denn wegen der noch bestehenden Abhängigkeiten und aufgrund der emotionalen Unsicherheiten dieser Lebensphase sind sie noch besonders schutzbedürftig. Der Gesetzgeber stellt die 14- und 15jährigen durch den § 174 Abs. 1 »Sexueller Mißbrauch von Schutzbefohlenen« ebenfalls unter besonderen gesetzlichen Schutz. Natürlich ist es immer problematisch, eine Altersgrenze zu bestimmen, da sie niemals jedem Einzelfall gerecht werden kann: Es gibt 15jährige, die schon weiter entwickelt sind als 17jährige, und einige 18jährige mögen noch sehr kindlich sein. Da dies aber aufgrund der Angaben des Fragebogens nicht zu entscheiden ist, ist eine feste Altersgrenze unvermeidlich.

Teil B: Die Forschungskonzeption

4. Anlage und Durchführung der Untersuchung

4.1 Untersuchungsziele

Mit dieser Studie soll erstens ein weiterer Beitrag zur Enttabuisierung des Problems geleistet werden. Obwohl in den letzten Jahren viele Anstrengungen unternommen worden sind, zeigen die derzeitigen Versuche, sexuelle Gewalt wieder herunterzuspielen, daß das Problembewußtsein längst nicht ausreicht (Kapitel 1.2). Die Worte einer sexuell mißbrauchten Frau unterstreichen, wie wichtig es ist, das Thema nicht, wie schon so oft geschehen, wieder zu verdrängen: »Noch nie habe ich mit irgend jemand auch nur ein Wort über alles geredet, was mir mein Vater angetan hat. Ich wüßte keinen, zu dem ich genug Vertrauen hätte. Es ist für mich eine Offenbarung, daß sich jemand dieses Themas und dieses Problems annehmen will. Ich weiß, es gibt schon jede Menge Bücher dazu. Aber ich meine, noch längst nicht genug. Es muß endlich eine Wende eintreten. Für die Mädchen und Buben, die heute so gequält werden, wie ich damals gequält wurde, muß damit Schluß sein. Die Welt muß erfahren, was da geschieht. Es darf so nicht weitergehen.« (Jäckel 1988, 70.)

Ein besonderes Anliegen ist es mir, in diesem Zusammenhang den sexuellen Mißbrauch an Jungen mehr ins Blickfeld des öffentlichen Interesses zu rücken, ohne allerdings damit die Jungen gegen die Mädchen ausspielen zu wollen.

Da es – wie wiederholt erwähnt – noch keine größere Studie zum Ausmaß der sexuellen Gewalt gegen Kinder in der Bundesrepublik Deutschland gibt und vielfach daran gezweifelt wird, daß die Ergebnisse der internationalen Studien auf die bundesdeutsche Situation übertragbar seien, ist es erstens das wichtigste Ziel dieser Arbeit, Ergebnisse zur Häufigkeit zu liefern.

Neben der eigenen Erhebung werden dabei ausführlich die vorliegenden ausländischen Studien Beachtung finden, da deren Ergebnisse sehr häufig falsch oder ungenau wiedergegeben werden. Luise Hartwig (1990, 17) führt beispielsweise aus, daß 47 Prozent der Frauen, die in der Russell-Studie (1983/1986) von einem innerfamilialen sexuellen Mißbrauch vor ihrem 18. Lebensjahr berichten, von ihren Stiefvätern mißbraucht worden seien. Diese Angabe ist falsch. Nur ganze acht Prozent der Täter waren Stiefväter (Russell 1986, 216). Hinzu kommt, daß immer wieder Studien verglichen werden, die methodisch sehr unterschiedlich angelegt sind, ohne daß auf die Unterschiede hingewiesen bzw. sie beim Vergleich berücksichtigt würden.

Zweitens soll mit dieser Studie ein Beitrag zur Forschungsmethodik geleistet werden, indem geprüft und erörtert wird, inwieweit sich ein Fragebogen eignet, ein so hochsensibles Thema zu untersuchen. Natürlich richtet sich mein Interesse nicht ausschließlich auf die Frage, wie häufig sexueller Mißbrauch an Kindern ist. Ein drittes Ziel ist es, Erkenntnisse über die näheren Umstände des sexuellen Mißbrauchs zu gewinnen. Es soll geklärt werden

- wie das Verhältnis von innerfamilialem und außerfamilialem sexuellem Mißbrauch ist,

- in welcher Beziehung die Opfer zu den Tätern stehen,
- ob und gegebenenfalls mit wem die Mißbrauchsopfer über ihren sexuellen Mißbrauch gesprochen haben,
- wie lange der sexuelle Mißbrauch dauerte und wie oft er sich abspielte,
- wie häufig der sexuelle Mißbrauch aus analen, oralen und vaginalen Vergewaltigungen bestand, wie oft es zu andersartigen genitalen Manipulationen kam und in wie vielen Fällen der Mißbrauch sich auf sexualisiertes Anfassen, Küssen und Exhibitionismus beschränkte,
- welche Mittel die Täter einsetzten, um die Kinder sexuell mißbrauchen zu können,
- wie alt die StudentInnen zum Zeitpunkt des sexuellen Mißbrauchs waren,
- wie alt die Täter waren und wie groß der Altersunterschied zwischen Opfer und Täter war,
- wie das Verhältnis von Männern und Frauen bei den TäterInnen ist.

Viertens sollen die folgenden, sich aus dem derzeitigen Forschungsstand ergebenden Hypothesen überprüft werden.

4.1.1 Hypothesen

Hypothesen zum Vergleich von Mädchen- und Jungenmißbrauch:
1) Jungen und Mädchen schweigen gleich häufig über ihren sexuellen Mißbrauch.
2) Das Verhältnis von innerfamilialem zu außerfamilialem sexuellem Mißbrauch ist bei Mädchen und Jungen gleich.
3) Das Verhältnis von langandauerndem einmaligem sexuellem Mißbrauch ist bei Mädchen und Jungen gleich.
4) Das Verhältnis von sehr intensivem zu intensivem und weniger intensivem sexuellem Mißbrauch ist bei Mädchen und Jungen gleich.
5) Der Altersdurchschnitt zu Beginn des sexuellen Mißbrauchs ist bei Jungen und Mädchen gleich.

Hypothesen zu den sozialen Hintergründen:
6) Zwischen der sozialen Schichtzugehörigkeit und der Häufigkeit sexuellen Mißbrauchs besteht kein Zusammenhang.
7) Zwischen der Religionszugehörigkeit und der Häufigkeit sexuellen Mißbrauchs besteht kein Zusammenhang.
8) Zwischen der Intensität der religiösen Erziehung und der Häufigkeit sexuellen Mißbrauchs besteht ein Zusammenhang.
9) Zwischen der regionalen Herkunft (Land oder Stadt) und der Häufigkeit sexuellen Mißbrauchs besteht kein Zusammenhang.

Hypothesen zu den familialen Hintergründen:
10) Die sexuell mißbrauchten StudentInnen kommen häufiger aus »broken homes« als die nicht mißbrauchten.

11) Die Beziehung der Eltern untereinander wird von den sexuell mißbrauchten StudentInnen schlechter bewertet als von den nicht mißbrauchten.

12) Die Beziehung zu ihren Eltern wird von den sexuell mißbrauchten StudentInnen schlechter bewertet als von den nicht mißbrauchten.

13) Die sexuell mißbrauchten StudentInnen wurden häufiger von ihren Eltern bestraft als die nicht mißbrauchten.

14) Die Eltern der sexuell mißbrauchten StudentInnen vertreten häufiger konservative Ansichten als die der nicht mißbrauchten.

Hypothesen zu den Folgen des sexuellen Mißbrauchs:

15) Die sexuell mißbrauchten StudentInnen haben häufiger psychosomatische Beschwerden als die nicht mißbrauchten.

16) Die sexuell mißbrauchten StudentInnen zeigen häufiger Autoaggressionen als die nicht mißbrauchten.

17) Die sexuell mißbrauchten StudentInnen fühlen sich häufiger traurig als die nicht mißbrauchten.

18) Die sexuell mißbrauchten StudentInnen berichten häufiger von Beziehungsproblemen als die nicht mißbrauchten.

19) Die sexuell mißbrauchten StudentInnen berichten häufiger von Sexualproblemen als die nicht mißbrauchten.

4.1.2 Der explorative Charakter der Studie

Da diese Untersuchung die erste ihrer Art in der Bundesrepublik Deutschland ist und es bisher immer noch wesentlich mehr ungelöste als gelöste Fragen zum sexuellen Mißbrauch an Kindern gibt, hat diese Studie explorativen Charakter. Das heißt: Es ist, abgesehen von den bereits genannten Zielen, wichtig zu überprüfen, ob die Teilnahmebereitschaft der Adressaten ein solches Forschungsprojekt bei uns ermöglicht.

Weiterhin sollen neben der Überprüfung der Hypothesen aus den gewonnenen Daten neue Hypothesen abgeleitet und damit weitergehende Forschungen angeregt werden.

Die in den nun folgenden Abschnitten beschriebenen methodischen Einschränkungen sind ein weiteres Argument für den explorativen Charakter der Studie.

4.2 Die Fragebogenerhebung als Forschungsansatz

4.2.1 Warum eine Fragebogenerhebung?

In der empirischen Sozialforschung gibt es kaum ein Thema, bei dem noch nicht Daten mit Hilfe von schriftlichen Befragungen gewonnen worden sind. Vor allem zwei Vorteile dieser Methode dürften dafür ausschlaggebend sein: Sie ist erstens zeit- und zweitens kostengünstiger als mündliche Interviews, wenn eine große Zahl von Menschen befragt werden soll (Friedrich 1985[13], 237; Wieken 1974, 176; Scheuch 1967, 167f.; Karmasin/Karmasin 1977, 218).

Diese beiden Vorteile trugen auch entscheidend dazu bei, daß ich mich zu einer Fragebogenuntersuchung entschloß. Denn die Graduiertenförderung des Landes Nordrhein-Westfalen, durch die diese Arbeit finanziert wird, sieht als Sach- und Reisekostenzuschuß im Höchstfall 2000 DM vor. Außerdem läuft ein solches Stipendium in der Regel nur über zwei Jahre. Eine Tiefeninterviewstudie in der notwendigen Größenordnung schied deshalb aus.

Doch waren es nicht nur die mehr pragmatischen Erwägungen, sondern auch verschiedene inhaltliche Vorteile von schriftlichen Befragungen, die meine Entscheidung für eine Fragebogenerhebung beeinflußten. Denn neben den beiden genannten sind weitere Vorteile schriftlicher Befragungen, daß

- die Anonymität der TeilnehmerInnen besser gewährleistet werden kann und deshalb bestimmte persönliche Fragen eher beantwortet werden als bei mündlichen Interviews,
- der zeitliche Druck einer sofortigen Antwort entfällt und dadurch die Möglichkeit eröffnet wird, Fragen ausgiebiger zu durchdenken,
- die Befragten selbst bestimmen können, wann sie die Antworten geben,
- durch die Vorgabe identischer Frageformulierungen für alle die Durchführungsobjektivität gefördert wird, auch wenn Begriffe von verschiedenen TeilnehmerInnen unterschiedlich verstanden werden,
- der Fragende zwar durch die Art der Fragen, aber nicht durch sein Auftreten Einfluß auf das Antwortverhalten der Befragten ausübt (Friedrich 1985[13], 237; Schwarzer 1983, 305; Wilk 1975, 187; Wieken 1974, 146f.).

Diese Punkte erscheinen mir derzeit bei einer Befragung zum Thema »Sexueller Mißbrauch an Kindern« vorteilhaft. Denn vielen Opfern sexueller Gewalt fällt es sehr schwer, über ihre Erlebnisse zu sprechen. In den Briefen, die Karin Jäckel auf eine Zeitungsanzeige hin von betroffenen Frauen erhielt, finden sich immer wieder Sätze wie: »Es wäre mir schrecklich peinlich, wenn mich jemand auf diese alte Sache anspräche. Reden kann ich nicht darüber. Es würde alles zu tief aufwühlen.« (Jäckel 1988, 94.)

Die durch eine Fragebogenerhebung gewährleistete Distanz und Anonymität macht es einigen Betroffenen also wahrscheinlich überhaupt erst möglich bzw. leichter, über ihre Erlebnisse zu berichten. Bei mündlichen Befragungen hätten einige von ihnen sicher die Teilnahme verweigert. Ein Indiz für diese These liefert die Russell-Studie, bei der 19 Prozent ihre Teilnahme ablehnten, als sie hörten, daß sie zu sexuellen Gewalterfahrungen befragt werden sollten (Russell 1986, 27).

Andere Betroffene brauchten Wochen und zudem manchmal Alkohol, um sich brieflich öffnen zu können. Eine Frau dazu: »Ich schreibe ihnen schon seit einer Woche. Immer wieder. In Gedanken, auf Papier. Aber ich werfe jeden Brief weg, sobald er ›zur Sache‹ kommt. Heute habe ich mir eine Flasche Cognac neben mich gestellt, Musik läuft, die ich mag. Mein Mann ist zum Kegeln. Die Kinder schlafen. Heute muß ich es schaffen.« (Jäckel 1988, 72.)

Diese Frauen und Männer könnten mündliche Interviews verweigern, weil sie zu direkt angesprochen werden. Ein Gespräch würde sie vielleicht zu sehr aufwühlen. Sie sind einfach noch nicht so weit, mit jemandem darüber zu sprechen.

Einige TeilnehmerInnen der vorliegenden Untersuchung machten im Fragebogen Anmerkungen, die in diese Richtung weisen. Eine betroffene Frau schreibt beispielsweise: »Ich finde Deine Arbeit bemerkenswert und sehr interessant. Ich überlege mir, Dir zu schreiben, wenn ich meine Anonymität überwinden kann.«

Ein wichtiges Argument für eine Fragebogenerhebung war bei meiner Untersuchung auch, daß ich ein Mann bin und Frauen nach sexuellen Gewalterfahrungen befrage. Für viele gerade der betroffenen Frauen wäre es wohl eine Zumutung gewesen, sich einem fremden Mann gegenüber zu öffnen. Wahrscheinlich hätten einige Frauen das Gespräch ganz abgelehnt oder ihre Geschichte für sich behalten.

Natürlich hat diese Methode auch eine Menge ernstzunehmender Nachteile. Erstens können nur sehr einfache Fragen gestellt werden. Die Fragen können zudem nicht ausführlich erläutert werden. Ein indirektes Nachfragen ist ebenfalls nicht möglich. Dadurch sind gerade komplexe Beziehungen nur schwer oder gar nicht zu erheben. Letztlich erhält man deshalb »nur« ein Datengerüst, ohne die Individualität der einzelnen befragten Menschen erfassen zu können. Außerdem ist die Erhebungssituation unkontrollierbar. Es kann niemals mit Sicherheit gesagt werden, wer wirklich den Fragebogen ausgefüllt hat. Weiterhin gilt die Rücklaufquote als ein besonderer Unsicherheitsfaktor. Hinzu kommt in diesem Zusammenhang, daß man die Gründe für die Nichtteilnahme nicht kennt. Zudem sind keine Informationen aus dem nonverbalen Verhalten der Befragten zu erhalten, welches bei mündlichen Interviews Hinweise auf die Gültigkeit der Aussagen gibt (Friedrich 1985[13], 237; Schwarzer 1983, 306; Karmasin/Karmasin 1977, 221; Wilk 1975, 187f.; Wilken 1974, 146f.; Scheuch 1967, 167f.).

Was ist zu diesen Nachteilen zu sagen? Dem nicht wegzudiskutierenden Nachteil, daß ich nur »rohe« Daten erhebe, versuche ich zu begegnen, indem ich einzelne Daten durch Erfahrungsberichte von Opfern illustriere. Dabei greife ich auf die vielen veröffentlichten Schilderungen von Opfern sexueller Gewalt zurück.

An der Unkontrollierbarkeit der Erhebungssituation ist nichts zu ändern. Sie bleibt also als Fehlerquelle bestehen.

Vergleicht man die Verweigerungsraten von Untersuchungen, in denen Tiefeninterviews durchgeführt wurden, mit denen, die Fragebögen verwendeten, zeigt sich kaum ein Unterschied. Bei Interviewstudien lag die Teilnahmequote zwischen 49 und 87 Prozent, bei schriftlichen Befragungen zwischen 43 und 92 Prozent (Peters u.a. 1986, 36; Kapitel 5.1).

Deutlich verschieden sind aber die Ergebnisse bezüglich der Häufigkeit von sexueller Gewalt gegen Kinder. Die Fragebogenerhebungen stellen zumeist ein erheblich niedrigeres Ausmaß fest als die Interviewstudien (Kapitel 5.1, Tabellen 3a und 3b). Dabei scheint es aber nicht in erster Linie die Methode selbst zu sein, die dafür verantwortlich ist, sondern die Art, wie im Fragebogen nach dem sexuellen Mißbrauch gefragt wird (ebd., 36ff.; Kapitel 4.3.1.4).

Hinzu kommen aber sicherlich auch einige methodische Vorteile des »face to face-Interviews«. Der Interviewer kann beispielsweise durch seine Erscheinung und sein Verhalten das Maß der Offenheit beeinflussen, er kann unklare Fragen erläutern, bei unklaren Antworten nachfragen und aus dem nonverbalen Verhalten der TeilnehmerInnen Schlüsse ziehen.

Da also der Aufbau des Fragebogens und die Art, wie im Fragebogen nach den sexuellen Mißbrauchserlebnissen gefragt wird, entscheidend für die Ergebnisse der Studien sind, stelle ich im folgenden ausführlich den inhaltlichen und formalen Aufbau des Fragebogens dar.

4.3 Der Fragebogen

4.3.1 Der inhaltliche Aufbau des Fragebogens

Der Fragebogen setzt sich aus vier Teilen mit insgesamt 57 Fragen zusammen und umfaßt einschließlich des Anschreibens zwölf Seiten.[1] Friedrich (1985, 241) weist darauf hin, daß die Länge eines Fragebogens die Rücklaufquote beeinflußt. Je kürzer ein Fragebogen ist, desto höher ist in der Regel die Rücklaufquote. Demgegenüber geht Wieken (1974, 148) davon aus, daß »die Länge eines Bogens nach den vorliegenden Erfahrungen keinen entscheidenden Einfluß auf die Rücksendungen hat« (vgl. auch Tränkle 1983, 278f.). Letztlich ist also strittig, wie sich der Umfang eines Fragebogens auswirkt. Mit weniger als den 57 Fragen sind die Forschungsziele nicht zu erreichen. Der große Umfang des Bogens ist also thematisch erforderlich.

Wichtiger als die Länge des Fragebogens ist die subjektive Bedeutung, die die Befragten dem Untersuchungsgegenstand bzw. dem Fragebogen zumessen. Schwarzer (1983, 307) schreibt hierzu: »Unter dieser Perspektive erscheinen die widersprüchlichen Befunde bezüglich der Länge des Fragebogens in einem anderen Licht. Offenbar wird bei einem langen Fragebogen der durch erhöhten Arbeitsaufwand gegebene negative Effekt mehr als ausgeglichen durch die Unterstellung von Bedeutsamkeit, die ihm zugeschrieben wird. Sehr kurze Fragebogen werden möglicherweise als weniger bedeutsam erlebt.«

4.3.1.1 Anschreiben

Jedem Fragebogen sollte ein Anschreiben vorangestellt sein. Es wird für den Rücklauf oft als wichtiger beschrieben als die Länge des Fragebogens (Wieken 1974, 149; Friedrich 1985[13], 238ff.). Das Anschreiben zum vor liegenden Fragebogen enthält alle notwendigen Punkte: Namen und Adresse des Forschers und der betreuenden Institution, das Thema der Befragung, den Zusammenhang von Thema, Verwertungsziel und Interesse des Befragten, die Zusicherung der Anonymität und den Rücksendetermin (ebd.; 238).

Aufgrund des heiklen Themas dieser Befragung erhalten die Befragten zusätzlich kurze Informationen über meinen beruflichen Hintergrund (»langjährige Mitarbeit in einer Beratungsstelle für Kinderschutz sowie meine Referententätigkeit für verschiedene Kontakt- und Informationsstellen gegen sexuellen Mißbrauch an Mädchen und Jungen«), damit sie Vertrauen gewinnen.

---

1   Der Fragebogen ist im Anhang abgedruckt.

Außerdem ist im Anschreiben angesprochen, daß einige Fragen sehr persönlich sind und deshalb die Beantwortung des Fragebogens sehr anstrengend sein kann. Diese »Barriere« ist der Fairneß halber eingebaut. Die TeilnehmerInnen sollen wissen, auf was sie sich einlassen. Bei anderen Untersuchungen werden derartige Barrieren in der Annahme eingesetzt, daß sie beim Befragten den Wunsch auslösen, sie zu übersteigen, d.h. den Bogen auszufüllen (Richter 1970, 202ff.). Dieser mögliche Effekt ist hier nicht ausschlaggebend, aber willkommen.

Durch Hinweise auf die Ziele und die Bedeutung der Untersuchung sollen die StudentInnen motiviert werden teilzunehmen. Die Befragten, die als Kinder nicht sexuell mißbraucht wurden, sind zudem gesondert aufgefordert, den Fragebogen auszufüllen. Denn sie könnten das Thema für uninteressant und ihre Teilnahme für unwichtig halten.

Notwendig ist zudem noch die Bemerkung, daß »sehr viele Menschen solche Erlebnisse kennen«, da viele Betroffene denken, sie seien die einzigen, denen so etwas passiert. Sie schämen sich deshalb, fühlen sich schuldig und anders als andere Menschen. Bevor sie sich die »Blöße« geben, Opfer sexuellen Kindesmißbrauchs zu sein, schweigen sie lieber (Enders 1990, 42ff.). Der Hinweis, daß viele Menschen betroffen sind, kann ein erster Schritt sein, diese Gefühle zu mindern. Denn es werden vielleicht Gedanken wie »Wenn es so viele sind, denen es passiert, bin ich vielleicht doch nicht so anders als alle anderen« ausgelöst, die die Mauer des Schweigens rissig werden lassen.

4.3.1.2 Statistische Daten

Der erste Teil des Fragebogens dient der Erhebung der statistischen Daten. Dabei haben die Fragen nach dem Geschlecht, der Religion, der Intensität der religiösen Erziehung, dem Familienstand und der Herkunft schon einen direkten Bezug zur Problematik der sexuellen Gewalt gegen Kinder. Durch diese Fragen sollen die Hypothesen 7, 8 und 9 operationalisiert werden. Denn die Ergebnisse verschiedener Studien deuten in die Richtung, daß Mädchen häufiger als Jungen mißbraucht werden und daß Mißbrauch in religiösen Familien und auf dem Land überdurchschnittlich häufig vorkommt (Finkelhor 1979, 111ff.).

4.3.1.3 Fragen zu den familialen und sozialen Bedingungen

Die Bedeutsamkeit des zweiten Fragebogenteils »Fragen zu den familialen und sozialen Bedingungen Ihrer Kindheit« ergibt sich aus den bisherigen Forschungsergebnissen über die Hintergründe sexueller Gewalt gegen Kinder. In den Untersuchungen zeigt sich beispielsweise immer wieder, daß sexuelle Gewalt in allen Schichten fast gleichmäßig verteilt ist, Stiefväter deutlich häufiger als leibliche Väter ihre Kinder sexuell mißbrauchen, die Ehen der Eltern von den Betroffenen oft als unglücklich beschrieben werden. Durch die Fragen dieses Fragebogenteils sollen diese Ergebnisse bzw. die daraus abgeleiteten Hypothesen 6, 10-14 überprüft werden.

Außerdem ist es Ziel dieser Fragen, die TeilnehmerInnen langsam an die »heiklen« Fragen zu den sexuellen Mißbrauchserfahrungen heranzuführen. Dabei ist die Fragenfolge so konzipiert, daß zunehmend Gedächtnisinhalte reproduziert werden müssen, die die Kindheit der Befragten betreffen. Nach Faktenfragen wie »Welches ist der höchste Schulabschluß Ihrer Eltern?« werden intimere Fragen bis hin zum emotionalen und sexuellen Familienklima gestellt.

4.3.1.4 Fragen zum sexuellen Mißbrauch in der Kindheit

Die ersten zehn Fragen des dritten Fragebogenabschnitts thematisieren sexuelle Mißbrauchserfahrungen in der Kindheit. Dabei ist, ausgehend von der im dritten Kapitel entwickelten Definition dieser Studie, das zentrale Definitionskriterium, daß die sexuellen Handlungen von den Befragten als ungewollt erlebt wurden. In acht der zehn Fragen zu den »unangenehmen sexuellen Erlebnissen in der Kindheit« wird dies durch den Satzteil »gegen Ihren Willen« ausgedrückt. Dadurch sollen alle gegen den Willen der Befragten von Bekannten und Fremden sowie von gleichaltrigen Familienmitgliedern durchgeführten sexuellen Handlungen erfaßt werden.

Da aber nicht alle Fälle, die sexuelle Gewalt darstellen, auch von den Betroffenen als solche bewertet werden, sind in zwei Fragen die Definitionskriterien andere (Kapitel 3.1.3). Zum einen werden alle sexuellen Handlungen von erwachsenen Familienmitgliedern, egal ob sie gewollt oder ungewollt waren, als sexuelle Gewalt definiert. Dabei wurde das Konzept des wissentlichen Einverständnisses zugrundegelegt, um auch Fälle wie den von Annabel zu erfassen (Kapitel 3.1.2) (Frage 6). Zum anderen wird in Frage 2 danach gefragt, ob sich die TeilnehmerInnen »sexuell belästigt« gefühlt haben. Dieses Kriterium wurde gewählt, da sich einige Menschen nicht gern als Opfer sexueller Gewalt betrachten. »Sexuell belästigt« ist da als Kompromiß zwischen »sexuell mißbraucht« und »nicht mißbraucht« anzusehen. Die Kategorie dient dazu, Grenzfälle in diesem Bereich zu erfassen. Dreimal wird als zusätzliches Definitionskriterium »Zwang« verwendet, da in diesen Fragen auch Versuche abgefragt werden. Dies soll verhindern, daß auch unbedeutende Versuche mitgezählt werden.

Die Fragen sind als eine Mischung aus sogenannten Handlungs- und Beziehungsfragen konzipiert, da sich eine solche Mischung als sehr günstig für eine hohe Erinnerungsleistung der Befragten erwiesen hat. Peters u.a. (1986, 40ff.) konnten nämlich bei ihrem Vergleich aller bis 1985 vorliegenden amerikanischen Studien nachweisen, daß die Art der Fragestellung überragende Bedeutung hinsichtlich der gefundenen Häufigkeiten hat. Wenn in einer Studie nur eine allgemeine Frage wie »Sind Sie sexuell mißbraucht worden« gestellt wird, ist das gefundene Ausmaß in der Regel deutlich niedriger, als wenn verschiedene Fragen verwendet werden. Peters u.a. (1986, 41f.) liefern drei überzeugende Erklärungen für dieses Phänomen:

1) Die allgemeinen Fragen erbringen niedrigere Ergebnisse, weil ihre Bewertungskriterien häufig nicht mit den Einschätzungen, die viele Betroffene von ihren Erlebnissen haben, übereinstimmen. Aus unterschiedlichen Gründen zeigen Menschen beispielsweise Widerstände, ihre Erlebnisse mit negativen Etiketten wie »Mißbrauch«, »Ausbeutung« oder »Gewalt« zu beschreiben. Wenn nach potentiell unangenehmen persönlichen Erfahrungen in dieser Form gefragt wird, könnten TeilnehmerInnen sich deshalb dagegen entscheiden, ihre Erfahrungen dem Konzept des

Forschers anzupassen. Sie suchen vielleicht nach Möglichkeiten, sich der Aufforderung nach Aufdeckung zu entziehen. Trifft das Etikett des Fragestellers nicht die Sicht der Befragten, fühlen sie sich erleichtert und kreuzen »nein« an.

2) Dadurch, daß es länger dauert, mehrere Fragen zu lesen und zu beantworten, verlängert sich die Zeit, in der sich ein(e) TeilnehmerIn erinnern kann. Wenn beispielsweise eine Befragte verwirrt und unschlüssig ist, wie sie ihre Erfahrung bewerten soll, kann ihr erster Impuls sein, die Aufdeckung zu vermeiden. Folgen dann weitere Fragen, erkennt sie vielleicht die Beharrlichkeit, Ernsthaftigkeit und das Interesse des Forschers an und überwindet ihr Unbehagen.

3) Am wichtigsten scheint aber zu sein, daß durch verschiedene Handlungs- und Beziehungsfragen mehr Erinnerungen wachgerufen werden, weil sie einfach mehr Anhaltspunkte liefern, nach welchen Erfahrungen im Gedächtnis gesucht werden soll.

Die ersten fünf Fragen sind deshalb sogenannte Handlungsfragen. Die erste lautet beispielsweise: »Hat Ihnen jemand gegen Ihren Willen seine Genitalien gezeigt, bevor Sie 16 Jahre alt wurden?«. In Frage eins und zwei werden Mißbrauchserfahrungen ohne Körperkontakt bzw. »weniger intensive« Übergriffe angesprochen, weil davon auszugehen ist, daß sie in der Regel am wenigsten Angst auslösen und damit den Einstieg in diesen hochsensiblen Frageteil etwas erleichtern. In den folgenden drei Fragen steigert sich die »Intensität« der erfragten Handlungen.

Die anschließenden vier Fragen stellen die Beziehung zwischen Opfer und Täter in den Vordergrund. Es wird beispielsweise gefragt: »Hat ein Ihnen bekannter Erwachsener (wie z.B. Nachbar, Jugendgruppenleiter, Lehrer) Sie gegen Ihren Willen zu sexuellen Handlungen gezwungen oder es versucht, bevor Sie 16 Jahre alt wurden?« Die letzte Frage ist als Restkategorie gedacht, in der Befragte Erlebnisse unterbringen können, die durch die vorangegangenen Fragen nicht erfaßt wurden.

Als Antwortvorgabe ist bei sieben der zehn Fragen einfach ein »Ja« oder »Nein« vorgegeben. Bei drei Fragen ist die Vorgabe »versucht« hinzugenommen worden (Kapitel 3.2.1).

4.3.1.4.1 Fragen zu den Umständen des sexuellen Mißbrauchs

Die sich dann anschließenden Fragen des dritten Teils richten sich nur an die von Mißbrauch Betroffenen. In 17 Fragen werden die Umstände und die ersten Reaktionen auf die sexuellen Mißbrauchserfahrungen erfragt (z.B. Geschlecht des Täters, Was passierte?). Außerdem sollen die Hypothesen 1 bis 5 überprüft werden. Dieser Filter ist notwendig, um nicht betroffene TeilnehmerInnen nicht unnötig mit für sie überflüssigen Fragen zu belasten. Solche Filterungen haben den Nachteil, daß dadurch die Fehlerhäufigkeit steigt (Tränkle 1983, 275f.). Dies wird hier in Kauf genommen.

4.3.1.5 Fragen zu den Folgen

Der vierte und letzte Teil des Fragebogens enthält sieben Fragen zu der derzeitigen psychischen Befindlichkeit der TeilnehmerInnen. Diese Fragen richten sich wieder an alle Adressaten. Ziel der Fragen ist es, die Hypothesen 16 bis 19 zu prüfen. Es wird beispielsweise nach Einschlafschwierigkeiten, Eßstörungen und Suizidversuchen gefragt. Die Fragen richten sich nach den am häufigsten von Opfern berichteten Folgen.

Diese subjektiven Kategorien sollen Rückschlüsse auf die Auswirkungen sexueller Gewalt zulassen. Dabei ist klar, daß die Ergebnisse mit größter Vorsicht betrachtet werden müssen, da es sich hier nicht um standardisierte Tests handelt. Dennoch zeigt vor allem das folgende Untersuchungsergebnis von Russell (1986), daß solche Kategorien ernstzunehmende Aussagen erbringen können.

Russell (1986) verwendet einerseits eine subjektive Kategorie, indem sie einfach fragt, ob der sexuelle Mißbrauch extreme/bedeutende/einige/keine Langzeitfolgen hat, und andererseits eine sogenannte »negative Lebenserfahrungsskala«, die beispielsweise erfaßt, ob die Frauen erneut Mißbrauch erlebt haben oder einen sozialen Abstieg gegenüber ihren Eltern zeigen. Bei der Analyse der Ergebnisse fand Russell eine hochsignifikante Korrelation zwischen den subjektiven Einschätzungen der Befragten und den Ergebnissen des »objektiven« Meßinstruments. Zumindest um neue Forschungsfragen aufzuwerfen und zu bestätigen, daß die Betroffenen mehr Auffälligkeiten zeigen als die nicht Betroffenen, scheinen die Fragen auszureichen (Russell 1986, 200ff.).[1]

Am Ende des Fragebogens biete ich schließlich ein Gespräch über den Fragebogen an bzw. die Zusendung einer Literaturliste und eines Verzeichnisses von Beratungsstellen auf Anfrage. Dies geschah vor allem, um Betroffenen, bei denen durch den Fragebogen schmerzhafte Erinnerungen ausgelöst wurden, wenigstens ein Hilfs- und Gesprächsangebot zu machen. Ohne diese Möglichkeit ist die Untersuchung ethisch nicht zu rechtfertigen.

Insgesamt drei Frauen, die von ihren Vätern mißbraucht worden waren, nutzten das Gesprächsangebot. Mit einer Frau treffe ich mich seit über einem Jahr wöchentlich. Acht TeilnehmerInnen fragten wegen einer Literatur- bzw. Beratungsstellenliste an.

4.3.2 Der formale Aufbau des Fragebogens

4.3.2.1 Fragenformulierung

An die sprachliche Formulierung einer Frage ist einerseits der Anspruch zu stellen, daß sie die Befragten zu einer Antwort motiviert, andererseits muß die Frage so gestellt sein, daß sie möglichst von allen TeilnehmerInnen verstanden wird (Tränkle 1983, 261; Friedrich 1985[13], 238).

Da die Bedeutung eines Begriffs von seinem definierten Inhalt, den von Mensch zu Mensch unterschiedlichen Konnotationen, seinen gruppenspezifischen Bedeutungsanteilen und der Verwendung in verschiedenen Lebensbereichen geprägt wird, ist es

---

1   Eine ausführliche Diskussion über die besonderen methodischen Probleme der Folgenforschung findet sich am Ende des vierten Kapitels in Form eines Exkurses.

grundsätzlich ausgeschlossen, daß alle Befragten einen Begriff gleich verstehen. Um möglichst wenig Verständnisschwierigkeiten aufkommen zu lassen, orientiert man sich bei der sprachlichen Formulierung der Fragen an der Alltagssprache des durchschnittlichen Mitglieds der Zielgruppe. Auf abstrakte Begriffe und Fremdworte sollte ebenso verzichtet werden wie auf ungewöhnliche Tempora, Schachtelsätze, adverbiale Konstruktionen, Formulierungen im Passiv und doppelte Verneinungen (Tränkle 1983, 263ff.; Karmasin/Karmasin 1977, 173f.; Kreutz/Titscher 1974, 53ff.; Scheuch 1967, 140ff.).

Diese Gesichtspunkte sind bei der Entwicklung der Fragen genau beachtet worden. In den beiden Prätests gab es denn auch hinsichtlich der Verständlichkeit der einzelnen Fragen nur sehr wenig Kritik. Vielleicht liegt dies auch daran, daß ich mich alters- und milieumäßig nur wenig von der Zielgruppe unterscheide.

4.3.2.2 Fragestrategien

Jede Frage darf nur einen relevanten Gesichtspunkt enthalten. In weiten Teilen des Fragebogens sind die Fragen möglichst kurz gefaßt, um die Verständlichkeit zu erhöhen. Einige Fragen im zweiten Teil und die ersten zehn Fragen im dritten Teil des Fragebogens sind länger: Damit soll eine bessere Erinnerungsleistung der TeilnehmerInnen erreicht werden. Denn zum einen läßt eine lange Frage schon beim Lesen mehr Zeit zum Nachdenken, und zum anderen liefert sie mehr Hinweise auf das, was erinnert werden soll. Außerdem zeigte sich in Untersuchungen, daß »auch die Antworten auf kurze Fragen informationshaltiger waren, wenn der Fragebogen teils kurze, teils lange Fragen enthält« (Tränkle 1983, 265).

Mit geschlossenen Fragen bezeichnet man solche, auf die standardisierte Antworten vorgegeben werden. Obwohl lange Serien geschlossener Fragen auf die Befragten demotivierend wirken können, ist dieser Fragetyp häufig verwendet worden, da der Fragebogen insgesamt sehr lang ist und die Geduld der TeilnehmerInnen nicht überstrapaziert werden sollte. Denn offene Fragen erfordern »freie Reproduktion«, geschlossene Fragen nur »Wiedererkennen«. Schon dadurch sind offene Fragen schwieriger zu beantworten. Hinzu kommt, daß das Thema der Befragung belastend sein kann und viele offene Fragen vielleicht zu anstrengend und/oder ermüdend gewesen wären. Außerdem ist bei geschlossenen Fragen keine inhaltsanalytische Auswertung nötig, was die Auswertung erleichtert. Weiterhin haben Untersuchungen gezeigt, daß durch zu viele offene Fragen der Rücklauf der Fragebögen sinkt (Atteslander 1975[4], 103ff.; Tränkle 1983, 246f.).

Forschungsmethodisch spricht zudem für hauptsächlich geschlossene Fragen, daß durch die Vorgabe der Antwortmöglichkeiten in dem intendierten Bezugsrahmen geantwortet wird, daß die Befragten Punkte nicht deshalb auslassen, weil sie nicht an sie denken oder nicht genau formulieren können, daß sie den TeilnehmerInnen einen Überblick über mehrere Antwortvorgaben bieten, so daß sie sich aus einer umfassenderen Sicht entscheiden können (Karmasin/Karmasin 1977, 186).

Daraus ergibt sich das Problem, wie diese Antwortvorgaben formuliert und nach welchen Gesichtspunkten sie ausgewählt werden sollen.

4.3.2.3 Antwortvorgaben

Bei den Antwortvorgaben ist zu beachten, daß zu der jeweiligen Frage angemessen viele Alternativen gegeben werden. Beispielsweise werden auf die Frage »Durch welche Mittel erreichte die Person die sexuellen Handlungen?« sechs Antwortvorgaben angeboten (»Sie log Ihnen falsche sexuelle Normen vor/Körperliche Gewalt/Geld oder Geschenke/Drohungen/›emotionale Zuwendung‹/etwas anderes«). Durch die ersten fünf Antwortvorgaben sind die in der Literatur am häufigsten beschriebenen Strategien der Täter erfaßt. Um andere, seltener genannte oder bisher übersehene Mittel der Täter nicht zu übergehen und um den TeilnehmerInnen etwas Freiraum zu gewähren, ist eine Restkategorie »etwas anderes« gebildet worden.

Ein zweites Kriterium für gute Antwortvorgaben ist, daß sie möglichst ausgewogen sein sollten. Deshalb sind beispielsweise bei der Frage »Wenn Sie zurückdenken, welche Gefühle löste(n) das/die Erlebnis(se) bei Ihnen aus?« negative und positive Antwortvorgaben formuliert worden. Allerdings sind von den 14 angesprochenen Gefühlen »nur« vier positiv (Lust, Freude, Neugierde, Überraschung). Daß das Verhältnis nicht ausgeglichen ist, liegt am Thema der Untersuchung. Von sexuell mißbrauchten Menschen werden selten positive Gefühle beschrieben. Hier einen Ausgleich im Fragebogen zu schaffen, wäre bedenklich, könnte es doch dazu führen, daß sich die Opfer nicht ernstgenommen fühlen. Ähnlich wurde bei den anderen Fragen vorgegangen.

4.3.2.4 Skalierung

In dieser Untersuchung werden bei einem Teil der Fragen fünfstufige Skalierungen verwendet. Dies geschieht, weil sie einerseits fein genug messen und andererseits den Differenzierungsmöglichkeiten und -wünschen der TeilnehmerInnen überwiegend entsprechen, wie Rohrmann (1978, 230) in seiner Untersuchung festgestellt hat. Zudem ist die Skalenqualität wichtig für die späteren Anwendungsverfahren (Mayntz u.a. 1969, 55ff.).

Die hier verwendeten Stufungen basieren in erster Linie auf Rohrmanns Arbeit (1978), in der er sie in zwei empirischen Untersuchungen eingehend getestet hat. Für die Häufigkeitsskalen sind die Antwortstufen »nie/selten/manchmal/oft/immer«, für Identitätsskalen »nicht/wenig/mittelmäßig/ziemlich oder überwiegend/sehr«, für Bewertungsskalen »nicht/wenig/teils-teils/überwiegend/völlig« gewählt worden.

4.3.2.5 Antworttendenzen

Untersuchungen zeigen, daß einerseits das Verständnis ein und derselben Frage von TeilnehmerIn zu TeilnehmerIn beträchtlich variiert und andererseits die Beantwortungsprozesse fragenabhängig unterschiedlich ablaufen (Tränkle 1983, 229). Dazu trägt beispielsweise bei, daß unbestimmte Zahlen- oder Häufigkeitsangaben wie »wenig« oder »manchmal« bei den TeilnehmerInnen unterschiedliche Vorstellungen auslösen.

Die Form der Frage(n) bzw. der Befragung insgesamt hat ebenfalls einen bedeutenden Einfluß auf das Antwortverhalten der TeilnehmerInnen. Mit Antworttendenzen bezeichnet man in diesem Zusammenhang all diejenigen Anteile am Antwortverhalten, die nicht durch den jeweiligen (subjektiv) wahren Sachverhalt, sondern durch die Art der Untersuchung, durch die Frageformulierung, die Antwortvorgaben usw. bedingt sind (ebd., 230).

Den ForscherInnen wird durch die Antworttendenzen eine Reihe von subtilen Möglichkeiten eröffnet, erwünschte Antworten zu bekommen. »Dies muß nicht unbedingt im Sinne einer bewußten Manipulation durch den Forscher gehandhabt werden, sondern kann sich auch ungewollt als Folge bestimmter Formulierungen einstellen.« (Karmasin/Karmasin 1977, 177.)

In Untersuchungen zeigt sich nämlich, daß ein Teil der Befragten sich überlegt, welche Antwort entweder für sie selbst oder für die Untersuchung oder für die Gesellschaft günstig erscheint. Diese Befragten bemühen sich also, sozial erwünscht zu antworten. Antworttendenzen können aber auch in genau umgekehrter Weise auftreten. »Es kann auch sein, daß sich eine Person eine Meinung darüber bildet, was eher ›negativ‹ bzw. ungünstig wirken würde, und sie wird sich dementsprechend bemühen, die jeweils von Personen oder Instanzen (...) als abweichend, unbequem usw. angesehene Meinung zu vertreten.« (Mummendey 1987, 161.)

Außerdem neigen einige Menschen dazu, einen bestimmten Antwortstil zu bevorzugen. Sehr häufig ist eine Tendenz zum Jasagen, seltener finden sich sogenannte »Neinsager«. Wieder andere Befragte kreuzen überwiegend extreme Antwortvorgaben an, andere meiden dagegen die Extreme und kreuzen bei einer mehrstufigen Antwortskala mit Vorliebe die mittleren Antwortkategorien an (ebd., 161).

Diese Antworttendenzen können durch suggestive Frageformulierungen genutzt werden, um das Antwortverhalten zu manipulieren. Beispielsweise können emotionale oder mit Werturteilen verknüpfte Worte in den Fragen verwendet werden (z.B. »für Ruhe und Ordnung sorgen«), oder der Befragte wird zu einer Übereinstimmung mit dem/der ForscherIn aufgefordert: »Sie sind doch auch der Meinung, daß sexueller Mißbrauch ...«.

Wesentlich subtiler kann man die Befragten aber durch die Anzahl und den Inhalt der Antwortvorgaben manipulieren (s.o.).

Bei der Entwicklung des in dieser Untersuchung verwendeten Fragebogens war ein Ziel, die Antworttendenzen z.B. der sozialen Erwünschtheit und die Zustimmungs- und Verneinungstendenzen abzumildern, indem die Antwortvorgaben dem Thema entsprechend ausgewogen formuliert und in angemessener Anzahl vorgegeben wurden. Letztlich muß aber eingestanden werden, daß sich das Problem der Antworttendenzen nicht gänzlich überwinden läßt (Tränkle 1983, 231).

4.3.2.6 Reihenfolgeeffekte

Mehr Beachtung als den Problemen der Skalierung wird den sogenannten Reihenfolgeeffekten geschenkt. Von Aktualisierungseffekten spricht man, wenn durch eine vorausgegangene Frage die Antworten auf eine nachfolgende beeinflußt werden, indem sie bestimmten Sachverhalten im Bewußtsein der Befragten höheres Gewicht verleiht. »Aktualisierung kann je nach Befragungszielen ein unerwünschter, evtl. aber auch ein erwünschter Reihenfolgeeffekt sein.« (Tränkle 1983, 271.)

In meinem Fragebogen, bei dem es ja vor allem um Erinnerungen geht, ist dieser Effekt vor allem im zweiten und dritten Fragebogenteil erwünscht. Beispielsweise thematisieren die letzten Fragen des zweiten Teils bewußt das emotionale und sexuelle Familienklima der TeilnehmerInnen, um die Erinnerung an ihre Kindheit zu wecken und um damit die noch »heikleren« Fragen zu den Mißbrauchserlebnissen vorzubereiten.

Bei der Entwicklung des Fragebogens ist zudem versucht worden, Redundanzeffekte zu vermeiden. Mit Redundanzeffekten ist das Ausbleiben von Antworten auf Fragen, die vorher schon einmal angeschnitten wurden, gemeint: Die TeilnehmerInnen wollen die gleiche Antwort nicht zweimal geben und machen deshalb bei der zweiten Frage keine Angabe. Dadurch ist allerdings leider auch keine Kontrolle der Zuverlässigkeit der gegebenen Antworten möglich (ebd., 273).

4.4 Warum eine StudentInnenbefragung

Für eine Untersuchung über die Häufigkeit, die Umstände und die Folgen sexuellen Mißbrauchs an Kindern wäre natürlich eine für die Bundesrepublik Deutschland repräsentative Befragung wünschenswert gewesen. Eine solche Untersuchung wäre jedoch im Rahmen des Forschungsstipendiums nicht finanzierbar gewesen, da (wie schon erwähnt) nur 2000 DM Sachmittel zur Verfügung stehen. Warum aber ausgerechnet StudentInnen als Untersuchungsgruppe? Da StudentInnen leicht erreichbar sind, bieten sie sich als Untersuchungsgruppe an. Sich für diese Gruppe zu entscheiden, stellt zugegebenermaßen eine sehr konventionelle Wahl dar, da viele Studien mit StudentInnen durchgeführt werden.

Neben dem Kostenargument sprechen aber auch wichtige forschungsmethodische Erwägungen für StudentInnen als Untersuchungsgruppe. Denn sie sind mit Untersuchungen, deren Sinn und ihrer Handhabung sowie mit schriftlichen Dingen vertraut und bringen einer Befragung weniger Skepsis entgegen als die meisten anderen Bevölkerungsgruppen (Finkelhor 1979, 37f.). Die Validität (Gültigkeit) einer Untersuchung wird dadurch erhöht, weil weniger Fehler und eine niedrigere Verweigerungsrate zu erwarten sind.

Hinzu kommt, daß ich die Fragebögen selbst verteilen konnte, wodurch für die TeilnehmerInnen die Bedeutung der Untersuchung unterstrichen wurde. Außerdem könnte es gerade für die Betroffenen wichtig sein, einen Eindruck von dem Menschen zu gewinnen, der von ihnen Antworten auf sehr sensible Fragen erwartet. Zwei Teilnehmerinnen bestätigten später, daß dies für sie sehr hilfreich war und sie bewogen hat mitzumachen. Auch bei Jäckel (1988) schreiben Frauen, daß sie sich erst über die Autorin erkundigt haben: »Ein Buch geht in Ordnung. Ich hab' mich über Sie informiert. Das geht klar, glaub' ich.« (Jäckel 1988, 65.)

Ein weiterer Vorteil einer StudentInnenbefragung ist, daß die Befragten in der Regel noch jung sind und sich deshalb leichter an ihre Kindheit und Jugend erinnern können als ältere Menschen. Angesichts der Tatsache, daß man Kinder zu einer solchen Thematik mit einem Fragebogen und ohne ausreichende Beratungs- und Hilfsangebote nicht befragen kann, zählen StudentInnen zur jüngsten Bevölkerungsgruppe, die man unter dem Gesichtspunkt der Erinnerung an die Kindheit auswählen kann (ebd., 38).

Überdies wohnen StudentInnen meist nicht mehr zu Hause bei ihren Eltern. Sie leben vielfach allein oder in Wohngemeinschaften, wo sie nicht kontrolliert werden. Sie brauchen deshalb keine oder zumindest weniger Angst davor zu haben, daß sie jemand mit Fragen wie »Warum nimmst du denn an einer solchen Studie teil?« oder »Was hast du denn da angekreuzt?« belästigt (ebd. 38).

Schließlich sprechen auch einige für Fragebogenerhebungen grundsätzliche Bedingungen für StudentInnen. Denn verschiedene Untersuchungen zeigen: Je höher die Homogenität einer Befragungsgruppe, die Schulbildung und die soziale Schicht ist, desto häufiger wird der Bogen zurückgeschickt. Für StudentInnen treffen diese Bedingungen überwiegend zu. Ein genügend großer Rücklauf, ohne den eine Untersuchung scheitern kann, ist deshalb zu erwarten (Tränkle 1983, 286, Friedrich 1985[13], 239).

Das größte und nicht wegzudiskutierende Problem von StudentInnenbefragungen ist, daß sie eine hochselektierte Bevölkerungsgruppe sind. Es ist bei ihnen davon auszugehen, daß sie in bezug auf Bildung, Häufigkeit psychischer Störungen usw. nicht dem Bevölkerungsdurchschnitt entsprechen und daß sich Randgruppenmitglieder nicht oder kaum unter ihnen finden. Gerade aber unter Prostituierten, Drogensüchtigen, Ausreißern usw. sind überdurchschnittlich viele Mißbrauchsopfer anzutreffen (Kapitel 2.5 und 9.2). Die Ergebnisse von StudentInnenbefragungen liegen deshalb beim Ausmaß sexueller Gewalt wahrscheinlich eher an der unteren Grenze (Peters u.a. 1986, 27f.; Finkelhor 1979, 39).

Trotz dieser Einschränkungen ist zusammenfassend festzustellen, daß StudentInnen unter Berücksichtigung der Motivation, des Erinnerungsvermögens an die Kindheit und der Rücklaufquote eine relativ gute Untersuchungsgruppe bilden. Sie sind eine wesentlich »normalere« und weniger selektierte Bevölkerungsgruppe als die sonst häufig untersuchten TherapieklientInnen oder ZeugInnen vor Gericht.

4.5 Die Vortests

Der Fragebogen wurde zwei Prätests unterzogen. Im Juni 1990 wurden 18 Fragebögen an StudentInnen in einem Seminar zum sexuellen Mißbrauch an Kindern an der Universität Dortmund verteilt. Bei der Beantwortung der Fragebögen sollten die SeminarteilnehmerInnen vor allem auf die Verständlichkeit der Fragen achten und darauf, ob die Antwortvorgaben dem Inhalt der Frage entsprechen. Zudem sollte das Verhältnis von geschlossenen zu offenen Fragen sowie die Länge des Fragebogens bewertet werden. Inhaltliche Anmerkungen waren natürlich ebenfalls gewünscht. Zwölf Bögen kamen ausgefüllt zurück. Einige Fragen wurden daraufhin überarbeitet und die Reihenfolge der Fragen leicht korrigiert. Die überarbeitete Fassung testeten im August 1990 ErzieherInnen und SozialarbeiterInnen. Von den siebzehn TeilnehmerInnen eines Fortbildungsseminars zum Thema »Sexueller Mißbrauch an Kindern« füllten elf den Bogen aus. Dabei wurde wenig Kritik geäußert. Einige Fragen wurden danach geringfügig umformuliert.

4.6 Durchführung der Untersuchung

In der Woche vom 15. bis 19.10.1990 sind 1500 Fragebögen in 20 Vorlesungen und Seminaren an StudentInnen der Universität Dortmund verteilt worden. Da das Frauen-Männer-Verhältnis in den Natur-, Ingenieur- und Technikwissenschaften 1:4 und in den Gesellschaftswissenschaften 3:1 ist, wurden 700 Fragebögen im ersten und 800 im zweiten Bereich ausgegeben, um etwa je zur Hälfte Frauen und Männer zu erreichen. Diese Rechnung ging in etwa auf. An 780 Frauen und 720 Männer wurde je ein Fragebogen ausgegeben. Zur Kontrolle wurden jeweils die männlichen und weiblichen SeminarteilnehmerInnen gezählt. Leichte Verzerrungen könnten sich dadurch ergeben haben, daß in einigen Seminaren nicht jede/r Studierende einen Bogen nahm.

Die Seminare und Vorlesungen wurden einzig nach diesem »Paritäts«-Kriterium ausgewählt. Eine für die Universität Dortmund systematische Stichprobe wurde nicht gezogen, weil die Fragebögen von mir persönlich in den Seminaren verteilt werden sollten, um Vertrauen bei den TeilnehmerInnen zu gewinnen (s.o.).

Dies machte es erforderlich, DozentInnen zu finden, die einige Minuten ihrer Vorlesungszeit zur Verfügung stellten. Überwiegend stieß ich dabei auf großzügiges Entgegenkommen. Es gab aber auch einige negative Reaktionen. So lehnte ein Dortmunder Physikprofessor meine Bitte mit folgenden Worten ab: »Auf solche Forschungsvorhaben lasse ich mich nicht ein. Damit soll mein Name nicht in Verbindung gebracht werden.«

Zu Beginn der jeweiligen Veranstaltung erklärte ich kurz das Thema der Untersuchung, meine Motivation, die Ziele der Studie und forderte zur Teilnahme auf. Einen gesonderten Appell richtete ich dabei an die nicht Betroffenen, an die Männer und an die angehenden NaturwissenschaftlerInnen, IngenieurInnen und BetriebswirtschaftlerInnen, da sich diese Gruppen wahrscheinlich weniger vom Thema dieser Untersuchung angesprochen fühlen (Kapitel 4.7).

Einige der DozentInnen (vor allem in den Geisteswissenschaften) wiesen zudem selbst noch einmal auf die Bedeutung der Studie hin und forderten die StudentInnen auf, an der Befragung teilzunehmen. Um den Rücklauf zu erhöhen, lud ich in dieser Woche die örtliche Presse und Radio Dortmund zu einem Gespräch ein. Alle drei Zeitungen und der Dortmunder Lokalsender berichteten am folgenden Tag über die Studie. Sie unterstrichen dabei die Seriosität und die Notwendigkeit der Erhebung.

In der darauffolgenden Woche wurden an fast allen »schwarzen Brettern« in der Universität Dortmund gelbe Plakate aufgehängt, in denen zur Teilnahme aufgefordert wurde und die einen der Zeitungsberichte wiedergaben. Kurz vor Ablauf der Rückgabefrist folgten grüne und dann rote Plakate mit dem Hinweis, daß die Frist verlängert wurde. Beides diente ebenfalls dazu, den Rücklauf zu erhöhen.

Die Fragebögen wurden in einem frankierten Briefumschlag verteilt, so daß den TeilnehmerInnen keine Kosten entstanden.

4.7 Die Stichprobe

Von den 1500 Fragebögen wurden 874 (58,3 Prozent) zurückgeschickt. Dreizehn konnten nicht in die Analyse einbezogen werden, weil sie entweder nur teilweise ausgefüllt waren oder erst lange nach der Abgabefrist eintrafen. Letztlich gingen 861 Bögen (57,4 Prozent) in die Auswertung ein.

Von diesen 861 TeilnehmerInnen waren 518 Frauen (60,2 Prozent) und 343 (39,8 Prozent) Männer. Männer haben sich also (erwartungsgemäß) deutlich weniger beteiligt als Frauen. Dies wird auch durch die unterschiedliche Verweigerungsrate deutlich. Von den 780 befragten Frauen machten 66,4 Prozent und von den 720 befragten Männern 47,7 mit. Insgesamt lag die Verweigerungsrate bei 41,7 Prozent. Für die höhere Verweigerungsrate der Männer bieten sich vier Erklärungen an:

Erstens könnten sich Männer durch das Thema der Untersuchung weniger angesprochen gefühlt haben, weil bisher kaum bekannt ist, daß viele Jungen Opfer sexueller Gewalt werden. Zumindest die nicht Betroffenen könnten die Untersuchung deshalb für wenig relevant gehalten haben. Zweitens paßt es nicht in das herrschende Männerbild, daß Männer sexuell mißbraucht werden. Sich mit damit auseinanderzusetzen, auch Opfer und damit schwach und unterlegen sein zu können, fällt vielen Männern schwer (Bange/Beckmann 1989, 52ff.). Ein Fragebogen, der ein Nachdenken über eigene Verletzungen erfordert, könnte deshalb von einigen Männern abgelehnt werden.

Drittens könnte das herrschende Männerbild im Zusammenhang damit, daß Jungen als Opfer sexueller Gewalt im öffentlichen Bewußtsein kaum vorhanden sind, auch Betroffene davon abgehalten haben, teilzunehmen. Denn viele Männer (und natürlich auch Frauen) schämen sich für das, was ihnen passiert ist, sie haben Angst, daß ihnen nicht geglaubt wird, sie fühlen sich mitschuldig... Sie schweigen. Bei Frauen wirkt das Tabu, über sexuellen Mißbrauch zu sprechen, nicht mehr ganz so stark (Kapitel 6.3.2).

Viertens studieren 76 Prozent der befragten Männer Natur-, Ingenieur- oder Technikwissenschaften und nur 24 Prozent Geistes- und Gesellschaftswissenschaften. Einerseits könnten bei den Naturwissenschaftlern Vorbehalte gegenüber sozialwissenschaftlicher Forschung bestehen, und andererseits könnte das Problembewußtsein bei ihnen niedriger sein, da sie sich im Rahmen ihres Studiums kaum mit sozialen Problemen auseinandersetzen müssen. Von den befragten Frauen studieren dagegen 90 Prozent geistes- und gesellschaftswissenschaftliche Fächer, in denen sexueller Mißbrauch zumindest teilweise thematisiert wird.

Das Durchschnittsalter der TeilnehmerInnen ist 22,9 Jahre (Frauen: 22,6 Jahre; Männer 23,2 Jahre). 46,3 Prozent gaben an, katholisch, 46,4 Prozent evangelisch zu sein. Zwischen Männern und Frauen finden sich dabei fast keine Unterschiede. Andere Religionszugehörigkeiten werden von 4,4 Prozent der TeilnehmerInnen genannt. 1,7 Prozent gehören keiner Religion an.

11,7 Prozent der Befragten haben während ihrer ersten 16 Lebensjahre überwiegend in Dörfern gelebt, 14,7 Prozent in Kleinstädten, 27,3 Prozent in Mittelstädten und 46,1 Prozent in Großstädten. Die Männer kommen etwas häufiger aus Großstädten (49,6 Prozent : 44,3 Prozent), während die Frauen ein leichtes Übergewicht bei den Mittelstädten haben (29,4 Prozent : 24,2 Prozent). Ansonsten gibt es keine nennenswerten Unterschiede.

Die meisten TeilnehmerInnen kommen aus »vollständigen« Familien (86 Prozent). Nur 14 Prozent der Frauen und 13 Prozent der Männer hatten eine Trennung ihrer

Eltern erlebt. Im Bevölkerungsdurchschnitt wird in den alten Bundesländern dagegen etwa jede dritte Ehe geschieden (Beck 1986, 163).

Nimmt man die Schulbildung der Väter als Indikator für die soziale Schicht der StudentInnen, so zeigt sich, daß sie überwiegend aus der Mittelschicht kommen. Weniger als zwei Prozent der Väter haben keinen und 30 Prozent einen Hauptschulabschluß. 30 Prozent machten einen Realschul- und/oder einen Fachschulabschluß. Über 37 Prozent erreichten das Abitur. Über 30 Prozent von ihnen sind anschließend auf die Fachhochschule oder die Universität gegangen.

Gegenüber dem Bildungsniveau der Gesamtbevölkerung ist dies ein sehr hoher Bildungsgrad. Denn laut der Volkszählung von 1987 haben 74 Prozent der 40 bis 59 Jahre alten BürgerInnen – dies dürfte in etwa die Altersgruppe der StudentInneneltern sein – einen Hauptschulabschluß, ein Prozent hat keinen Schulabschluß, 15 Prozent haben einen Realschul- oder vergleichbaren Abschluß und zehn Prozent Fachhochschul- oder Hochschulreife (Statistisches Bundesamt 1989, 71). Von den 45- bis 59jährigen haben im Bundesdurchschnitt nur 2,5 Prozent einen Fachhochschul- und 4,4 Prozent einen Hochschulabschluß (ebd., 72).

4.8 Die Gültigkeit der Ergebnisse

Die Gültigkeit der Ergebnisse dieser Untersuchung ist erstens – wie bei fast allen anderen Studien auch – eingeschränkt durch die Verweigerungsrate. Denn es ist nicht festzustellen, ob Betroffene an solchen Untersuchungen häufiger oder seltener teilnehmen als nicht Betroffene. Mit anderen Worten: Es ist strittig, ob sich unter den TeilnehmerInnen genauso viele Opfer sexueller Gewalt befinden wie unter den NichtteilnehmerInnen.

Dafür, daß die Opfer unterrepräsentiert sein könnten, spricht folgende Annahme: Für viele Betroffene ist die Auseinandersetzung mit ihrem sexuellen Mißbrauch sehr anstrengend. Den Fragebogen zu beantworten, könnte viele schmerzhafte und ängstigende Erinnerungen und Gefühle hervorrufen, denen sich die TeilnehmerInnen nicht aussetzen möchten. Hierfür spricht, daß bei der niederländischen Studie von Draijer (1990) die nach den Gründen für ihre Teilnahmeverweigerung befragten Frauen ihre Weigerung vorwiegend mit dem als bedrohlich erlebten Thema der Befragung begründeten (Draijer 1990, 131).

Andererseits könnten sich aber gerade die Opfer sexueller Gewalt besonders angesprochen fühlen, weil es bei dieser Untersuchung in erster Linie um sie geht. Für viele Betroffene ist zudem der Fragebogen – so traurig dies auch ist – die erste Möglichkeit, ihr Erlebnis jemandem mitzuteilen. Außerdem könnten einige von ihnen die Untersuchung als Chance ansehen, auf dieses Problem aufmerksam zu machen und so mitzuhelfen, Kindern sexuellen Mißbrauch zu ersparen.

Dagegen ist wiederum einzuwenden, daß sexuelle Gewalterfahrungen etwas sehr Intimes sind, worüber einige der Opfer einem Fremden keine Informationen geben wollen. Befragte, die keinen sexuellen Mißbrauch erlebt haben, könnten allerdings die Untersuchung für nicht so wichtig halten und deshalb den Fragebogen nicht zurückschicken. Letztlich sind dies alles aber nur Spekulationen.

Zweitens kann die Validität einer Untersuchung über die Häufigkeit sexueller Gewalt darunter leiden, daß die TeilnehmerInnen nicht offen genug sind. Gerade bei einem so »heiklen« Thema wie dem sexuellen Mißbrauch ist dies zu erwarten. Bei der Russell-Studie (1986) gaben 88 Prozent der befragten Opfer sexueller Ausbeutung an, alle Fragen wahrheitsgemäß beantwortet zu haben. Zehn Prozent fiel es bei ein oder zwei Fragen, und zwei Prozent bei einigen Fragen schwer, offen zu antworten (Russell 1986, 31). Vor allem bei Fragen nach innerfamilialen sexuellen Gewalterfahrungen verschwiegen die Frauen etwas. Eine Frau begründete dies mit folgenden Worten: »Ich fühle mich nicht wohl dabei, zu vielen Menschen über diesen Vorfall (ihr Vater hat sie sexuell mißbraucht, D.B.) etwas zu erzählen. Es ist ein sehr persönliches Thema. Ich habe es mit einigen prominenten Psychiatern besprochen und in meinem Kopf durchgearbeitet. Ich fühle mich jetzt besser damit, aber ich ziehe es vor, keinem Fremden davon zu erzählen.« (Ebd., 32.) Vermutlich werden also eher sehr traumatische Mißbrauchserlebnisse verschwiegen, als daß etwas hinzugedichtet wird. Ausgeschlossen werden kann natürlich nicht, daß einige TeilnehmerInnen falsche Angaben gemacht haben.

Drittens könnten nicht alle betroffenen TeilnehmerInnen in der Lage sein, sich zu öffnen, obwohl sie es möchten. Denn viele sexuell mißbrauchte Frauen und Männer verdrängen ihre Gewalterfahrungen. Vielfach können sie sich über Jahre oder sogar Jahrzehnte nicht mehr daran erinnern, daß sie Opfer sexueller Gewalt waren (Sherwood 1991, 56).

Eindrucksvoll beschreibt dies Sylvia Fraser in ihrem hervorragenden autobiographischen Roman »Meines Vaters Haus«. Sylvia Fraser hatte bis zu diesem Buch vier in den USA und Kanada erfolgreiche Romane geschrieben. In jedem dieser Romane war sexueller Mißbrauch an Kindern in irgendeiner Art und Weise thematisiert worden. Doch hatte sie dies die ganzen Jahre über nicht mit ihrer eigenen Person in Verbindung gebracht. Ihre Verdrängung hatte fast vierzig Jahre funktioniert, Jahre, in denen sie immer wieder in für sie unverständliche tiefe Depressionen verfiel, in denen sie sich Zigaretten auf den Armen ausdrücken konnte, ohne etwas zu spüren, in denen sie in sexueller Hinsicht nichts empfand usw. Dann beginnt sie mit ihrem fünften Roman, in dem sie sich Seite für Seite ihrer Geschichte nähert. Nach vierzig Jahren überschwemmen sie schließlich die verborgenen Erinnerungen:

»Ich schluchze, meine Lippen verziehen sich nach unten wie bei einem Kind, das sich weigert zu essen. Ich versuche, *Nein!* zu schreien, wage aber nicht den Mund zu öffnen, denn mein Mund ist das neue Objekt der Gewalt. Meines Vaters Haus ist leer, was spielt es also für eine Rolle, ob ich schreie? Trotz aller meiner Proteste habe ich Angst, meinen Daddy mit Fäusten zu schlagen. Ich habe immer noch Angst vor meinem Daddy. Ich habe immer noch Angst, daß Daddy mich nicht mehr liebt mich liebt mich. Meine Arme kleben an mir, als er mich auf sein Bett drückt, so daß meine Knie einknicken. Die Bettkante schneidet mir ins Fleisch. Mein Daddy preßt seinen Bauch an mich. Ich kann nicht atmen. Mein Daddy zwängt seinen Pillermann in meinen Mund. Ich würge. Ich ersticke fast. Hilfe! Ich kneife die Augen zusammen, so daß ich nichts sehe (...) pfui pfui Liebe Haß Schuld Scham Angst Angst *Angst Angst Angst Angst Angst Angst* ... Ich erlebe diesen Moment, als meine Hilflosigkeit so grenzenlos ist, daß alles andere unerträglich wäre, in allen Einzelheiten wieder. Ich schraube meinen Kopf von meinem Körper ab, als wäre es der Deckel eines Honig-glases. Von nun an sollte es zwei Ichs geben – das Kind, das wußte, mit dem schuldigen von Daddy besessenen Körper, und das Kind, das nicht mehr wagte, etwas zu wissen, mit unschuldigem Kopf, ganz auf Mommy eingestellt.

Der Anfall geht zu Ende. Mein Kopf schnellt nach vorn. Mein Mund klappt zu (...) Ich kehre in die Gegenwart zurück, zu meinem erwachsenen Ich, in mein eigenes Schlafzimmer in Toronto. Ich kehre zurück von einer Reise durch die Zeit in meiner Vergangenheit zu einem Apriltag im Jahre 1983, aber ich bin nicht mehr dieselbe (...) Ich *WEISS*, daß mein Vater mich vergewaltigt hat. Mein Gehirn ist voller Erinnerungen, schockierender Einblicke. Innerhalb von Sekunden erfährt meine Lebensgeschichte so, wie ich sie bisher gekannt habe, eine dramatische Wendung.« (Fraser 1990, 252f.)

Zu solchen Verdrängungseffekten kommt hinzu, daß viele Kinder schon als Säuglinge oder Kleinkinder sexuell mißbraucht werden (Trube-Becker 1991, 87). Ihnen fehlt oftmals fast völlig die Erinnerung. Zwei Frauen machten in den Fragebögen Anmerkungen, die auf solche Verdrängungen hinweisen. Eine schreibt: »Ich habe so ein komisches Gefühl, aber ich weiß nicht, ob ich mißbraucht worden bin.«

Nach Abwägung aller aufgeführten Überlegungen spricht meiner Ansicht nach mehr dafür, daß die Opfer unter den TeilnehmerInnen unterrepräsentiert sind.

4.9 Statistische Auswertungsverfahren

Die Auswertung empirischer Daten birgt wegen der methodischen Probleme der Datenerhebung immer Schwierigkeiten. Zwar sind in den letzten Jahren die statistischen Auswertungsverfahren derart verfeinert worden, daß sie auch sehr komplexe Zusammenhänge erfassen können, aber gerade diese Komplexität wirft Fragen auf. Denn es besteht bei empirischen Befragungen sehr häufig eine Diskrepanz zwischen der Genauigkeit der Messung und der Genauigkeit der Auswertung. »Die Auswertungsverfahren operieren mit Bruchteilen von Prozenten der Wahrscheinlichkeit (z.B. beim Chi-Quadrat-Test), während die systematischen Fehler (die nicht meßbaren Fehler, die aufgrund der Unwägbarkeit, eben ›Menschlichkeit‹ des Forschungsgegenstandes, der Forscher und aller menschlichen Hilfsmittel wie Interviewer, Locher usw. bestehen) teilweise auf Prozentwerte mit Zehnerstellen vor dem Komma geschätzt werden.« (Weis 1982, 35.)

Aufgrund dieser Überlegung ist bei der Datenauswertung auf einfach zu benutzende Programmpakete, die dazu verführen, die vorliegenden Ergebnisse allen möglichen statistischen Verfahren zu unterziehen, verzichtet worden.

Dennoch kamen folgende statistische Verfahren zur Anwendung: Zur statistischen Zusammenhangsanalyse von zwei Merkmalen ist der Chi-Quadrat-Test für unabhängige Stichproben bzw. der Kontingenzkoeffizient C verwendet worden, wenn die Daten nominal- oder ordinalskaliert waren. War bei diesen beiden Tests eines der Tabellenfelder kleiner als fünf, ist nach der Yates-Korrektur gerechnet worden. Bei den intervallskalierten Daten wurde der t-Test für unabhängige Stichproben entweder mit homogener oder heterogener Varianz benutzt, je nachdem, wie das Ergebnis des vorausgehenden F-Tests ausfiel (Heller/Rosemann 1974, 190ff.; Clauß/Ebner 1977, 150ff.).

Unterschiede zwischen bestimmten Merkmalsgruppen oder Mittelwerten wurden dann als signifikant angesehen, wenn die Fehlerwahrscheinlichkeit kleiner oder gleich 0.05 war.

Exkurs : Methodische Probleme der Folgenforschung

In den vorangegangenen Abschnitten des 3. Kapitels wurde ausführlich die Anlage der Untersuchung diskutiert. Dabei ging es in erster Linie um die methodischen Probleme einer Befragung über die Häufigkeit und die Umstände sexuellen Miß-brauchs an Kindern. Da aber mittels des Fragebogens auch etwas über die Folgen des sexuellen Mißbrauchs herausgefunden werden soll und in diesem Forschungsbereich einige spezielle Probleme bestehen, ist eine gesonderte Auseinandersetzung mit den methodischen Problemen der Folgenforschung sinnvoll. Hinzu kommt, daß leider in den meisten deutschsprachigen Beiträgen zur Folgenfrage eine solche Auseinander-setzung mit den Forschungsmethoden fehlt. Ausländische Untersuchungsergebnisse werden häufig zitiert, ohne beispielsweise Umfang und Art der Stichprobe oder die verwendeten Meßinstrumente zu beschreiben. Spekulationen sind dadurch Tür und Tor geöffnet. Damit die LeserInnen meine und die ausländischen Untersuchungser-gebnisse bewerten können, ist eine vorausgehende Methodenkritik unbedingt not-wendig.

Da die an dieser Thematik interessierten ForscherInnen verschiedenen wissen-schaftlichen Traditionen verbunden sind, ist sicher kein Konsens über die Methodik zu erreichen. Dennoch müßten die im folgenden beschriebenen methodischen Pro-bleme von allen WissenschaftlerInnen zumindest bedacht werden (Finkelhor 1986, 199). Dasselbe gilt überhaupt für alle, die sich mit dem sexuellen Mißbrauch an Kindern auseinandersetzen, da sonst ein großer Teil der Diskussion auf einer unsach-lichen Ebene geführt wird.

Das Problem der Definition

Die Schwierigkeiten, sexuellen Mißbrauch an Kindern eindeutig zu definieren und eine methodisch praktikable Definition zu entwickeln, wurden in den Kapiteln 3 und 4 ausführlich diskutiert. Wie wichtig diese Frage auch für die Folgenforschung ist, soll hier deshalb nur kurz anhand der Alternative »enge« bzw. »weite« Definition erläutert werden. Vielfach wird davon ausgegangen, daß sexuelle Gewalt ohne Kör-perkontakt das Opfer nur wenig oder gar nicht schädigt. Entschließt man sich nun aufgrund dieser Annahme dazu, eine enge Definition zu verwenden, die Körperkon-takt als Definitionskriterium voraussetzt, so kann die Frage, ob und welche Folgen exhibitionistische Kontakte haben, niemals beantwortet werden. Andererseits birgt eine weite Definition die Gefahr, daß die (Fach-)Öffentlichkeit die Untersuchungs-ergebnisse als wenig aussagekräftig bewertet. Letztlich ist aber für Forschungsvorha-ben eine weite Definition immer günstiger. Denn es ist stets möglich, die gewonnenen Daten auf der Basis einer restriktiveren Definition zu analysieren; es ist aber unmög-lich, nicht erhobene Daten auszuwerten (ebd., 202f.).

Stichproben

Viele der vorliegenden Untersuchungen basieren auf Stichproben, deren Zusammensetzung die Aussagekraft der gefundenen Ergebnisse teilweise erheblich einschränkt (Conte 1985, 118). Die Studien zu den unmittelbaren Folgen der sexuellen Ausbeutung für das Leben von Mädchen und Jungen untersuchen grundsätzlich Kinder, die Kinder- und Jugendschutzeinrichtungen bekannt geworden sind. Da solchen Einrichtungen aber nur ein kleiner Teil der Fälle sexuellen Mißbrauchs an Kindern bekannt wird, sind diese Stichproben nicht repräsentativ für alle sexuell mißbrauchten Kinder. Allerdings ist es allein schon wegen des Schweigegebots sehr schwierig, eine annähernd repräsentative Stichprobe sexuell mißbrauchter Kinder zu bekommen. Denn das würde bedeuten, daß man auch Kinder befragen müßte, deren sexueller Mißbrauch noch gar nicht aufgedeckt wurde. Dennoch ist es möglich, bessere Stichproben, als sie bisher Standard sind, zusammenzustellen. Dazu ist es allerdings nötig, die wirkenden Selektionsfaktoren zu minimieren (Finkelhor 1986, 203). Dazu einige Beispiele: Beratungsstellen für sexuell mißbrauchte Menschen sind häufig vom therapeutischen Ansatz her sehr unterschiedlich. Wenn nun lediglich Kinder aus einer einzigen Einrichtung befragt werden, sind starke Verzerrungen zu erwarten. So wenden sich an die Einrichtungen, die parteilich für Mädchen und Frauen arbeiten, wahrscheinlich nur wenige Familien, die trotz eines innerfamilialen sexuellen Mißbrauchs den Wunsch haben, weiter zusammenzuleben, oder in denen nicht die Tochter, sondern der Sohn das Opfer ist.

Wichtig wäre weiterhin, daß man die Kinder möglichst schnell nach dem ersten Kontakt mit der Hilfseinrichtung erfaßt. Denn zum einen findet häufig eine starke Selektion dadurch statt, daß viele Kinder sehr schnell den Kontakt mit den HelferInnen wieder verlieren. Zum anderen kann sonst nicht eingeschätzt werden, wie und ob Beratung und Intervention die Folgenentwicklung beeinflussen. Dies ist im übrigen sicher eine der interessantesten Fragen im Bereich der Erforschung des sexuellen Mißbrauchs an Kindern (ebd. 204).

Häufig werden in den Studien Kinder aller Altersgruppen ohne Differenzierung untersucht, und das, obwohl bekanntermaßen die Folgen sexueller Gewalt stark vom Alter des Kindes zum Zeitpunkt des sexuellen Mißbrauchs abhängen. Eine altersmäßig bunt gemischte Stichprobe beeinträchtigt deshalb die Erkenntnismöglichkeiten. Eine Studie, die sich auf eine Altersgruppe beschränkt oder verschiedene Altersgruppen bildet, könnte zu eindeutigeren Ergebnissen führen (ebd.).

Die in den Studien über die Langzeitfolgen verwendeten Stichproben können grob in drei Kategorien unterteilt werden: zufällige Stichproben, freiwillige Stichproben und klinische Stichproben. Ohne jede Frage sind die zufälligen Stichproben für die meisten Forschungsvorhaben die besten. Dabei ist natürlich eine für das jeweilige Land repräsentative Erhebung wünschenswert. Für viele Forschungsvorhaben ist dies aber zu teuer, weshalb oft auf andere Gruppen, wie beispielsweise StudentInnen, zurückgegriffen wird. Damit sind dann natürlich immer Einschränkungen hinsichtlich der Repräsentativität verbunden. Als Faustregel gilt hier, daß eine Stichprobe um so besser ist, je heterogener sie zusammengesetzt ist. Freiwillige Stichproben erhält man beispielsweise durch Anzeigen in Tageszeitungen, Wochenzeitschriften oder Magazinen, in denen zur Teilnahme an einer Studie aufgerufen wird. Dies ist ein relativ preisgünstiges Verfahren, das allerdings erheblichen Einschränkungen unterliegt. Für die ForscherInnen ist beispielsweise kaum zu erfahren, welche Selektionsmechanismen beim Zustandekommen der Stichprobe wirken.

Die meisten Studien basieren auf klinischen Stichproben. Zum einen zählen dazu Frauen und (seltener) Männer in ambulanter oder stationärer therapeutischer Langzeitbehandlung. Dies sind sicher sehr gute Gruppen, um Behandlungseffekte zu studieren. Ob sie allerdings ebenso geeignet sind, die Folgen sexueller Gewalt zu untersuchen, ist zweifelhaft. Denn unter ihnen befinden sich überdurchschnittlich viele Menschen mit sehr schweren Beeinträchtigungen (Browne/Finkelhor 1986, 75). Dieser Tendenz kann begegnet werden, indem Menschen, die nur einmal zur Beratung kamen, in die Untersuchung einbezogen werden.

Zum anderen versteht man unter klinischen Samples beispielsweise Strafgefangene, Psychiatrieinsassen oder Drogenabhängige in Behandlung. Dabei ist zu beachten, daß mißbrauchte Menschen aus Gefängnissen, psychiatrischen oder therapeutischen Einrichtungen niemals einen Querschnitt für alle sexuell mißbrauchten Menschen bilden. Verurteilte Kindesmißbraucher sind beispielsweise niemals repräsentativ für die Gesamtgruppe aller Kindesmißbraucher (Finkelhor 1986, 206ff.).

Schließlich sollten die Stichproben auch nicht zu klein sein, da sonst wichtige Analysetechniken, beispielsweise multivariate Analysen, nicht möglich sind. David Finkelhor (ebd., 213) fordert deshalb, daß Studien zum sexuellen Mißbrauch mindestens 100 Fälle sexueller Gewalt zugrundeliegen sollen.

Vergleichsgruppen

Einer der Hauptmängel vieler Untersuchungen ist, daß sie keine Vergleichsgruppe einbeziehen, denn ohne solche Gruppen ist nicht herauszufinden, wie sich die sexuell mißbrauchten Kinder oder Erwachsenen von den nicht mißbrauchten Menschen unterscheiden. Als Vergleichsgruppen eignen sich bei zufälligen Stichproben die nicht betroffenen UntersuchungsteilnehmerInnen. Solche Vergleichsgruppen haben den Vorteil, daß die verschiedensten Hintergrundvariablen, wie beispielsweise die Stellung in der Geschwisterreihe, die soziale Schicht oder die Religionszugehörigkeit, in ihrer Bedeutung für den sexuellen Mißbrauch untersucht werden können.

Bei klinischen Studien könnten als Vergleichsgruppen die Kinder oder Erwachsenen herangezogen werden, die sich nicht wegen Mißbrauchserfahrungen, sondern aus anderen Gründen in Beratung, Therapie oder einer Hilfseinrichtung befinden. Ein Nachteil bei diesen Gruppen ist, daß viele Probleme, die sexuell mißbrauchte Menschen mit anderen auffälligen Kindern teilen (z.B. Ängste oder Lernschwierigkeiten) nicht als Mißbrauchssymptome auffallen. Die Folgen sexuellen Mißbrauchs könnten dadurch unterschätzt werden. Notwendig wäre es deshalb, immer eine Vergleichsgruppe nicht mißbrauchter Kinder oder Erwachsener hinzuzuziehen. (ebd., 204; Browne/Finkelhor 1986, 76; Mrazek/Mrazek 1981, 239).

Zu beachten ist zudem, daß es wahrscheinlich in jeder Art von Vergleichsgruppe einen Anteil von Menschen gibt, die ebenfalls sexuell mißbraucht worden sind, bei denen dies aber nicht bekannt ist. Dieses Problem sollte man unbedingt bedenken, da durch den Verbleib dieser Opfer in der Vergleichsgruppe die Unterschiede zwischen den beiden Gruppen verwischt werden. Es kann so zu fehlerhaften Ergebnissen kommen (Finkelhor 1986, 205).

Die Meßinstrumente

Wie und womit sollen die Auswirkungen sexuellen Mißbrauchs an Kindern gemessen werden? In dieser Hinsicht steckt die Forschung noch in den Kinderschuhen. Die unterschiedlichsten »subjektiven« und »objektiven« Meßinstrumente sind bisher verwendet worden, ohne daß sich eines als besonders geeignet durchgesetzt hätte (Finkelhor 1986, 214).

Am strittigsten sind die »subjektiven« Meßinstrumente. Darunter versteht man Meßinstrumente, die vor ihrer Verwendung weder auf ihre Gültigkeit noch auf ihre Reliabilität hin überprüft worden sind (Rauchfleisch 1980, 50ff.). Beispielsweise wurden in der Russell-Studie (1983/1986) die sexuell mißbrauchten Frauen gefragt: »Empfanden Sie den sexuellen Mißbrauch als extrem, sehr, etwas, wenig oder nicht belastend?« Für diese Meßtechnik spricht, daß in der Russell-Studie die Ergebnisse der »subjektiven« Meßinstrumente mit denen der »objektiven« sehr hoch korrelierten. »Diese positive Korrelation ist sehr wichtig, weil sie zeigt, daß ›subjektive‹ Meßinstrumente – sogar Jahre später – noch nützliche Indikatoren für Langzeit-Negativ-Lebenserfahrungen sein können.« (Russell 1986, 202.) Kritisch daran ist, daß beispielsweise Selbstschutzmechanismen der Betroffenen dazu führen können, daß die negativen Folgen des sexuellen Mißbrauchs heruntergespielt werden. Solchen Verzerrungen kann bei Interviews durch Nachfragen bei inkongruenten Antworten oder sich widersprechendem Verhalten entgegengewirkt werden. Bei der Russell-Studie wurden die teilnehmenden Frauen beispielsweise immer aufgefordert, die Auswirkungen des sexuellen Mißbrauchs kurz zu beschreiben. Diskrepanzen zwischen der Selbsteinschätzung und den beschriebenen Folgen konnten so aufgedeckt und korrigiert werden (ebd.). Bei Fragebogenerhebungen ist dies natürlich nicht möglich, so daß Verzerrungen auftreten können.

»Objektive« Meßinstrumente sind deshalb nach Möglichkeit vorzuziehen. Im Bereich der Erforschung der Langzeitfolgen sexuellen Mißbrauchs an Kindern sind verschiedene Tests populär: Das MMPI, die Hopkins Symptoms Checklist, das Beck-Depressions-Inventar und das Rosenberg Selbstkonzept. Diese in psychologischen Forschungen häufig verwendeten Meßinstrumente liefern gute Ergebnisse hinsichtlich ihrer Gültigkeit und Reliabilität. Sie sind vielen LeserInnen bekannt, und ihre Bedeutung für die KlinikerInnen ist relativ unumstritten. Sie sind besonders geeignet als Explorationsinstrumente, weil sie sehr weite Bereiche des psychischen Lebens messen und deshalb vielleicht auf bisher nicht bedachte Auswirkungen sexueller Gewalt gegen Kinder hinweisen (Finkelhor 1986, 215).

Dennoch habe ich eine ähnliche Methode wie Russell gewählt. Zum einen, weil Russells Studie und andere Arbeiten gezeigt haben, daß subjektive Meßinstrumente durchaus zu gültigen Ergebnissen führen können, und zum anderen, weil die Rücklaufquote meiner Studie erheblich niedriger ausgefallen wäre, wenn ich beispielsweise einen »objektiven« Test wie die »Hopkins Symptom Checklist« mit ihren 58 Fragen in den Fragebogen aufgenommen hätte. Der Fragebogen wäre dann einfach zu lang gewesen. Hinzu kommt, daß auch die »objektiven« Meßinstrumente erheblichen

Einschränkungen unterliegen. Denn diese Tests sind nicht speziell entwickelt worden, um die Folgen sexuellen Mißbrauchs zu erfassen. Sie messen deshalb in vielen für den sexuellen Mißbrauch als wichtig erachteten Bereichen nicht besonders fein. Diese Tests unkritisch zu verwenden, kann deshalb verwässerte Erkenntnisse über die Auswirkungen sexueller Gewalt auf das Leben der Opfer bedeuten. Peters (1984, 213) fand z.B., daß das Beck-Depressions-Inventar keine unterschiedlichen Ergebnisse bei betroffenen und nicht betroffenen Teilnehmerinnen erbrachte, während ihre eigene, speziell auf den sexuellen Mißbrauch ausgerichtete Fragenreihe über Depressionen dies ermöglichte.

Bei den Untersuchungen mit jungen Opfern werden oft das »Child Behavior Profile« (Achenbach/Edelbrank 1979) und die »Louisville Behavior Checklist« (Miller 1967) benutzt. Hierfür gelten die gleichen Einschränkungen wie bei den Meßinstrumenten für Erwachsene. Hinzu kommt, daß die entsprechenden Fragebögen von den Eltern der Kinder ausgefüllt werden. Dies ist sehr problematisch, da die Eltern meist subjektive Einschätzungen abgeben. Beispielsweise könnten eigene Schuld- und Versagensgefühle, die bei Eltern sexuell mißbrauchter Kinder sehr häufig vorkommen, dazu führen, daß die Folgen des sexuellen Mißbrauchs übersehen oder heruntergespielt werden. In einigen Studien ist deshalb versucht worden, diese Verzerrungen dadurch auszugleichen, daß TherapeutInnen eine zusätzliche Einschätzung vornehmen und das Kind selbst befragt wird (z.B. Gomes-Schwartz u.a. 1990, 38).

Dennoch kommt John Conte (1988, 324) aufgrund der Erfahrungen mit seiner eigenen, sehr detailliert angelegten Langzeitstudie (siehe Kapitel 9.2.2) zu folgender Einschätzung: »Ich bin zunehmend davon überzeugt, daß Breit-Band-Fragebatterien und multifaktorielle Meßinstrumente kindlichen Verhaltens/Funktionierens nicht sehr nützlich sind, um die Folgen sexuellen Mißbrauchs zu verstehen.«

Neben den schon aufgeführten Mängeln dieser Tests kritisiert Conte (1988, 324f.), daß diese Meßinstrumente vielfach ohne konzeptionelle und theoretische Fundierung eingesetzt werden. Außerdem seien sie meist darauf beschränkt, Aspekte beobachtbaren Verhaltens zu observieren. Nicht offen zutagetretende Folgen sexueller Gewalt werden dadurch ignoriert. Dazu zählen beispielsweise quälende Fragen, wie »Warum ich?« oder »Warum hat er das gemacht?«, die von vielen TherapeutInnen als zentrale Themen der Therapie beschrieben werden.

Insgesamt gesehen sind die bisherigen Meßinstrumente, mit denen die Auswirkungen sexuellen Mißbrauchs erfaßt werden sollen, noch unzulänglich. Neue, speziell für das Untersuchungsziel entwickelte Tests wären erforderlich, um tiefer in die Problematik eindringen zu können.

Sexueller Mißbrauch als Ursache von psychischen und sozialen Auffälligkeiten

Der Frage nach den ursächlichen Zusammenhängen zwischen sexuellem Mißbrauch und den beobachteten psychischen und sozialen Auffälligkeiten wird erst in den letzten drei, vier Jahren systematischer nachgegangen. Immer häufiger werden multivariate Analysetechniken verwendet, die es zum Beispiel erlauben, die Bedeutung der Elternbeziehung und des sexuellen Mißbrauchs für die Genese psychischer Probleme und Verhaltensauffälligkeiten voneinander zu trennen.[1] Ohne diese Analyseverfahren können die in den Untersuchungen zwischen sexuellem Mißbrauch und psychosozialen Auffälligkeiten gefundenen Korrelationen unterschiedlich interpretiert werden. Es könnte beispielsweise behauptet werden, daß für die bei den Opfern häufig beobachteten Depressionen nicht der sexuelle Mißbrauch verantwortlich ist, sondern die schlechte Elternbeziehung. Neben der Verwendung multivariater Analysetechniken wäre es außerdem angemessen, Informationen darüber zu sammeln, wie »gesund« die Kinder vor dem sexuellen Mißbrauch waren. Einige der Verhaltensauf-

---

1 Durch ein vereinfachtes Beispiel möchte ich kurz erläutern, was eine multivariate Analyse ist: Von 100 befragten Studentinnen haben 30 schon einmal einen Suizidversuch unternommen. 40 der 100 Frauen sind sexuell mißbraucht worden, und 45 gaben an, daß sie sich in ihrer Kindheit mit den Eltern schlecht verstanden haben. Die Variablen »sexuell mißbraucht« und »Elternbeziehung« sind im Vokabular der Statistik »Prädiktorvariablen«, mit denen die »Kriteriumsvariable(n)« (hier: Suizidversuch) erklärt werden sollen. Sind nun beispielsweise 28 der 30 Frauen, die einen Suizidversuch gemacht haben, sexuell mißbraucht worden, aber nur 20 von ihnen schlecht mit den Eltern ausgekommen, so hat ein sexueller Mißbrauch ein höheres Gewicht als die Elternbeziehung zur Vorhersage eines Suizidversuchs. Das heißt aber nicht, daß die Elternbeziehung dann notwendigerweise keine Vorhersagekraft mehr hat. Der Vorteil von multivariaten Analyseverfahren ist also, daß mehr als zwei Variablen in Beziehung gesetzt werden können. Genaueres ist bei Moosbrugger (1978) nachzulesen.

fälligkeiten, die als Effekte der sexuellen Ausbeutung erscheinen, könnten schon vorher existiert und zudem vielleicht die Verletzlichkeit der Kinder erhöht haben, sexuell mißbraucht zu werden. So könnte ein Kind vor der sexuellen Ausbeutung emotional vernachlässigt worden sein, wodurch es für die emotionalen und sozialen Zuwendungen des Täters empfänglich wurde und wodurch zudem die depressive Stimmung des Kindes nach dem sexuellen Mißbrauch mitverursacht wurde.

Bei Querschnittuntersuchungen kann man solche Daten erhalten, in dem man etwa auf Schulakten oder auf Berichte des Familienarztes zurückgreift.

Außerdem wäre es wünschenswert, die Reaktionen auf den sexuellen Mißbrauch und seine Offenlegung mitzuerfassen. Denn es könnte von großer Bedeutung sein, ob das Kind sich schon während des sexuellen Mißbrauchs an einen Menschen gewandt hat und ob dieser dem Kind glaubte, weiterhin, wie der sexuelle Mißbrauch publik wurde, wie die Bezugspersonen des Kindes darauf reagierten, ob es zu Polizeiverhören und zu einer Gerichtsverhandlung kam und ob das Kind schon therapeutische Unterstützung erhalten hat. Nur durch die Erhebung solcher Informationen könnte zum Beispiel nachgewiesen werden, ob liebevolles Elternverhalten und therapeutische Hilfen die Auswirkungen eines sexuellen Mißbrauchs mildern können.

Langzeit- und Querschnittuntersuchungen

Einige wenige neuere Studien sind Langzeitstudien (Conte 1988, Runyan u.a. 1988), in denen die Kinder erstmals kurz nach Bekanntwerden des sexuellen Mißbrauchs und dann zum zweiten Mal ein Jahr später untersucht wurden. Ein solcher Aufbau erlaubt es, Fragen zu beantworten, zu denen Querschnittuntersuchungen nichts beitragen können. Es sind beispielsweise Aufschlüsse darüber möglich, ob einige Auswirkungen erst nach einiger Zeit auftreten und ob die unterschiedlichen Erfahrungen der Kinder nach der Offenlegung des sexuellen Mißbrauchs (etwa Gerichtsprozesse) Einfluß auf die Entwicklung der psychischen und sozialen Auffälligkeiten haben. Allerdings wäre es dazu erforderlich, größere Zeitabstände als ein Jahr zu wählen, da zum Beispiel Gerichtsprozesse oft erst zwei Jahre nach der Aufdeckung des sexuellen Mißbrauchs beginnen (Wildwasser Nürnberg 1988, 15).

Ethische Probleme der Folgenforschung

Jede Untersuchung über den sexuellen Mißbrauch an Kindern muß sich mit ethischen Problemen auseinandersetzen. In jeder Studie mit Kindern ist es wahrscheinlich, daß noch nicht beendete und noch nicht bekannt gewordene Fälle sexuellen Mißbrauchs aufgedeckt werden. Wie mit diesen Fällen umgegangen werden soll, ist ein bisher nicht gelöstes, sehr ernstes Problem.

Viele Studien über die sexuelle Ausbeutung von Kindern bauen – ähnlich wie bei anderen sozialwissenschaftlichen Themen – auf dem Versprechen auf, daß die Daten vertraulich behandelt werden. Die meisten ForscherInnen sind der Ansicht, daß ohne die Zusicherung von Anonymität viele Befragte niemals Mißbrauchserfahrungen berichten würden. Valide Untersuchungen wären also ohne diese Zusicherung nicht möglich. Allerdings ist diese Annahme bisher empirisch nicht untersucht worden.

Moralisch stellt sich aber die Frage, ob man nicht verpflichtet ist, zumindest gegen einen noch laufenden sexuellen Mißbrauch etwas zu unternehmen. In den USA besteht sogar für ForscherInnen in einigen Bundesstaaten eine Meldepflicht. Somit stecken die WissenschaftlerInnen ethisch oder gesetzlich oft in dem Dilemma, sich an die Zusicherung der Anonymität zu halten und sich damit mitschuldig zu machen, oder ihr Wort zu brechen. Die Entscheidung, den Mißbrauch nicht zu melden, wird in der Regel damit verteidigt, daß nur so wertvolle Informationen gesammelt würden, die für vorbeugende Maßnahmen und für die Behandlung vieler anderer Kinder entscheidend seien. Es bei diesem Argument zu belassen, hieße aber, sich aus der Verantwortung zu stehlen. Meiner Ansicht nach können sich die ForscherInnen hier nur zwischen zwei Möglichkeiten entscheiden: Entweder dürfen sie bedingungslose Verschwiegenheit nicht versprechen, oder sie intervenieren einem solchen Versprechen zum Trotz, wenn sie Intervention für unumgänglich halten. Es könnte dann versucht werden, den Befragten dazu zu bringen, den Fall selbst zu melden. Denkbar wäre dann ein gemeinsamer Besuch bei einer Kinderschutzeinrichtung.

Ein zweites Problem ist, daß die Befragten durch die Untersuchung Schaden nehmen könnten. So könnten schlecht ausgebildete InterviewerInnen die TeilnehmerInnen schädigen, indem sie Einstellungen äußern, die dem Opfer die Schuld am sexuellen Mißbrauch geben. Wichtig ist auch, daß die InterviewerInnen oder der Fragebogen nicht von vornherein jedem sexuellen Mißbrauch sehr ernste Folgen zuschreiben. Ein Opfer, das bisher seinen sexuellen Mißbrauch als nicht so traumatisches Lebensereignis sieht, könnte dadurch verunsichert werden (Finkelhor 1986, 223).

Weitere Schädigungen können durch den Forschungsprozeß entstehen. Es ist beispielsweise denkbar, daß durch die Untersuchung bestimmte Menschen von dem sexuellen Mißbrauch eines Kindes erfahren, denen dies anderenfalls nicht bekannt geworden wäre. Diese könnten dann zur Stigmatisierung des Opfers beitragen, etwa indem sie es als mitschuldig oder als unheilbar krank etikettieren. Conte und Berliner (1984) entschieden sich deshalb dafür, auf eine Befragung von LehrerInnen über das Verhalten der betroffenen Kinder zu verzichten, weil dadurch die sexuelle Ausbeutung einigen von ihnen erst bekannt geworden wäre. Da immer wieder von Opfern berichtet wird, daß sie nach der Aufdeckung des sexuellen Mißbrauchs negativen Reaktionen ausgesetzt gewesen seien, gehören die entsprechenden Abwägungen und Entscheidungen zur Sorgfaltspflicht der ForscherInnen.

Teil C: Darstellung und Interpretation der eigenen Ergebnisse

5. Das Ausmaß

Die häufig geäußerte Annahme, daß in der Bundesrepublik Deutschland etwa jedes vierte Mädchen und jeder zwölfte Junge sexuell mißbraucht würden, ist nach dem Ergebnis dieser Untersuchung realistisch. 25 Prozent der teilnehmenden Frauen und 8 Prozent der Männer haben im Fragebogen mindestens eine der zehn Fragen nach den unangenehmen sexuellen Erlebnissen in ihrer Kindheit mit »Ja« beantwortet und die weiteren Fragen nach den Umständen des sexuellen Mißbrauchs ausgefüllt (Tabelle 2).

Tabelle 2: Ausmaß des sexuellen Mißbrauchs an Kindern

	Frauen		Männer	
	Anzahl	Prozent	Anzahl	Prozent
sexuell mißbraucht	130	25	28	8
sexuell nicht mißbraucht	388	75	315	92
Gesamt	518	100	343	100

Signifikanztest: $X^2(df1) = p$ .001

Es ist sogar eher von einem noch größeren Ausmaß auszugehen, denn zusätzlich zu den Frauen und Männern, die als sexuell mißbraucht bewertet wurden, gaben zehn Prozent der Studentinnen und sieben Prozent der Studenten, die meinen Fragebogen beantworteten, versuchte sexuelle Übergriffe (Beispiel 1), Erfahrungen mit Exhibitionisten (Beispiel 2) oder sexuelle Belästigungen (Beispiel 3) an. Diese angegebenen Erlebnisse wurden nicht als sexueller Mißbrauch gewertet, weil diese Frauen und Männer zwar eine der zehn Fragen zum sexuellen Mißbrauch mit »ja« oder »versucht« beantworteten, bei den Fragen zu den Umständen der Erlebnisse aber nichts ausfüllten. Dies geschah wohl hauptsächlich, weil sie das Geschehene entweder als harmlos einschätzten oder unsicher waren, ob es sich dabei um sexuellen Mißbrauch handelte. Einige von ihnen beschrieben am Ende des Fragebogens diese Erfahrungen und ihre Unsicherheiten. Drei dieser Anmerkungen von Frauen sollen illustrieren, um was für Erlebnisse es sich dabei handelt:

Beispiel 1: »Für mich war der Bereich der Erlebnisse schwierig auszufüllen. Mein Bruder versuchte einmal, mich näher ›anzusehen‹. Das verwirrte mich, da es aber bei einem einmaligen Versuch blieb, den ich erfolgreich abwehrte, erinnere ich mich daran, aber ohne irgendwelche negativen Gefühle.«

Beispiel 2: »Am Dorfteich hat mir ein Fremder seine Genitalien gezeigt. Ich war mit mehreren Kindern da.«

Diese beiden Erfahrungen werden offensichtlich von den beiden Teilnehmerinnen als zu harmlos betrachtet, um sich deshalb als Opfer sexuellen Kindesmißbrauchs anzusehen. Bei dem Erlebnis mit dem Exhibitionisten wird zudem deutlich, daß die Bewertung solcher Erfahrungen situations- und personenabhängig ist. Diese Frau fühlte sich zusammen mit den anderen Kindern offenbar sicher. Anders wäre ihre Bewertung vielleicht ausgefallen, wenn sie den Mann allein getroffen oder sie bereits eine andere Form sexueller Gewalt erlebt hätte. Denn einige der Frauen, die ihre Erfahrungen mit Exhibitionisten als sexuelle Gewalt einschätzen, hatten vorher bereits sexuellen Mißbrauch erlebt.

Bei der folgenden Beschreibung zweifelt die Teilnehmerin, ob die »Streicheleien« ihres Onkels als sexueller Mißbrauch oder einfach als Mißbrauch anzusehen sind.

Beispiel 3: »Es gibt auch unangenehme Erfahrungen, die nicht direkt zum Geschlechtsverkehr oder etwaigen sexuellen Handlungen führen müssen. Mein Onkel z.B. nutzte das bei uns herrschende Verhältnis so aus, daß er den abendlichen Gutenachtkuß bei meiner Schwester und vor allem bei mir zu Streicheleien an Armen und am Rücken ausdehnte. Schon allein deswegen habe ich Angst und Ekel empfunden und bin vielleicht erst so spät eine intime Beziehung eingegangen.«

Obwohl diese Erfahrung sicher als sexuelle Ausbeutung bezeichnet werden könnte, ist sie aufgrund der fehlenden Informationen und um die Definition nicht zu weit auszudehnen, nicht als sexueller Mißbrauch gewertet worden. Dennoch können solche Erlebnisse erheblich negative Wirkungen auf das Leben der davon Betroffenen haben (Kapitel 9).

Bei Bagley und Ramsay (1986, 37) tauchte im übrigen dasselbe Problem auf. Zehn Frauen gaben an, sexuell mißbraucht worden zu sein, waren aber nicht in der Lage, die Umstände der sexuellen Ausbeutung näher zu beschreiben. Auch Bagley und Ramsay zählten diese Frauen nicht zu den Mißbrauchsopfern.

Wenn man diese zehn Prozent der Frauen und sieben Prozent der Männer per Tiefeninterview befragt hätte, wären ihre Unsicherheiten durch Nachfragen sicher zu klären gewesen. Einige der Erfahrungen, die hier nicht als sexueller Mißbrauch erscheinen, wären dann sicherlich als sexueller Mißbrauch definiert worden. Bei einigen der Befragten wäre es aber bestimmt auch genau umgekehrt gewesen. Ihre Erlebnisse hätte man nicht als sexuellen Mißbrauch angesehen. Insgesamt erhärtet dieses Ergebnis angesichts der hohen Prozentzahl aber wohl eher die Hypothese, daß eine Fragebogenuntersuchung eher konservative Zahlen zum Ausmaß sexuellen Mißbrauchs an Kindern ergibt.

Im Vergleich zu den US-amerikanischen StudentInnenuntersuchungen ist mein Ergebnis etwas höher. Dies könnte an den Unterschieden in den verwendeten Definitionen liegen. Finkelhor, Fromuth und Risin/Koss setzen im Gegensatz zu mir einen Altersunterschied von mindestens fünf Jahren voraus. Bei Briere und Runtz mußte zudem Körperkontakt stattgefunden haben. Werden die Definitionen angeglichen, stimmen zumindest die Ergebnisse hinsichtlich des sexuellen Mißbrauchs an Mädchen fast überein. Denn 17 der Dortmunder Studentinnen und zehn Studenten sind ausschließlich von Gleichaltrigen (1-4 Jahre älter) gegen ihren Willen zu sexuellen Handlungen gezwungen worden. Zieht man diese Ergebnisse ab, sind »nur« noch 21 Prozent der Frauen und 5 Prozent der Männer betroffen. Alles in allem deckt sich dennoch das Ergebnis meiner Untersuchung weitgehend mit den ausländischen Studien. Da in StudentInnenbefragungen meist ein etwas niedrigeres Ausmaß festzustellen ist als in repräsentativen Untersuchungen, kann sogar davon ausgegangen werden, daß noch mehr als jede vierte Frau (25%) und jeder zwölfte Mann (8%) als Kind sexuellen Mißbrauch erleben (Tabellen 3a und b).

Im Zusammenhang mit der Häufigkeit sexuellen Mißbrauchs an Kindern ist noch ein weiteres Ergebnis meiner Studie von Bedeutung: **28 Prozent der sexuell mißbrauchten Frauen wurden mindestens zweimal Opfer.** Das heißt, daß sie beispielsweise von ihrem Vater und einem Bekannten sexuell mißbraucht worden sind. Bei den Männern liegt dieser Wert mit sieben Prozent deutlich niedriger ($X^2(1) = 4,26 = p\ 0.05$). Insgesamt kam es also zu 166 »Fällen« sexueller Gewalt gegen Mädchen und zu 30 gegen Jungen.

Zu diesem erschreckenden Ergebnis kommt noch hinzu, daß zwei Frauen über eine Vergewaltigung und einen Vergewaltigungsversuch berichteten, die sie im Alter von 19 Jahren erlebten. Die beschriebenen Folgen der Vergewaltigung sind erschütternd: »Ich bin heute (drei Jahre danach, D.B.) noch nicht in der Lage, mit meinem Freund zu schlafen. Ich verkrampfe mich zu sehr. Ich habe Angst. Nur mein Freund kennt die Geschichte.«

In der ehemaligen DDR bzw. in den neuen Bundesländern scheint sexueller Mißbrauch ebenfalls verbreitet (gewesen) zu sein. Die Lebensgeschichte einer Frau, die unter dem Pseudonym Maria Piontek veröffentlicht wurde, weist jedenfalls in diese Richtung. Maria Piontek wird von ihrem Vater vergewaltigt und immer wieder in sadistischer Form sexuell mißhandelt. Hinzu kommen körperliche und emotionale Mißhandlungen, an denen sich auch die Mutter beteiligt. Obwohl dies den Behörden bekannt wird, als sich Marias Vater auch noch an ihrer Tochter vergeht, schreiten diese nicht ein. Maria Piontek: »Zuvor hatte ich dem für Simones Fall zuständigen Psychologen gestattet, Einblick in meine geheime Krankenakte zu nehmen. Das war das einzige Mal, daß ich jemandem erlaubte, einen Blick in den Abgrund meiner Kindheit zu werfen. Allerdings muß ich davon ausgehen, daß der Psychologe das Jugendamt zumindest in groben Zügen über den Sachverhalt informiert hatte. Und somit waren die Mitarbeiter der psychologischen Beratungsstelle und der inzwischen einberufenen Kommission über die ganze Tragweite des Falls auf dem laufenden.

Die Kommission wandte sich daraufhin um Hilfe an das Jugendamt, den Rat der Stadt und die Polizei. In seltener Einmütigkeit aber erklärten alle, daß sie kein Recht hätten, sich in familiäre Angelegenheiten einzumischen. Denn was mit mir und Simone geschehen sei, das sei nur für die Familie, nicht aber für die sozialistische Gesellschaft gefährlich. Auch hätten sie keine Möglichkeit, ohne Zeugen gegen meinen Vater vorzugehen. Man habe sich inzwischen beim Arbeitgeber meines Vaters nach diesem erkundigt, und dort habe man ihm ein hervorragendes Zeugnis ausgestellt. Am Arbeitsplatz gäbe es keinerlei Schwierigkeiten mit ihm, er sei ein fester Bestandteil des sozialistischen Arbeitskollektivs. Die Probleme aber mit Simone und mir seien eine Familienangelegenheit, in die sich die Behörden nicht einmischen könnten und dürften. So weit reiche ihre Macht nicht.« (Piontek 1990, 120f.)

Später wird ihr dann das erstaunliche Angebot unterbreitet, in die BRD ausreisen zu dürfen (ebd., 122).

Angesichts des mit dem Fall der Mauer sichtbar werdenden Gewaltpotentials in den neuen Bundesländern und der zunehmenden Zahl von Frauen, die von körperlicher und sexueller Gewalt berichten, kann man Marias Geschichte nicht als Einzelfall abtun (die Tageszeitung 20.12.91, 28).

Abschließend möchte ich noch auf ein Problem hinweisen, das bei der Diskussion über das Ausmaß sexuellen Mißbrauchs an Kindern fast immer vergessen wird: die **Kinderprostitution** (Alexander 1989, 173ff.). Selbst wenn man »nur« von 5000 Kindern und Jugendlichen unter 16 Jahren ausgeht, die sich in den alten Bundesländern prostituieren: Bei zwei Kunden am Tag und 200 Arbeitstagen findet auf dem Prostitutionsmarkt jährlich etwa 2.000.000mal sexueller Kindesmißbrauch statt.

Tabelle 3a: Ausmaßuntersuchungen im Vergleich: Frauen

Studie	TeilnehmerInnen	Methode	Verweige-rungsrate	Ausmaß	Altersbe-grenzung	Definitionskriterien	Körperkontakt nur mit	Körperkontakt mit u. ohne
Bange 1992	518 Studentinnen Dortmund	Fragebogen	34%	25%	16 Jahre	Gegen den Willen, kein wissentliches Einverständnis möglich		x
Briere/Runtz 1988	278 Studentinnen USA	Fragebogen	0%[a]	15%	16 Jahre	Fünf Jahre Altersunterschied	x	
Fromuth 1986	482 Studentinnen Auburn/USA	Fragebogen	?	22%	16 Jahre	Fünf Jahre Altersunterschied bis zum Alter von 12, dann 10 Jahre		x
Sedney/Brooks 1984	301 Studentinnen USA	Fragebogen	?	16%	16 Jahre	Sexueller Kontakt mit einer älteren Person		x
Fritz u.a. 1981	540 Studentinnen Washington/USA	Fragebogen	?	8%	?	?	x	
Finkelhor 1979	530 Studentinnen New England/USA	Fragebogen	8%	19%	16 Jahre	Fünf Jahre Altersunterschied bis zum Alter von 12, dann 10 Jahre		x
Kerscher/McShane 1984	593 Autofahrerinnen Texas/USA	Fragebogen	46%	11%	18 Jahre	Signifikanter (?) Altersunterschied, Täter ist in überlegener Position		x
Finkelhor 1984	334 Mütter Boston/USA	Tiefen-interviews	26%	15%	16 Jahre	Fünf Jahre Altersunterschied; von Befragten als sexueller Mißbrauch bewertet		x
Bagley/Ramsay 1986	377 Frauen Kanada	Tiefen-interviews	56%	22%	16 Jahre	Drei Jahre Altersunterschied; Zwang und Gewalt	x	
Bagley 1990	750 Frauen Calgary/Kanada	Tiefen-interviews	21%	32%	16 Jahre	Ungewollt		x
Russell 1983	930 Frauen San Francisco/USA	Tiefen-interviews	50%	54%	18 Jahre	Innerfamilial: ausbeutend; außerfamilial: gegen den Willen		x
Wyatt 1985	248 Frauen Los Angeles/USA	Tiefen-interviews	45%	62%	18 Jahre	Fünf Jahre Altersunterschied; ungewollt, Zwang		x
Draijer 1988	1054 Frauen Niederlande	Tiefen-interviews	51%	33%[c]	16 Jahre	Gegen den Willen; körperliche und psychische Gewalt	x	
Baker/Duncan 1985	924 Frauen Großbritannien	Tiefen-interviews	13%[b]	12% (14%)	16 Jahre	Sexuell überlegene Person benutzt das Kind, um sich sexuell zu erregen		x
Bagley 1989	898 Frauen Kanada	Tiefen-interviews	20%	18%	16 Jahre	Ungewollt	x	
Los Angeles Times 1985[d]	1481 Frauen USA	Telefon-interviews	24%[b]	27%	18 Jahre	Von Befragten als sexueller Mißbrauch bewertet		x

Tabelle 3b: Ausmaßuntersuchungen im Vergleich: Männer

Studie	Teilnehmer	Methode	Verweige-rungsrate	Ausmaß	Altersbe-grenzung	Definitionskriterien	Körperkontakt	
							nur mit	mit u. ohne
Bange 1992	343 Studenten Dortmund	Fragebogen	52%	8%	16 Jahre	Gegen den Willen, kein wissentliches Einverständnis möglich		x
Risin/Koss 1987	2972 Studenten USA	Fragebogen	2%	7%	16 Jahre	Fünf Jahre Altersunterschied bis zum Alter von 12, dann 8 Jahre; Zwang oder Gewalt oder andere Person ist Autoritätsfigur		x
Fromuth/Burkhart 1987	253 Studenten Mittelwesten/USA 329 Studenten Südosten/USA	Fragebogen	?	15% 13%	16 Jahre	Fünf Jahre Altersunterschied bis zum Alter von 12, dann zehn Jahre		x
Fritz u.a. 1981	412 Studenten Washington/USA	Fragebogen	?	5%	?	?	x	
Finkelhor 1979	266 Studenten New England/USA	Fragebogen	8%	9%	16 Jahre	Fünf Jahre Altersunterschied bis zum Alter von 12, dann 10 Jahre		x
Kerscher/McShane 1984	461 Autofahrer Texas/USA	Fragebogen	56%	3%	18 Jahre	Signifikanter (?) Altersunterschied, Täter ist in überlegener Position		x
Finkelhor 1984	187 Väter Boston/USA	Tiefen-interviews	26%	6%	16 Jahre	Fünf Jahre Altersunterschied; von Befragten als sexueller Mißbrauch bewertet		x
Baker/Duncan 1985	836 Männer Großbritannien	Tiefen-interviews	13%[b]	8%	16 Jahre	Sexuell überlegene Person benutzt das Kind, um sich sexuell zu erregen		x
Bagley 1989	935 Männer Kanada	Tiefen-interviews	20%	8%	16 Jahre	Ungewollt	x	
Los Angeles Times 1985[d]	1145 Männer USA	Telefon-interviews	24%[b]	16%	18 Jahre	Von Befragten als sexueller Mißbrauch bewertet		x

a) 100 Prozent, weil alle für die Teilnahme einen Leistungsnachweis bekamen.

b) Nicht getrennt nach Frauen und Männern.

c) Daten nach Draijer 1990 und Finkelhor 1990

d) Daten nach Finkelhor u.a. 1990

5.1 Erzählt oder nicht erzählt?

Zwei Bemerkungen aus den ausgefüllten Fragebögen:

»Nur mein Freund kennt die Geschichte.«

»Hallo Dirk, das ist ja stark! Auf dem Weg zum Deutsch-Seminar hatte ich mir überlegt, ob ich nicht einen (anonym natürlich) Aushang machen sollte. Ich wollte soo gerne wissen, ob es nicht irgend jemanden gibt, der es auch erlebt hat oder den man deswegen ansprechen kann ... Es wäre vielleicht gut mit jemandem darüber zu reden.«

35 Prozent der StudentInnen und 50 Prozent der Studenten, die sexuell miß-braucht worden sind, haben noch nie mit jemandem darüber gesprochen. Dabei ist der Unterschied zwischen den Frauen und Männern statistisch nicht signifikant $(X^2(1) = 2,46 = $ n.s.$)$. **Damit ist die Hypothese 1, daß Jungen und Mädchen gleich häufig über ihren sexuellen Mißbrauch schweigen, bestätigt worden. Innerfami-lialer sexueller Mißbrauch ist am stärksten tabuisiert. Denn im Vergleich zu den Frauen, die von fremden Tätern sexuell mißbraucht worden waren, hatten deut-lich weniger dieser StudentInnen schon einmal mit einem anderen Menschen über den Mißbrauch gesprochen** $(X^2(1) = 3,35$ n.s.$)$. **Die sexuelle Ausbeutung durch Bekannte wird ebenfalls wesentlich häufiger für sich behalten** $(X^2(1) = 3,09 = $ n.s.$)$. Allerdings verfehlen die Unterschiede jeweils knapp das Signifikanzniveau (vgl. Tabelle 4).

Tabelle 4: Erzählt oder nicht?

	Männer	Frauen	Frauen: Täter waren		
	Gesamt		Angehörige	Bekannte	Fremde
	(n=28)	(n=161)	(n=36)	(n=80)	(n=45)
ja	50%	65%	56%	63%	78%
nein	50%	35%	44%	37%	22%
Gesamt	100%	100%	100%	100%	100%

In die gleiche Richtung deutet das Ergebnis, daß von den Frauen, die sich jemandem anvertraut haben, insgesamt 52 Prozent für diesen Schritt Monate oder Jahre ge-braucht haben. Geschah der sexuelle Mißbrauch innerhalb der Familie, dauerte es bei 20 Prozent Monate und bei 65 Prozent zwei bis mehr als 20 Jahre. Bei bekannten Tätern sprachen 62 Prozent erst nach mindestens einem Monat über ihre sexuelle Ausbeutung. Dagegen brauchten nur 20 Prozent der Opfer fremder Täter so lange. Beide Unterschiede sind hochsignifikant $(X^2(1) = 19,3 = $ p .001; $X^2(1) = 14,7 = $ p .001$)$. Die Differenz zwischen den Frauen, die durch Angehörige, und denen, die durch Bekannte sexuell mißbraucht wurden, erreicht nicht Signifikanzniveau $(X^2(1) = 2,18 = $ n.s$)$. Diese Ergebnisse lassen den Schluß zu, daß die Kinder um so wahr-scheinlicher über den sexuellen Mißbrauch sprechen, je weniger sie sich dem Täter loyal verbunden fühlen. Zu einem ähnlichen Ergebnis kommen Gomes-Schwartz u.a.

(1990, 68) bei ihrer klinischen Studie. Der Unterschied zwischen den Frauen und Männern ist hier im übrigen ebenfalls nicht signifikant. Wie schwer das Schweigegebot auf den Opfern lastet und wie stark immer noch das Tabu wirkt, über sexuellen Mißbrauch durch Familienangehörige und Bekannte zu reden, wird durch diese Zahlen eindrucksvoll belegt.

Tabelle 5: Wie lange dauerte es, bis jemand davon erfuhr?

	Männer	Frauen	Frauen: Täter waren		
	Gesamt		Angehörige	Bekannte	Fremde
	(n=14)	(n=105)	(n=20)	(n=50)	(n=35)
Minuten ... Tage	57%	48%	15%	38%	80%
Monat bis 1 Jahr	21%	10%	20%	10%	6%
1-5 Jahre	–	25%	40%	26%	14%
5-10 Jahre	21%	8%	10%	12%	–
über 10 Jahre	–	10%	15%	14%	–
Gesamt	99%[a]	101%[a]	100%	100%	100%

a) Rundungsfehler

Wenn die Betroffenen mit jemandem über ihr Erlebnis sprechen, dann so gut wie nie mit der Polizei. Von den Tätern aus der Familie und dem Bekanntenkreis war kein einziger bei der Polizei gemeldet worden. Nur drei Frauen gingen mit ihren Eltern zur Polizei. Alle drei waren Opfer von Exhibitionisten, die ihnen fremd waren. Dieses Resultat verdeutlicht, wie hoch das Dunkelfeld (gerade) im Bereich des (innerfamilialen und außerfamilialen) sexuellen Mißbrauchs ist. Die 13.689 in der »Polizeilichen Kriminalstatistik« der alten Bundesrepublik Deutschland von 1990 erfaßten Fälle dokumentieren also nur einen Bruchteil des wirklichen Ausmaßes der sexuellen Gewalt gegen Kinder.

Dies wird bestätigt durch die Aussagen von Tätern, die in Therapie oder im Gefängnis sind. Nach einer von Bongersma (1980, 103) zitierten französischen Studie war »nur eine von dreitausend strafbaren Taten durch die Justiz erfaßt« worden. Von Therapeuten wird berichtet, daß genau wie Männer, die Sexualstraftaten an Frauen begangen haben, auch Kindesmißbraucher in der Therapie oft noch eine ganze Reihe weiterer Taten eingestehen, die strafrechtlich nie verfolgt wurden (Wyre/Swift 1991, 67).

Als AnsprechpartnerInnen sind für die Betroffenen sowieso Familienangehörige und FreundInnen viel wichtiger als PolizistInnen. Von den Studentinnen, die sexuell mißbraucht worden sind, sprachen 49 Prozent zum erstenmal mit einer

Freundin oder einem Freund über den sexuellen Mißbrauch. 19 Prozent wandten sich an ihre Mutter. Väter, Brüder und Schwestern wurden jeweils zu etwas unter zehn Prozent ins Vertrauen gezogen. SozialarbeiterInnen spielen, ähnlich wie die Polizei, keine nennenswerte Rolle. Bei den Studenten werden Mütter, Väter und Freunde mit jeweils 21 Prozent am häufigsten zuerst ins Vertrauen gezogen. Bedeutsam sind zudem noch Schwestern und Freundinnen mit zehn Prozent. Differenziert nach innerfamilialem und außerfamilialem sexuellem Mißbrauch zeigen sich keine nennenswerten Unterschiede.

Dieses Ergebnis unterstreicht, wie wichtig die **Elternarbeit** ist. Mütter und Väter müssen über den sexuellen Mißbrauch an Kindern aufgeklärt werden, damit sie angemessen reagieren können, wenn ihre Kinder sich ihnen anvertrauen. **Es zeigt auch, daß sexueller Mißbrauch unbedingt in den Schulen thematisiert werden muß, damit die ins Vertrauen gezogenen FreundInnen die Problematik kennen und unterstützend reagieren können. Besonders gilt dies für die Jungen, da sie als spätere Partner oder Freunde am häufigsten von allen in das »bestgehütete Geheimnis« eingeweiht werden. Elternarbeit und Schulprojekte sowie Jungen- und Mädchenarbeit sollten also nicht nur präventive Zielsetzungen verfolgen, sondern einbeziehen, was es bedeutet, eine Freundin oder ein Kind zu haben, die bzw. das sexuell mißbraucht worden ist.**

Die Ergebnisse dieser Untersuchung zeigen, daß fremde Täter überproportional häufig angezeigt werden und daß vermutlich auch Angehörige von Außenseitergruppen sowie sozial schlechter gestellte Menschen in den Polizeistatistiken überrepräsentiert sind. Denn in der Polizeilichen Kriminalstatistik NRW von 1990 machen von den Tätern Angehörige nur 5,8 Prozent, Bekannte 22,2 Prozent, flüchtig Bekannte 7,3 Prozent und Fremde 55,8 Prozent aus, während kein einziger der durch diese Studie erfaßten Fälle sexueller Gewalt durch Angehörige oder Bekannte der Polizei gemeldet wurde (de Planas 1991, 16f.).

Fünf Erklärungen für diese Diskrepanz sind denkbar:

1) Es handelt sich hierbei um einen Stichprobenfehler.

2) Die Kinder aus der Mittelschicht, der StudentInnen überwiegend angehören, glauben vielleicht stärker als die der unteren Schichten, daß ihnen nicht geglaubt wird. Denn der mißbrauchende Vater bzw. Bekannte ist doch ein angesehener Bürger. Und wer glaubt schon einem Kind, daß der Professor X oder der Pastor Y oder der Bürgermeister von Z. ein Kind sexuell mißbraucht? Bei einem arbeitslosen ungelernten Arbeiter sieht das sicherlich anders aus.

3) Freunde der Familie, Nachbarn oder Lehrer lassen sich vielleicht ebenfalls durch »die Fassade« blenden. Sie denken möglicherweise: »Der kleine Uwe ist ja in letzter Zeit verstört und auch etwas zu aggressiv. Man munkelt, daß sein Klassenlehrer immer so komisch mit ihm umgeht. Aber der wird schon wissen, was er tut, der ist doch Lehrer. Da ist bestimmt nichts dran, er ist schließlich bei allen beliebt.«

4) Mittelschichtfamilien unterliegen weniger als solche der Unterschicht der sozialen Kontrolle durch staatliche Einrichtungen wie Jugendamt oder Sozialamt, die nicht selten sexuellen Mißbrauch aufdecken (Finkelhor/Baron 1986, 67; Williams/Finkelhor 1990, 234).

5) Denkbar ist zudem, daß sozial höher gestellte Täter bessere Möglichkeiten haben, eine Anzeige oder ein Gerichtsverfahren zu vermeiden.

Es kommen Mechanismen hinzu, die insgesamt Tätern helfen, ungeschoren davonzukommen: Zum einen schützt die allgemeine Gleichgültigkeit gegenüber der Gewalt gegen Kinder die Täter. Zum anderen haben viele Menschen Angst vor der Verantwortung, die sie übernehmen müssen, wenn sie einen sexuellen Mißbrauch als gegeben ansehen. Denn dann muß man auch tätig werden. Und dies ist schwierig, weil dabei der/die HelferIn damit rechnen muß, daß der Täter alles abstreitet oder eine Verleumdungsklage einreicht usw. Hinzu kommen bei sexuellem Mißbrauch innerhalb der Familie die berechtigten Ängste der Mütter, daß ihre Familien auseinanderbrechen, daß sie von der Sozialhilfe leben müssen, daß sich ihr Vertrauen in ihre Männer als Lebenslüge entpuppt und daß ihnen die Schuld zugeschoben wird. Bei sexuell mißbrauchten Jungen schweigen die Eltern manchmal, weil sie nicht wollen, daß ihr Junge als Schwuler gilt. Täter aus dem Bekannten- oder Freundeskreis der Familie werden oft nicht angezeigt, um einen Skandal zu vermeiden. Warum die Kinder schweigen, erklärt sich aus den Umständen des sexuellen Mißbrauchs, die im folgenden Kapitel beschrieben werden.

6. Die Umstände

Die meisten autobiographischen Romane und viele der in Sachbüchern veröffentlichten Erfahrungsberichte beschreiben »sehr intensiven«, meist über Jahre andauernden, oftmals mit körperlicher Gewalt einhergehenden sexuellen Mißbrauch durch Väter. In den Tageszeitungen wird neben den Berichten über Vergewaltigung durch Fremde ebenfalls mit Vorliebe über Vater-Tochter-Vergewaltigungen geschrieben. Dadurch hat sich in vielen Köpfen die Meinung festgesetzt, daß jedes sexuell mißbrauchte Kind Opfer jahrelanger Vergewaltigungen ist. Durch die Analyse der Angaben, was den sexuell mißbrauchten StudentInnen passiert ist, wird überprüft, inwieweit dieses Bild realistisch ist.

6.1 Innerfamilialer und außerfamilialer sexueller Mißbrauch

Die Mehrzahl der Täter ist den StudentInnen vor dem sexuellen Mißbrauch bekannt gewesen. Von den Frauen sind 22 Prozent von Familienmitgliedern und 50 Prozent von Bekannten oder Freunden sexuell mißbraucht worden. Nur 28 Prozent der Täter waren ihnen völlig fremd. Rechnet man die Erfahrungen mit Exhibitionisten ab, waren ihnen sogar 81 Prozent bekannt. Im Vergleich mit den Frauen werden Jungen etwas häufiger von Fremden (36%), seltener von Angehörigen (18%) und Bekannten (46%) sexuell mißbraucht. Allerdings ist keiner dieser Unterschiede statistisch signifikant. Die Hypothese 2, daß das Verhältnis von innerfamilialem zu außerfamilialem sexuellem Mißbrauch bei Mädchen und Jungen gleich ist, findet sich also bestätigt (vgl. Tabelle 6). Die Ergebnisse bei den Studenten sind jedoch aufgrund der verhältnismäßig geringen Anzahl der Fälle mit Vorsicht zu betrachten.

Tabelle 6: Inner- und außerfamilialer sexueller Mißbrauch an Kindern

	Frauen		Männer	
	mit und ohne Körperkontakt (n=160)[a]	mit Körper-kontakt (n=142)	mit und ohne Körperkontakt (n=28)	mit Körper-kontakt (n=26)
Täter waren: Angehörige	22%	25%	18%	19%
Bekannte	50%	56%	46%	50%
Fremde	28%	19%	36%	31%
Gesamt	100%	100%	100%	100%

a) Die Zahl der sexuell mißbrauchten Frauen beträgt 130 und der Männer 28. Allerdings wurden 36 Frauen und 2 Männer Opfer zweier verschiedener Täter. So ergeben sich die Zahlen n=166 und n=30. In dieser Tabelle fehlen aber die Angaben von sechs Frauen und zwei Männern, da diese TeilnehmerInnen die Fragen zu den Umständen nur teilweise beantwortet haben

Kontingenz-Test: mit und ohne Körperkontakt $X^2(df2) = 0,48$ = n.s.; nur mit Körperkontakt $X^2(df2) = 1,79$ = n.s.

Die ausländischen Studien kommen – wiederum abgesehen von Bakers und Duncans Untersuchung – zu sehr ähnlichen Resultaten (Kapitel 2.1, Tabelle 1). Es kann deshalb davon ausgegangen werden, daß bei sexuell mißbrauchten Mädchen in etwa 25 bis 30 Prozent Familienmitglieder, in etwa 50 Prozent Bekannte und in 15 bis 25 Prozent Fremde die Täter sind. Bei den Jungen liegt der Anteil der Täter aus dem Familien- und Bekanntenkreis mit etwa 60 bis 70 Prozent etwas niedriger. Die früher vielfach geäußerte Behauptung, daß es meist Fremde seien, die Kinder sexuell miß-brauchen, ist also eindeutig falsch. Ebenso falsch ist es allerdings, überwiegend »Väter als Täter« vor Augen zu haben.

Rosemarie Steinhage (1989, 13f.) schreibt beispielsweise, daß bei innerfamilialem sexuellem Mißbrauch an Kindern in 50 bis 75 Prozent der Fälle Väter oder Stiefväter die Täter sind. Sie beruft sich dabei u.a. auf Fürniss und Phil (1986, 336), die berichten: »Von den ersten 56 von inzwischen über 200 Fällen sexueller Kindesmißhandlung im Therapieprojekt am Hospital for Sick Children, Great Ormond Street, London, waren 37,5% der Täter Väter, 66,1% der Täter Väter und Stiefväter und 89,3% unmittelbare Verwandte und Vaterfiguren.« Nicht bedacht hat Steinhage – wie so viele andere AutorInnen auch –, daß bei klinischen Studien Täter aus dem Familien-kreis überrepräsentiert sind. Denn Untersuchungen zeigen, daß gerade der sexuelle Mißbrauch durch Vaterfiguren sehr traumatisch ist, da eine enge emotionale Bezie-hung zwischen Täter und Opfer besteht, der Mißbrauch Jahre dauert und es sehr häufig zu analen, oralen und vaginalen Vergewaltigungen kommt (Russell 1986, 149). Folglich ist es wahrscheinlicher, daß diese Kinder Beratung und Therapie brauchen, wodurch sie mit KlinikerInnen in Kontakt kommen (9.1.1).

Bei Dunkelfelduntersuchungen zum innerfamilialen sexuellen Mißbrauch machen anders als in klinischen Studien Väter und Stiefväter nur 20 bis 30 Prozent der Täter aus. Mindestens ebenso oft sind Onkel die Täter. Einen erheblichen Anteil am innerfamilialen sexuellen Mißbrauch haben zudem Brüder, Cousins und Großväter. Die Ergebnisse der vorliegenden Studie decken sich in weiten Teilen mit denen der ausländischen Untersuchungen (Tabelle 7).

Bei den Männern ist das Ergebnis wegen der geringen Fallzahl wiederum mit Vorsicht zu betrachten. Alle fünf Täter innerhalb der Familie waren Cousin oder Cousine. Zu einem im Trend ähnlichen Ergebnis kommt allerdings auch die für die USA repräsentative Studie der Los Angeles Times. Von den 169 Männern, die beim Telefoninterview angaben, sexuell mißbraucht worden zu sein, waren nur zwei durch Väter, einer durch einen Stiefvater und keiner durch einen Großvater zum Opfer geworden. Meist waren die Täter ältere Brüder, Cousins oder nur wenig ältere Onkel (Gordon 1990, 326f.). Finkelhor (1979, 102) kommt zu fast dem gleichen Ergebnis.

Tabelle 7: Wer sind die Täter beim sexuellen Mißbrauch an Mädchen in der Familie?[a]

	Bange 1991	Los Angeles Times 1985[b]	Draijer 1988	Russell 1983	Wyatt 1985
	(n=36)	(n=121)	(n=164)	(n=190)	(n=72)
Väter	**28%**	10%	21%	14%	6%
Stief-/Pflegeväter	**3%**	10%		9%	26%
Mütter	–	?	1%	1%	–
Großväter	**8%**	7%	10%	6%	1%
Onkel	**33%**	49%	28%	25%	26%
Brüder	**14%**	7%	28%	13%	14%
Cousins	**11%**	18%	10%	16%	26%
Schwestern	–	?	–	2%	–
andere Verwandte	**3%**	–	1%	15%	–

a) Auf die tabellarische Darstellung der Ergebnisse bei den Jungen ist verzichtet worden, weil die Fallzahlen der Studien zu gering sind oder Jungen erst gar nicht untersucht wurden.

b) Daten nach Finkelhor u.a. (1990)

Von den 518 Frauen, die meinen Fragebogen beantworteten, sind 2,2 Prozent von Vätern (n=10) oder vom Stiefvater (n=1) sexuell mißbraucht worden. Im Vergleich mit den anderen Studien ist das ein niedriger Wert. Insgesamt schwankt das gefundene Ausmaß zwischen 1,6 und 7,5 Prozent. D.h., daß etwa jedes fünf-

zehnte bis sechzigste Mädchen vom Vater oder Stiefvater sexuell ausgebeutet wird (Tabelle 8). Allerdings müssen diese Ergebnisse mit großer Vorsicht betrachtet werden, da das Redetabu beim sexuellen Mißbrauch durch Väter am stärksten wirkt. Hinzu kommt, daß die befragten StudentInnen relativ selten aus »broken homes« kommen und deshalb nur sehr wenige von ihnen einen Stiefvater hatten. Es ist deshalb sehr wahrscheinlich, daß der wirkliche Anteil des Mißbrauchs durch Väter und Stiefväter höher ist, als die Studien zeigen.

Tabelle 8: Vorkommenshäufigkeit bezogen auf die Gesamtstichprobe (nur Frauen)

	Bange 1991	Los Angeles Times 1985[a]	Draijer 1988	Russell 1983	Wyatt 1985
	(n=518)	(n=1481)	(n=1054)	(n=930)	(n=305)
Väter	1,9%	0,8%	3,2%	2,9%	1,3%
Stief-/Pflegeväter	0,2%	0,8%		1,6%	6,2%
Großväter	0,6%	0,5%	1,6%	2,0%	0,3%
Onkel	2,3%	3,9%	4,4%	4,9%	6,2%
Brüder	1,0%	0,5%	4,4%	2,2%	3,3%
Cousins	0,8%	1,4%	1,6%	3,0%	6,2%

a) Daten nach Finkelhor u.a. (1990)

Beim außerfamilialen sexuellen Mißbrauch waren bei den Studentinnen die Täter zu 40 Prozent Bekannte, zu 15 Prozent Freunde oder Freunde der Familie, zu fünf Prozent Nachbarn, zu drei Prozent Lehrer oder Jugendgruppenleiter und zu 37 Prozent Fremde. Bei den Studenten traten Bekannte in 30 Prozent, Freunde in 22 Prozent und Fremde in 44 Prozent der Fälle als Täter auf. Ein Mann war als Junge von einem Jugendgruppenleiter zu sexuellen Handlungen gezwungen worden.

Hochgerechnet auf die Gesamtteilnehmerinnenzahl bedeutet dies, daß fast jedes zehnte Mädchen von einem Bekannten, ungefähr jedes fünfundzwanzigste von einem Freund und jeweils etwa jedes hundertste von einem Nachbarn oder einem Lehrer sexuell bedrängt wurde.

Einige der Täter aus dem Bekanntenkreis sind für die Kinder Vaterfiguren. Die Machtverhältnisse und emotionalen Abhängigkeiten gleichen in solchen Fällen denen zwischen Familienangehörigen. Mathias Hirsch (1990[2], 10) zählt sie deshalb im erweiterten Sinne zum innerfamilialen sexuellen Mißbrauch. Auch sexuelle Übergriffe durch Erzieher, Lehrer, Ärzte und Therapeuten nimmt Hirsch »wegen der praktisch immer entstehenden emotionalen Abhängigkeitsbeziehungen« (ebd.) in seine erweiterte Inzestdefinition auf. Die Grenzen zwischen innerfamilialer und außerfamilialer sexueller Ausbeutung sind also je nach der emotionalen Intensität der Beziehung zwischen Täter und Opfer sowie der Machtverteilung fließend.

Ein anderer wichtiger Aspekt bei den Tätern ist, daß ein zahlenmäßig nicht zu bestimmender Teil von ihnen nicht nur ein Kind sexuell mißbraucht, sondern sich immer wieder neue Opfer sucht. Beispielsweise weist Edward Bongersma (1980, 103) auf eine französische Befragung hin, bei der 129 Männer erklärten, »insgesamt mit 11.007 Jungen sexuell verkehrt zu haben«. Gene L. Abel und Joanne-L. Rouleau untersuchten 561 Sexualstraftäter, die sich an zwei US-amerikanischen Universitäten therapieren ließen. Von den Männern, die Kinder innerhalb der Familie sexuell mißbrauchten, hatte jeder im Durchschnitt 1,8 Opfer. Dabei fand sich nur ein kleiner Unterschied zwischen den Männern, die ihre Töchter sexuell mißbrauchten (Durchschnitt 1,9) und denen, die ihre Söhne mißbrauchten (Durchschnitt 1,7). Die Männer, die außerhalb der Familie Mädchen mißbrauchten, hatten dagegen im Durchschnitt etwa 20 Opfer, und Männer, die Jungen bevorzugten, sogar ca. 150 Opfer (Abel/Rouleau 1990, 15). Ray Wyre und Anthony Swift (1991, 67) berichten, daß »ein früherer Kindertherapeut in einer Fernsehsendung mehr als 2000 Straftaten zugab«. In einem Interview erzählte mir ein pädophiler Mann, »daß er so in den Jahren etwa 30 bis 40 sexuelle Beziehungen zu Jungen gehabt hätte« (Dokument in Händen des Autors). Im Münsterland sind allein im letzten Jahr drei Fälle bekannt geworden, in denen Erzieher in Kindergärten als Täter auftraten: Einmal wurden 100 Kinder mißbraucht, zweimal etwa 40 Jungen und Mädchen (mündliche Mitteilung einer Mutter, einer Erzieherin sowie Fürniss 1991).

Damit ist auch seitens der Täter die Häufigkeit sexuellen Mißbrauchs an Kindern bestätigt. Auch entlastet die hohe Anzahl der Fälle pro Täter die Männer insgesamt ein wenig, da der Kreis der Täter etwas zusammenschrumpft. Dies soll aber nicht zu dem Fehlschluß verleiten, es seien nur einige »Monster«, die Kinder sexuell ausbeuten. Dazu ist das Ausmaß des sexuellen Kindesmißbrauchs einfach zu groß.

Durch die Mehrfachtäter wird auch die Frage aufgeworfen, wieviele von ihnen gleichzeitig ihre eigenen Kinder und Kinder außerhalb der Familie sexuell mißbrauchen. Zwei von ihren Vätern mißbrauchte Männer, mit denen ich sprach, erzählten in diesem Zusammenhang, ihre Väter hätten auch andere Kinder mißbraucht bzw. täten dies noch immer. Der 25jährige Thomas: »Ich bin von meinem Vater sexuell mißbraucht worden. Ich hatte eigentlich nie Schwierigkeiten, dies als Realität zu akzeptieren, denn mein Vater ist für den Mißbrauch von über einem Dutzend anderer Kinder verurteilt worden.« (Bange 1991, 141.)

Daß dies kein Einzelfall ist, zeigt wiederum die Studie von Abel und Rouleau (1990, 16). 23 Prozent der Täter mißbrauchten gleichzeitig innerhalb und außerhalb der Familie Kinder. Ein Teil dieser Männer vergewaltigte zudem auch noch Frauen (ebd., 19). Daraus ergibt sich für die nicht straforientierten Beratungs- und Therapiekonzepte die wichtige Frage, ob es bei innerfamilialem sexuellem Mißbrauch reicht, den Täter (vorerst) aus der Familie zu entfernen. Vielleicht läßt der Täter dann sein Kind zwar in Ruhe, womit aber nicht ausgeschlossen ist, daß er sich andere Kinder sucht oder Frauen vergewaltigt.

Schon diese wenigen Hinweise lassen die eklatanten Wissenslücken bei der Täterproblematik erkennen. Deshalb ist es unbedingt erforderlich, daß endlich vermehrt

Täterforschung betrieben wird und Hilfsangebote für diese Menschen entwickelt werden. Die Täter einfach zu Freiheitsstrafen zu verurteilen und sie einzusperren, löst sicher nicht ihre Probleme und schützt die Kinder nur für die Zeit des Gefängnisaufenthalts der Täter. Zumal nicht vergessen werden darf, daß nur ein Bruchteil des sexuellen Mißbrauchs überhaupt aufgedeckt und davon nur ein Teil vor Gericht verhandelt wird. Von den Tätern, die vor Gericht kommen, werden zudem längst nicht alle zu Gefängnisstrafen verurteilt (Kavemann/Lohstöter 1984, 30).

6.2 Häufigkeit und Dauer

Sexueller Mißbrauch an Kindern beschränkt sich in vielen Fällen auf einen einzigen sexuellen Übergriff. So berichteten 66 Prozent der betroffenen Studentinnen und 73 Prozent der betroffenen Studenten, die an der vorliegenden Untersuchung teilgenommen haben, der sexuelle Mißbrauch hätte lediglich einmal stattgefunden. Der Unterschied zwischen den Frauen und den Männern ist statistisch nicht signifikant ($X^2(df1) = 0,54 = $ n.s.). Die Hypothese 3, daß das Verhältnis von langandauerndem zu einmaligem sexuellen Mißbrauch bei Mädchen und Jungen gleich ist, ist damit bestätigt worden. 18 Prozent der betroffenen Frauen und 23 Prozent der betroffenen Männer mußten die sexuellen Handlungen zwei- bis zehnmal über sich ergehen lassen bzw. am anderen oder an sich selbst durchführen. 16 Prozent der betroffenen Frauen und vier Prozent der betroffenen Männer wurden mehr als zehnmal sexuell mißbraucht.

Tabelle 9: Häufigkeit des erlebten sexuellen Mißbrauchs

	Männer	Frauen	Frauen: Täter waren		
	Gesamt		Angehörige	Bekannte	Fremde
	(n=26)	(n=154)	(n=35)	(n=78)	(n=41)
mehrmalig	27%	34%	75%	32%	5%
einmalig	73%	66%	25%	68%	95%
Gesamt	100%	100%	100%	100%	100%

Differenziert nach Bekanntschaftsgrad zwischen Täter und Opfer zeigt sich bei den Dortmunder Studentinnen erwartungsgemäß, daß Fremde ihre Opfer in der Regel nur einmal mißbrauchen (95 Prozent der Fälle). Kommt der Täter aus dem Bekannten- oder Freundeskreis, handelt es sich nur noch in 68 Prozent der Fälle um einmaligen sexuellen Mißbrauch. Innerhalb der Familie werden dagegen 75 Prozent der Opfer wiederholt sexuell mißbraucht. Dabei ist bemerkenswert, daß Vater-Tochter-Mißbrauch sich in der Regel nicht auf einen einzigen sexuellen Übergriff beschränkt. In zehn der elf Fälle von Vater-Tochter-Mißbrauch wurden die Studentinnen von ihren Vätern wiederholt und meist über Jahre hinweg sexuell ausgebeutet. Die Unterschiede sind jeweils statistisch signifikant (Täter waren: Angehörige –

Fremde X^2(df1) = 33,66 = p .001; Angehörige – Bekannte X^2(df1) = 9,82 = p .01; Bekannte – Fremde X^2(df1) = 11,55 = p .001).

44 Prozent der Frauen, die durch Angehörige sexuell mißbraucht wurden, mußten die Übergriffe mindestens ein Jahr erdulden, bei 31 Prozent waren es Tage, Wochen oder Monate. Bei bekannten Tätern sind es immerhin acht Frauen (10%), die über ein Jahr, und 18 Frauen (21%), die über einen Zeitraum bis zu elf Monaten sexuell ausgebeutet wurden. Insgesamt dauerten 66 Prozent der von den Frauen berichteten Mißbrauchsfälle Minuten oder Stunden und 34 Prozent Tage, Wochen, Monate oder Jahre. Bei den Studenten zogen sich 27 Prozent der Fälle über längere Zeit hin. Im Vergleich mit den Ergebnissen der ausländischen Studien ist eine hohe Übereinstimmung festzustellen (Kapitel 5.1).

6.3 Art des sexuellen Mißbrauchs

Die Täter mißbrauchen die Kinder u.a. durch folgende Handlungen: Sie fassen die Kinder an, vor allem an den Genitalien, dem Po und (bei Mädchen) an der Brust. Den Kindern werden Zungenküsse aufgedrängt. Sie müssen sich vor den Tätern ausziehen; sie müssen sich befummeln und masturbieren lassen. Die Täter masturbieren vor den Kindern oder vergewaltigen die Kinder anal, oral oder vaginal mit Fingern, Gegenständen und dem Penis. Manchmal werden die sexuellen Übergriffe mit sadistischen Prügeleien verbunden. Einige Kinder werden gezwungen, Pornos anzuschauen, andere müssen den Tätern in den Mund urinieren oder andere Perversionen über sich ergehen lassen. Solche und ähnliche Auflistungen finden sich in fast jedem Sachbuch zum sexuellen Mißbrauch an Kindern (z.B. Steinhage 1989, 20; Enders 1990, 20ff.). Unbekannt ist – zumindest für die Situation in der Bundesrepublik Deutschland – wieviele der mißbrauchten Kinder welche Handlungen erleiden. Im Fragebogen wurde deshalb den Betroffenen eine ausführliche Antwortvorgabenliste auf die Frage »Was passierte?« vorgelegt. Die 21 Antwortvorgaben wurden bei der Analyse je nach »Intensität« der sexuellen Handlungen in vier Kategorien unterteilt (siehe Übersicht). Diese Kategorisierung orientiert sich an der von Russell (1986, 99). Die sadistischen Formen sexuellen Mißbrauchs wurden nicht benannt, da ich glaube, daß sich dies negativ auf die Rücklaufquote ausgewirkt hätte. Denn ein Teil der Befragten hätte sich sicherlich dadurch abgeschreckt gefühlt. **Mit dem Kriterium »Intensität« soll über die Folgen des sexuellen Mißbrauchs nichts ausgesagt werden. Denn ein als »weniger intensiv« eingestufter sexueller Mißbrauch kann möglicherweise individuell traumatischer erlebt werden als eine als »intensiver sexueller Mißbrauch« eingestufte Handlung.**

Kategorien zur »Intensität« des sexuellen Mißbrauchs

a) Sehr intensiver sexueller Mißbrauch
- Versuchte oder vollendete vaginale Vergewaltigung
- Versuchte oder vollendete anale Vergewaltigung
- Opfer mußte Täter anal penetrieren
- Versuchte oder vollendete orale Vergewaltigung
- Opfer mußte Täter oral befriedigen

b) Intensiver sexueller Mißbrauch
- Opfer mußte vor Täter masturbieren
- Täter masturbierte vor Opfer
- Täter faßte Opfer an die Genitalien
- Opfer mußte Täter an die Genitalien fassen
- Opfer mußte Täter die Genitalien zeigen

c) Weniger intensiver sexueller Mißbrauch
- Täter versuchte, die Genitalien des Opfers anzufassen
- Täter faßte Brust des Opfers an
- Sexualisierte Küsse, Zungenküsse
- Sexualisiertes Anfassen

d) Sexueller Mißbrauch ohne Körperkontakt
- Exhibitionismus
- Opfer mußte sich Pornos anschauen
- Täter beobachtete Opfer beim Baden, Anziehen

Insgesamt findet bei knapp einem Fünftel aller Fälle sexuellen Mißbrauchs an Mädchen und Jungen versuchte oder vollendete anale, orale oder vaginale Vergewaltigung statt (»sehr intensiver« sexueller Mißbrauch). Über ein Drittel der sexuellen Gewalterfahrungen fallen in die Kategorie »intensiver sexueller Mißbrauch«. Fast genau ein Drittel sind »weniger intensive Formen«, und bei ca. zehn Prozent kommt es nicht zum Körperkontakt (Tabelle 10). Zwischen den Frauen und Männern ist wiederum kein statistisch signifikanter Unterschied festzustellen (X^2(df3) = 0,6 = n.s.). Die Hypothese, daß das Verhältnis von sehr intensivem zu intensivem und weniger intensivem Mißbrauch bei Mädchen und Jungen gleich ist, ist damit ebenfalls bestätigt worden. Das Ergebnis ist wegen der geringen Anzahl der mißbrauchten Jungen allerdings mit Vorsicht zu betrachten.

Tabelle 10: Was passierte?

	Frauen (n=164)	Männer (n=28)
sehr intensiver sexueller Mißbrauch	19%	18%
intensiver sexueller Mißbrauch	36%	43%
weniger intensiver sexueller Mißbrauch	34%	32%
sexueller Mißbrauch ohne Körperkontakt	11%	7%
Gesamt	100%	100%

Signifikanztest: X^2(df3) = 0,6 = n.s).

Bei den Frauen zeigt eine Differenzierung nach und Bekanntschaftsgrad, daß sexueller Mißbrauch durch Familienangehörige und Bekannte jeweils zu 61 Prozent als »sehr intensiv« oder »intensiv« anzusehen ist. Die restlichen knapp 40 Prozent sind »weniger intensive« Handlungen, die aber bis auf eine Ausnahme immer Körperkontakt beinhalten. Dagegen sind 38 Prozent aller Erfahrungen mit fremden Tätern exhibitionistischer Art. In fünf Fällen (11%) vergewaltigten Fremde die Mädchen oder versuchten es. 24 Prozent der Fälle mit fremden Tätern gehören in die Kategorie »intensiv« und 27 Prozent in die Kategorie »weniger intensiv«. Rechnet man den sexuellen Mißbrauch durch Exhibitionisten nicht mit, findet sich zwischen den durch Angehörige, den durch Bekannte und den durch Fremde sexuell ausgebeuteten Frauen hinsichtlich der Intensität des sexuellen Mißbrauchs kaum ein Unterschied.

Im Vergleich mit den Ergebnissen der Russell-Studie (1983, 141) zeigt sich bei der innerfamilialen sexuellen Gewalt eine hohe Übereinstimmung (X^2(df2) = 0,35 = n.s.). Insgesamt scheint in den USA jedoch das Ausmaß des »sehr intensiven sexuellen Mißbrauchs« höher zu sein als in der Bundesrepublik Deutschland (X^2(df2) = 35,57 = p .001). Dabei muß allerdings beachtet werden, daß Russell bei außerfamilialer sexueller Gewalt eine sehr enge Definition verwendet, die »weniger intensive« Fälle ausschließt.

Tabelle 11: »Intensität« des sexuellen Mißbrauchs im Vergleich mit den
Ergebnissen der Russell-Studie[a]

	Bange:Russell Gesamt (n=144) (n=651)	Bange:Russell Angehörige (n=36) (n=190)	Bange:Russell Bekannte (n=80) (n=410)	Bange:Russell Fremde (n=28) (n=51)
Intensität:				
sehr schwer	21%:44%	25%:23%	21%:50%	18%:73%
schwer	40%:31%	36%:41%	40%:29%	43%:14%
weniger schwer	38%:25%	39%:36%	39%:21%	40%:14%
Gesamt	99%[b]:100%	100%:100%	100%:100%	101%:101%[b]

a) Die Fälle ohne Körperkontakt sind hier nicht berücksichtigt, da sie in Russells Analyse nicht enthalten sind.
b) Rundungsfehler
Kontingenz-Test: Angehörige $X^2(df2) = 0,35$ = n.s.; Bekannte $X^2(df2) = 32,41$ = p .001; Fremde $X^2(df2) = 33,55$ = p .001; Gesamt $X^2(df2) = 35,57$ = p .001

Im Zusammenhang mit den exhibitionistischen Kontakten kommt die Los Angeles Times-Studie zu dem gleichen Ergebnis: Exhibitionistische Handlungen werden von den Befragten, die durch Angehörige sexuell mißbraucht werden, nicht genannt (Gordon 1990, 329). Auch bei Peters' Untersuchung (1988, 107) treten als Exhibitionisten nur Fremde in Erscheinung.

Dies könnte zum einen dadurch mitbedingt sein, daß es für viele Kinder etwas Alltägliches ist, ihre Eltern und Geschwister nackt zu sehen. Exhibitionistische Handlungen werden da vielleicht vielfach einfach nicht als solche eingeordnet. Wichtiger ist aber wahrscheinlich, daß es beim innerfamilialen sexuellen Mißbrauch in der Regel zu »intensiveren« Übergriffen kommt. Die exhibitionistischen Handlungen könnten dagegen in der Erinnerung verblassen und in den Studien deshalb nicht angegeben werden. Viele Opfer berichten in Beratungen und Therapien, daß ihnen zuerst ein veränderter Blick des Täters auffiel oder daß er ihnen plötzlich beim An- und Ausziehen zusah. Später folgten dann immer eindeutigere Übergriffe, die die »weniger intensiven« in den Hintergrund drängten (Lison/Poston 1991, 204). Bei Befragungen könnten aufgrund der Kürze der Zeit solche Erlebnisse einfach nicht erinnert oder als nicht so wichtig erachtet werden.

Es muß zudem darauf hingewiesen werden, daß in letzter Zeit zunehmend von perversen und ritualisierten Formen sexuellen Mißbrauchs berichtet wird. Manchmal werden Tiere in die sexuelle Ausbeutung einbezogen, Kinder müssen satanische Rituale über sich ergehen lassen u.ä. (Briere 1988, 332; Chase 1988, 373ff.). Über diese Dinge muß leider gesprochen und geschrieben werden, damit die Mißbrauchsopfer diese Erfahrungen nicht weiter verschweigen müssen, weil sie Angst haben, daß ihnen das nicht geglaubt wird oder daß sich ihre ZuhörerInnen vor ihnen ekeln. Denn »selbst für viele PraktikerInnen, die schon lange mit Betroffenen arbeiten, ist es immer wieder schwer auszusprechen, auf welch grauenvolle und subtile Art und Weise die Täter Kinder und Jugendliche demütigen und verletzen« (Enders 1990, 22).

6.4 Mittel der Täter

6.4.1 Gewalt und Drohungen

Der Sexualwissenschaftler Ernest Bornemann behauptet, daß sexuelle Kontakte zwischen Erwachsenen und Kindern kein sexueller Mißbrauch seien, wenn der Ältere keine körperliche Gewalt oder psychischen Druck ausübe (Bornemann 1989, 121f.). Dabei ignoriert Bornemann die zahlreichen Berichte von Frauen und Männern, die sich sexuell mißbraucht fühlen, obwohl der Täter sie nicht schlug oder bedrohte. Er übersieht, daß es andere und teilweise wirkungsvollere Mittel gibt, den Kindern sexuelle Handlungen aufzudrängen und sie zum Schweigen zu bringen.

Am häufigsten nutzen die Erwachsenen die emotionale Abhängigkeit oder Bedürftigkeit der Kinder aus. In den Erfahrungsberichten von Opfern finden sich immer wieder Beschreibungen, die diese Aussage klar belegen. Petra K., die jahrelang von ihrem Vater sexuell mißbraucht wurde, schreibt beispielsweise:

»Jetzt hatte ich den Beweis. *Mein Vater liebte mich.* Er hielt mich in seinen Armen, wie eine Frau. In diesen starken Armen fühlte ich mich geborgen wie noch nie. Niemals wollte ich diese bisher empfundene Wärme vermissen (...). Ich hatte ihn *so, so lieb.* Ich fühlte mich wohl, wenn er mich in den Armen hielt, mich streichelte, mir liebe Worte sagte, dann war er mir vertraut.

Nur sein Küssen, sein An-mich-drängen und -schieben, seine leuchtenden Augen, seine Gesichtszüge und dann auch seine Worte. Oft waren es die gleichen Worte, jedoch, jetzt anders betont, erschreckten sie mich, und es zog sich alles in mir zusammen. Er spürte meinen Rückzug.« (Petra K. 1991, 31f.)

Die Ergebnisse meiner Studie sind ein weiterer Beleg dafür, daß viele Täter die emotionale Bedürftigkeit von Kindern benutzen, um die Kinder sexuell ausbeuten zu können. 29 Prozent der sexuell mißbrauchten Studentinnen gaben an, daß der Täter emotionale Zuwendung als Mittel einsetzte, um die sexuellen Handlungen zu erreichen. Zehn Prozent der Täter logen den Mädchen falsche sexuelle Normen vor, und vier Prozent versuchten, die Mädchen durch Geld und Geschenke gefügig zu machen. Damit sind diese manipulativen Strategien der Täter zahlenmäßig ebenso bedeutsam wie körperliche Gewalt und Drohungen, die zusammengefaßt von 42 Prozent der Studentinnen angegeben wurden.

Etwas anders sehen die Ergebnisse bei den Studenten aus: Drohung ist, gefolgt von emotionaler Zuwendung und körperlicher Gewalt, die wichtigste Methode der Täter. Falsche sexuelle Normen wurden, ebenso wie bei den Mädchen, etwa zehn Prozent der mißbrauchten Jungen vorgetäuscht. Die Bestechung durch Geld und Geschenke hat die geringste Bedeutung. Sowohl bei Mädchen als auch bei Jungen nutzten daneben viele Täter die Neugierde der Kinder aus. Sie wurde unter der Rubrik »etwas anderes« sehr häufig genannt (Abbildung 1). Allerdings sind die Unterschiede zwischen den Studentinnen und den Studenten auch in dieser Hinsicht nicht signifikant (X^2(df3) = 1,39 = n.s.).[1]

Abbildung 1:

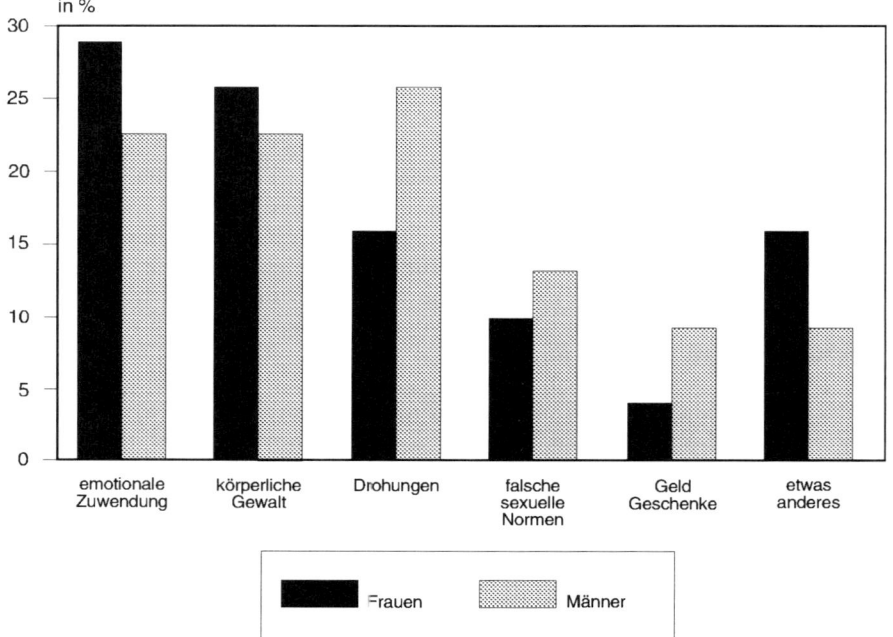

Mittel der Täter

Die Täter aus dem Bekannten- und Freundeskreis der Familie müssen wesentlich häufiger als Angehörige auf Drohungen und körperliche Gewalt zurückgreifen, um die Kinder sexuell mißbrauchen zu können. In vielen Fällen reicht offenbar die emotionale Beziehung zum Kind und die Autorität nicht aus. Dennoch darf auch hier nicht übersehen werden, daß ein erheblicher Teil dieser Täter erfolgreich auf die

---

1   Die Anzahl der mißbrauchten Männer ist allerdings im Vergleich zu den Frauen sehr niedrig, so daß es jeweils eines sehr großen Unterschiedes bedarf, um das Signifikanzniveau zu erreichen.

emotionale Bedürftigkeit der Kinder setzt. Immer wieder sind gerade von sexuell mißbrauchten Jungen Sätze wie die folgenden zu lesen und zu hören: »Der sexuelle Mißbrauch dauerte, bis ich dreizehn, vierzehn Jahre alt war. So mit elf, zwölf Jahren hatte ich trotzdem das Gefühl, daß er sich um mich kümmert. Irgendwie war er für mich eine Art Elternersatz. Jemand, bei dem ich mich mit allem möglichen auch mal hätte aussprechen können, bei dem ich das Gefühl hatte, der hat eine persönliche Beziehung zu mir.« (Glöer/Schmideskamp-Böhler 1990, 51.)

Von den fremden Tätern werden in erster Linie Drohungen und körperliche Gewalt benutzt, um die Kinder sexuell auszubeuten. Zudem setzen vor allem Fremde auf die Leichtgläubigkeit und die Neugierde von Kindern und Jugendlichen (Abbildung 2). Beispielhaft hierfür ist die Geschichte von Patrizia Dizenzo, die als 16jährige von einem etwa vier Jahre älteren Mann vergewaltigt wurde: Sie hat ihn in einer Kneipe kennengelernt und arglos sein Angebot, sie mit dem Auto nach Hause zu bringen, angenommen. Er fährt statt dessen in eine abgelegene Gegend der Stadt und vergewaltigt sie dort. Ihre Gedanken an eine Flucht gibt sie auf, als sie sieht, daß er ein Messer hat, sie am Arm festhält und ihr droht, er würde sie umbringen:

»Dann sah ich, daß er ein Taschenmesser hatte. Er merkte, daß ich es anstarrte. ›Du weißt, was das ist? Hab keine Angst, ich werd's nicht mal öffnen.‹

Er warf es aufs Armaturenbrett. Es rutschte nach hinten und blieb an der Windschutzscheibe liegen. Ich packte den Türgriff und versuchte, aus dem Auto zu kommen, aber er hielt mich am Arm zurück, und ich konnte nicht raus.

›Versuch das nicht noch mal. Ich hab' dich gewarnt.‹

›Bitte ...‹

›Ich hab' dich davor gewarnt. Ich mag das nicht ... Mach mich nicht wütend‹ (...) Sobald ich draußen stand, wollte ich wegrennen, aber er hinderte mich daran. Er sagte, daß er mich umbringen würde, falls ich das nochmals versuchte.« (Dizenzo 1987, 17f.)

Deutliche Unterschiede zeigen sich bei den Mitteln der Täter, wenn zwischen Familienmitgliedern, Bekannten und Fremden differenziert wird. Innerhalb der Familie hat die emotionale Zuwendung beim Mädchenmißbrauch überragende Bedeutung. Das Vorschwindeln falscher sexueller Normen nimmt innerhalb der Familie den gleichen Rang ein wie Drohungen und liegt sogar noch etwas über der körperlichen Gewalt. Allerdings könnte es sein, daß subtile Drohungen wie »Mama wird krank, wenn du...« und nonverbale Drohungen nicht als solche erkannt werden oder eher vergessen werden als körperliche Gewalt. Sie könnten deshalb hier unterrepräsentiert sein. Insgesamt gesehen haben es Angehörige und auch Bekannte, die Elternersatzfunktionen übernehmen, einfach weniger nötig, offene Gewalt anzuwenden. Oftmals kommt es erst zu offenen Drohungen und Schlägen, wenn das Opfer beginnt, sich von zu Hause zu lösen, und der Täter befürchten muß, daß der sexuelle Mißbrauch öffentlich werden könnte. Die Schilderung von Heidi Glade-Hassenmüller aus ihrem autobiographischen Roman »Gute Nacht, Zuckerpüppchen« zeigt, welch brutale Formen die Gewalt in solchen Fällen annehmen kann. Gaby, um deren Geschichte es geht, ist wegen der seit Jahren erlittenen sexuellen Übergriffe ihres Vaters von zu Hause weggelaufen. Nach einigen Tagen wird sie von der Polizei erwischt, die ihren Vater anruft, damit er sie abholt. Von dort aus fährt ihr Vater direkt in einen Waldweg und vergewaltigt sie dort.

»Pappi stieg aus, sah sich um und öffnete noch vor dem Einsteigen nach hinten seinen Hosenbund. Lieber Gott, heilige Mutter Gottes, hilf mir! ›Na Zuckerpüppchen, begreifst du jetzt, daß du nicht weglaufen kannst?‹« (Glade-Hassenmüller 1989, 82).

Einige Zeit später hat Gaby ihre erste Verabredung mit einem Jungen. Als sie nach Hause kommt, schlägt der Vater sie brutal zusammen: »Der Faustschlag traf sie mitten ins Gesicht, unerwartet und mit voller Kraft (...). Dann trat er sie in den Bauch und in den Unterleib. Von ganz weit weg hörte sie ihn keuchen: ›Dir werde ich es geben, du Flittchen. Deinen Vater belügen. Mit wem hast du es getrieben? Du Nutte! Du Miststück! Von wem hast du dich ficken lassen?‹« (Ebd., 103.)

Abbildung 2:

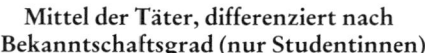

Mittel der Täter, differenziert nach Bekanntschaftsgrad (nur Studentinnen)

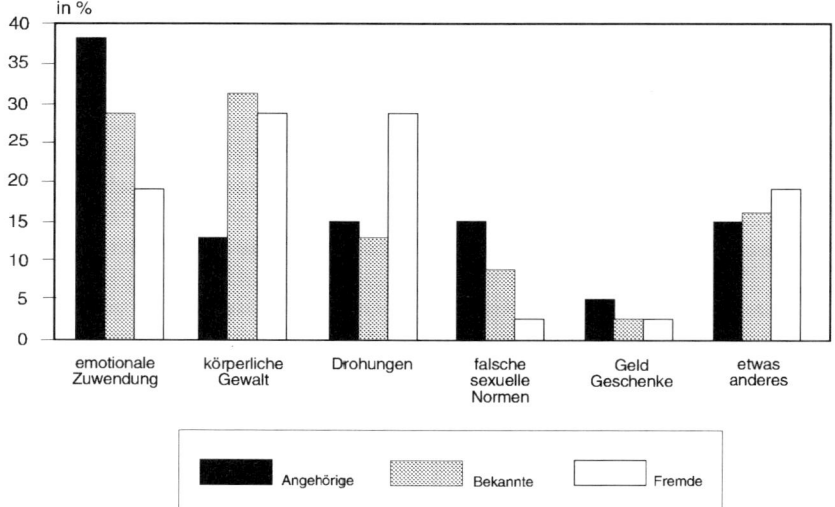

6.4.2 Das Schweigegebot

Ein großer Teil der Täter hat es gar nicht nötig, das Kind ausdrücklich zur Geheimhaltung zu verpflichten. Verschiedene Gründe veranlassen die Kinder von selbst, keinem Dritten etwas über ihren sexuellen Mißbrauch zu erzählen: Kleinen Kindern fehlt oft einfach das Vokabular, um zu benennen, was mit ihnen gemacht wird. Sie sind sprachlos, weil sie noch zu jung sind, um beispielsweise so etwas wie eine orale Vergewaltigung in Worte fassen zu können (Enders 1990, 42). Ältere Kinder erzählen häufig nichts, weil sie Angst haben, daß ihnen entweder nicht geglaubt oder daß ihnen die Schuld gegeben wird. Jungen befürchten zudem, daß sie dann nicht mehr als »richtige« Jungen gelten oder daß sie als Schwule beschimpft werden. Schamgefühle, Schuldgefühle und die emotionale Abhängigkeit der Kinder von Erwachsenen tun ihr übriges.

Trotzdem fühlen sich etliche Täter nicht sicher. Sie haben die Sorge, daß das Kind aus Unwissenheit oder weil es beispielsweise eine gute Beziehung zur Mutter hat, den sexuellen Mißbrauch verraten könnte. Diese Täter verwenden unterschiedliche Mittel, um das Kind zum Schweigen zu bringen. Sie verkaufen den Kindern den sexuellen Mißbrauch als »unser kleines Geheimnis« oder drohen den Kindern Gewalt an. Sie machen den Kindern Angst mit Sätzen wie »Wenn du was erzählst, bringt sich die Mama um« oder »Du kommst ins Heim und ich ins Gefängnis«. Sie geben den Kindern Geld oder Geschenke und verstärken so die Schuldgefühle der Kinder. Denn die Kinder fühlen sich wie Komplizen, wenn sie die Geschenke annehmen. Manchmal wird auch körperliche Gewalt eingesetzt, um die Kinder einzuschüchtern (Kavemann/Lohstöter 1984, 39ff.; Steinhage 1989, 32f.; Enders 1190, 42f.). Die Erfahrungen einer Frau zeigen, wie massiv die Täter auf ihre Opfer einwirken:

»Die Verzweiflung macht mich mutig. Jetzt endlich sage ich die Daddy-liebt-mich-nicht-mehr-Worte: ›Das erzähle ich alles meiner Mommy!‹ Mein Vater wechselt die Strategie: drohen statt bestechen. ›Wenn du das tust, dann mußt du mir alle deine Spielsachen zurückgeben.‹

Ich zähle in Gedanken meine Verluste zusammen: Blondie und Dagwood aus Pappe, das Märchenmalbuch, die Buntstifte. ›Das hat mir alles meine Mommy gegeben. Das sind meine Sachen.‹

›Aber ich hab' sie bezahlt. In diesem Haus gehört alles mir. Wenn du dich nicht benimmst, dann habe ich nicht übel Lust, deine Sachen in den Heizkessel zu werfen.‹

Ich denke an meinen geliebten Teddy Hamba, stellte mir vor, wie sein eines gutes Auge im Feuer schmilzt. ›Ist mir egal! Ist mir egal! Ist mir egal!‹

›Halt den Mund! Was sollen denn die Nachbarn denken? Wenn du jetzt nicht den Mund hältst, dann ... dann ... schick' ich dich dahin, wo alle bösen Kinder hinkommen. In ein Waisenhaus, wo die bösen Kinder eingesperrt werden, wenn ihre Eltern sie nicht mehr haben wollen.‹

›Das wird meine Mutter dir aber verbieten.‹

›Deine Mutter wird tun, was ich sage. Da gibt es dann nur Wasser und Brot, und jeden Abend kriegst du den Hintern versohlt!‹

Das macht mich nun wirklich für eine ganze Weile stumm, aber dann wage ich es doch, selbst dies als Spiel zu sehen, auf das es eine Antwort gibt. ›Ist mir egal. Dann laufe ich eben weg.‹

Mein Vater braucht etwas, womit er meine Lippen auf Dauer versiegeln kann, etwas, das jeden Widerstand im Keim erstickt. ›Wenn du noch einmal sagst, daß du etwas erzählen willst, dann bringe ich deine Katze da ins Tierheim und lasse sie vergasen.‹

›Dann ... dann ... dann ...‹

Die Luft weicht aus mir, als hätte ich einen Schlag in den Magen bekommen. Mein Herz ist gebrochen. Mein Widerstand ist gebrochen. Ich habe Smokeys Leben in der

Hand. Bisher war es ein schreckliches Spiel, aber es war ein Spiel. Jetzt ist es keines mehr. Unser Handel ist mit Blut besiegelt.« (Fraser 1990, 20f.)

Daß nur ein Teil der Täter es überhaupt für notwendig hält, die Kinder explizit zum Schweigen zu verpflichten, zeigt sich auch bei den sexuell mißbrauchten StudentInnen. Insgesamt 32 Prozent der Frauen und 38 Prozent der Männer wurden vom Täter explizit aufgefordert, nicht über den sexuellen Mißbrauch zu sprechen. Dabei verlangten die fremden Täter (19%) erwartungsgemäß seltener als Bekannte (29%) und Familienangehörige (52%) von den Studentinnen, die sexuelle Ausbeutung geheimzuhalten. Zwei der Unterschiede zwischen den drei Gruppen sind statistisch signifikant (Täter waren: Angehörige – Bekannte X^2(df1) = 5,11 = p .05; Angehörige – Fremde X^2(df1) = 8,28 = p .01).

Den fremden Tätern ist zum einen sicher bewußt, daß ihre Mittel, das Schweigegebot durchzusetzen und zu kontrollieren, begrenzt sind. Zum anderen müssen sie weniger Angst haben, daß ihnen durch die Kinderaussagen Schaden droht. Denn selbst wenn eine Anzeige erstattet wird, muß die Polizei den unbekannten Täter erst einmal ermitteln. Bekannte und besonders Familienangehörige haben da mehr zu befürchten. Auch wenn den Kindern oft nicht geglaubt wird und es sehr selten zu einer Anzeige kommt, sind doch erhebliche private und familiäre Schwierigkeiten zu erwarten, wenn das Kind etwas erzählt.

Offenbar setzen Täter aus dem Bekannten- und Freundeskreis der Familie mehr auf körperliche Gewalt als Familienmitglieder. Denn wenn man die Täter, die den Kindern kein Schweigegebot auferlegten, vergleicht, so zeigt sich: Die bekannten Täter wandten im Gegensatz zu den Tätern aus der Familie fast dreimal so häufig körperliche Gewalt an, um den sexuellen Mißbrauch zu erzwingen (32%:13%). Nachbarn, Freunde der Familie usw. müssen vermutlich eher auf die einschüchternde Wirkung der Gewalt vertrauen, weil die Mechanismen, die die Kinder von selbst schweigen lassen, schwächer wirken als bei Familienangehörigen. Die emotionale Abhängigkeit des Kindes ist in solchen Fällen meist schwächer, oft sind auch immer noch die Eltern als Vertrauenspersonen da.

Allerdings können alle Einschüchterungen und Drohungen nicht verhindern, daß die Kinder auf ihre Art und Weise das Schweigegebot umgehen. Kinder malen Bilder, in denen ihr Mißbrauch thematisiert ist; Kinder spielen in der Puppenecke ihren Mißbrauch nach; Kinder entwickeln Verhaltensauffälligkeiten und geben damit viele Hinweise auf ihre Situation. Diese Anzeichen für sexuellen Mißbrauch müssen wir als Eltern, als Nachbarn und Freunde von Familien, als PädagogInnen und PsychologInnen erkennen und deuten lernen, wenn wir den Kindern helfen wollen.

Gomes-Schwartz u.a (1990, 67) stellten fest, daß von den 156 sexuell mißbrauchten Kindern, die sie untersuchten, 55 Prozent den sexuellen Mißbrauch selbst aufgedeckt haben.

6.5 Alter der Opfer

Die befragten Dortmunder Studentinnen geben an, der Mißbrauch habe im Durchschnitt mit 11,3 Jahren begonnen. Bei den Studenten ist das durchschnittliche Alter mit 11,5 Jahren geringfügig höher. Insgesamt erlebten nur etwa 30 Prozent der betroffenen StudentInnen den sexuellen Mißbrauch erstmals im Alter von 13 bis 16 Jahren (X^2(df2) = 0,25 = n.s.). Damit ist auch die Hypothese 5, daß der Altersdurchschnitt bei Jungen und Mädchen zu Beginn des sexuellen Mißbrauchs gleich ist, richtig. Differenziert nach Bekanntschaftsgrad zwischen Opfer und Täter sind bei den Frauen keine signifikanten Unterschiede festzustellen (Tabelle 12).

Tabelle 12: Alter der Betroffenen

	Männer	Frauen	Frauen: Täter waren		
			Angehörige	Bekannte	Fremde
	(n=28)	(n=154)	(n=35)	(n=75)	(n=44)
0 bis 6 Jahre	7%	8%	9%	12%	2%
7 bis 9 Jahre	29%	27%	31%	24%	32%
10 bis 12 Jahre	36%	34%	34%	29%	39%
13 bis 16 Jahre	29%	32%	26%	35%	27%
Gesamt	101%[a]	101%	100%	100%	100%
Durchschnitts-alter	11,5	11,3	11,2	11,7	11,3

a) Rundungsfehler

Dieser Altersdurchschnitt entspricht in etwa dem, der in den ausländischen Dunkelfelduntersuchungen gefunden wurde. Dabei ist zu beachten, daß die Studien, die auf Tiefeninterviews beruhen, meist ein etwas niedrigeres Durchschnittsalter feststellen. Im Gegensatz zu den klinischen Untersuchungen liegt aber auch bei ihnen das Durchschnittsalter der Betroffenen noch relativ hoch. Diese Unterschiede – besonders zwischen Fragebogenuntersuchungen und klinischen Studien – könnten zum einen damit zusammenhängen, daß die Befragten in der kurzen Zeit der Beantwortung eines Fragebogens bzw. eines Tiefeninterviews keinen Zugang zu Erfahrungen der frühen Kindheit finden. Zumal sexueller Mißbrauch im Säuglings- oder Kleinkindalter allein über Sprache kaum zu erinnern ist, da Kinder in diesem Alter noch keine Worte und Begriffe für das kennen, was ihnen da passiert (Finkelhor/Baron 1986, 66; Lison/Poston 1991, 211). Der für viele Opfer überlebensnotwendige Abwehrmechanismus der Verdrängung könnte zum anderen in dieselbe Richtung wirken. Sehr viele Betroffene berichten, daß sie die Erlebnisse total verdrängt hatten und sich Jahre oder Jahrzehnte nicht daran erinnern konnten (Sherwood 1991, 56; Kapitel 2.8). In einem Therapie- oder Beratungsprozeß ist die Chance, den sexuellen Mißbrauch zu erinnern, wesentlich größer. Möglich ist auch, daß in den Beratungsstellen Opfer, die sehr früh sexuell mißbraucht worden sind, besonders häufig anzutreffen sind, da sie stärker traumatisiert sind (Kapitel 9.1).

6.6 Alter der Täter

Das Durchschnittsalter der Täter, die die Studentinnen sexuell mißbrauchten, liegt bei 30 Jahren. Etwas niedriger ist es mit 27 Jahren bei den Studenten (X^2(df2)

= 0,84 = n.s.). Der Mythos, daß Kindesmißbraucher »widerliche, alte Männer« seien, ist damit eindeutig widerlegt. Vielmehr ist es so, daß Männer über 50 Jahre nur etwa ein Zehntel der Täter ausmachen. Zu jeweils über einem Drittel sind die Täter selbst noch Kinder oder Jugendliche. Und etwa 50 Prozent aller Täter sind zwischen 19 und 50 Jahren alt (Tabelle 13). Sehr ähnliche Ergebnisse hinsichtlich der Altersstruktur der Täter finden sich in den ausländischen Dunkelfeldstudien.

Gestützt werden diese Ergebnisse auch durch Täterstudien. Von den Sexualstraftätern, die Abel und Rouleau (1990, 13) untersuchten, haben 50 Prozent der Männer, die Jungen außerhalb der Familie mißbrauchten, vor ihrem 16. Lebensjahr damit begonnen. 40 Prozent der Männer, die Mädchen außerhalb der Familie sexuell ausbeuteten, und ebenfalls 40 Prozent derer, die ihre Söhne zu Opfern machten, waren bei ihrer ersten Tat noch keine 18 Jahre alt, während dies beim innerfamilialen Mädchenmißbrauch bei 25 Prozent der Täter der Fall war.

Tabelle 13: Alter der Täter

	Männer als Opfer (n=28)	Frauen als Opfer (n=153)	Frauen: Täter waren		
			Angehörige (n=35)	Bekannte (n=77)	Fremde (n=41)
bis 18 Jahre	46%	37%	23%	56%	15%
19 bis 30 Jahre	18%	22%	14%	17%	37%
31 bis 40 Jahre	21%	16%	14%	9%	29%
41 bis 50 Jahre	7%	14%	34%	8%	10%
51 bis 60 Jahre	4%	7%	6%	6%	10%
über 60 Jahre	4%	4%	9%	4%	–
Gesamt	100%	100%	100%	100%	101%[a]

a) Rundungsfehler

Differenziert man bei den Studentinnen zwischen Tätern aus der Familie, bekannten und fremden Tätern, so zeigt sich, daß die Angehörigen im Durchschnitt mit 38 Jahren am ältesten sind. Bei den Fremden liegt das Durchschnittsalter bei 32 Jahren und bei den bekannten Tätern mit 26 Jahren mit Abstand am niedrigsten. Die Unterschiede sind jeweils statistisch signifikant (Täter waren: Angehörige – Bekannte X^2(df2) = 16,2 = p .001; Angehörige – Fremde X^2(df2) = 6,15 = p .025; Bekannte – Fremde X^2(df2) = 30,3 = p .001).

Innerhalb der Familie ist ein Drittel der Täter zu Beginn des sexuellen Mißbrauchs zwischen 41 und 50 Jahre alt und knapp ein Drittel zwischen 19 und 40 Jahre. Fremde Täter sind zwar auch in der Regel Erwachsene, aber sie kommen häufiger aus der Altersgruppe der 19- bis 40jährigen (66%).

Bei den Tätern aus dem Bekannten- und Freundeskreis überwiegen jugendliche Täter. Dabei bleibt es bei rund einem Viertel bei erzwungenen Küssen, Umarmungen und beim Anfassen der Brüste der Mädchen (28%). Über die Hälfte der Täter faßte die Mädchen an die Genitalien, zwang sie zur Masturbation oder dazu, ihre Genitalien zu zeigen (51 %). Gut ein Fünftel vergewaltigte die Mädchen entweder anal, oral oder vaginal oder versuchte es (21 %). Genau die Hälfte der Täter setzte die sexuellen Handlungen mit körperlicher Gewalt durch. Wie solche Erlebnisse aus der Sicht eines jugendlichen Aggressors aussehen, soll durch die folgende Aussage eines Mannes verdeutlicht werden, der selbst als Junge sexuell mißbraucht wurde:

»Bei meiner ersten richtigen Freundin, mit der ich die ersten intensiven und längeren sexuellen Kontakte hatte, hat eine ›Ausrastung‹ von mir ausgelöst, daß wir überhaupt über den sexuellen Mißbrauch geredet haben. Heute kann ich nur sagen, irgendwann mußte es passieren, weil das Ganze nicht mehr zusammengepaßt hat. Irgendwann war es nicht mehr zu verdrängen. Und dann hat es sich in der Form geäußert, daß ich sie relativ brutal zum Geschlechtsverkehr gezwungen habe, und je mehr sie sich geweigert hat, desto brutaler bin ich geworden. Aber es ging nur ein- oder zweimal, dann hat sie schnell gemerkt, daß etwas nicht stimmt, ohne daß ich irgend etwas gesagt habe.« (Glöer/Schmideskamp-Böhler 1990, 129.)

Die gefundenen Ergebnisse deuten auf eine hohe Bereitschaft bei Jungen hin, ihre sexuellen Wünsche ohne Rücksicht auf den Willen der betreffenden Mädchen bzw. Jungen durchzusetzen. Vielfach wird dabei auf körperliche Gewalt zurückgegriffen, um ans Ziel zu gelangen. Es erscheint deshalb unbedingt erforderlich, daß viel offener über diesen hochtabuisierten Bereich der gewaltsamen Sexualität zwischen Jugendlichen gesprochen wird. Zudem müssen unbedingt Beratungsangebote für jugendliche Täter entwickelt werden, um möglichst früh den Teufelskreis vom verletzten Jungen hin zum verletzenden Täter zu unterbrechen (Kapitel 9.2.5).

6.7 Altersunterschied zwischen Opfer und Täter

49 Prozent der mißbrauchten Studentinnen und 39 Prozent der mißbrauchten Studenten wurden als Kinder (unter 14 Jahre) von Personen, die über 21 Jahre alt waren, sexuell mißbraucht. Jeweils etwa ein Zehntel der betroffenen StudentInnen sind als 15- und 16jährige von Personen über 21 Jahren zu sexuellen Handlungen gezwungen worden. 14 Prozent der weiblichen und sieben Prozent der männlichen Opfer sind als Kinder von anderen Kindern oder Jugendlichen, die mindestens fünf Jahre älter waren, sexuell ausgebeutet worden. Immerhin 28 Prozent der sexuell mißbrauchten Studentinnen und 43 Prozent der Studenten erfuhren sexuelle Gewalt durch Gleichaltrige (1 bis 4 Jahre Altersunterschied), davon wurden bei den Frauen 51 Prozent dieser Fälle und bei den Männern 40 Prozent mit körperlicher Gewalt oder Drohungen durchgesetzt.

Ein in der Tendenz ähnliches Ergebnis findet sich in der Studie der Los Angeles Times. Die sexuell mißbrauchten Jungen wurden fast doppelt so häufig (20 %) wie die betroffenen Mädchen (10%) von Gleichaltrigen sexuell mißbraucht (Gordon 1990, 326f.). Michael Gordon (ebd., 331) entwickelt eine interessante Theorie, um diesen Unterschied zu erklären: Möglicherweise erleben Mädchen gar nicht seltener als Jungen sexuelle Übergriffe durch Gleichaltrige. Denn denkbar ist, daß, wenn ein Mädchen von einem Cousin »gestreichelt« wird, sie dies eher als Einführung in die

Sexualität denn als sexuellen Mißbrauch bewertet – ungeachtet dessen, daß es sich dabei um ungewolltes und deutlich abgelehntes »Streicheln« handelt. Wenn es der Bruder ist, der so etwas macht, kann das Mädchen es beispielsweise unter »Doktorspielen« einordnen. Sollten dagegen die gleichen Handlungen durch einen Vater oder Großvater durchgeführt werden, ist es wahrscheinlicher, daß das Mädchen dies als sexuellen Mißbrauch wahrnimmt oder retrospektiv als solchen bewertet. Im Gegensatz dazu fällt es bei Jungen eher in die Kategorie »sexueller Mißbrauch«, wenn sie gegen ihren Willen von einem Bruder oder Cousin zu sexuellen Handlungen gezwungen werden, weil es sich dabei um (tabuisiertes) homosexuelles Verhalten handelt.

Ein Vergleich mit den Ergebnissen der Russell-Studie zur innerfamilialen sexuellen Gewalt zeigt eine hohe Übereinstimmung. 22 Prozent der betroffenen Dortmunder Studentinnen und 15 Prozent der von Russell befragten sexuell mißbrauchten Frauen aus San Francisco sind von gleichaltrigen Familienangehörigen sexuell ausgebeutet worden (Russell 1986, 100).

Wie in Kapitel drei ausgeführt wurde, zählen viele ForscherInnen all diese Fälle sexueller Gewalt, bei denen der Altersunterschied zwischen Opfer und Täter kleiner als fünf Jahre ist, nicht mit. Das heißt, daß etwa jeder vierte sexuelle Mißbrauch an Mädchen und jeder dritte an Jungen übersehen wird. Zudem gerät so aus dem Blickfeld, **daß viele Männer, die Kinder oder Frauen mißbrauchen, als Kinder oder Jugendliche ihre »Karriere« als Sexualstraftäter beginnen** (Groth 1979a, 144f.; Ryan 1987, 386).

Knopp (1986, 15) berichtet von einem Fall, der diese Problematik sehr anschaulich beschreibt:

»Ein zwölfjähriger Junge wurde von seinem Vater, seiner Stiefmutter und seinem Großvater sexuell mißbraucht. Als er etwa sechs oder sieben Jahre alt war, sagte der Vater zu ihm: ›Mein Vater tat das mit mir und ich werde es mit dir tun und du wirst es auch tun, wenn du ein Mann bist.‹ Er wurde von seinem Vater und Großvater anal penetriert. Der Junge glaubte, der einzige Weg für ihn, dies zu stoppen, sei, selbst andere zu penetrieren. Er mißbrauchte seine fünfjährige Schwester.«

6.8 Geschlecht der Täter

Sexueller Mißbrauch an Kindern wird nach dem Ergebnis dieser und fast aller anderen Studien hauptsächlich durch Männer ausgeübt. Eine Studentin wurde durch ein Mädchen und eine andere durch eine Frau sexuell ausgebeutet (1%). Dabei kam es beim ersten Fall zu erzwungenen Zungenküssen, und beim zweiten trat eine Frau als Exhibitionistin in Erscheinung. Auch in den ausländischen Studien liegt der Anteil von Frauen als Täterinnen bei den Mädchen mit Ausnahme der Studien von Fritz u.a. (1981, 56) und Briere und Runtz (1988, 53) meist deutlich unter zehn Prozent (Finkelhor u.a. 1990, 22; Gordon 1990, 326; Fromuth 1986, 10; Wyatt 1985, 516; Russell 1983, 138f.; Finkelhor 1984, 187.).

Wie sexuelle Ausbeutung durch eine Mutter aussehen kann und wie sie vom betroffenen Mädchen erlebt wird, illustrieren die Aussagen von Anna Seglinger aus einem Interview mit Cornelia Kazis (1988, 97f.): »Ja. – – – Es war ekelhaft. Ich muß damals ungefähr zehn Jahre alt gewesen sein. Sie legte jeweils eine Decke am Boden aus und sagte: ›Komm wir turnen.‹ Das war manchmal am Anfang lustig.

Lustig?

Jetzt, wo Sie so fragen, kommt mir in den Sinn, daß sie in diesen Monaten lieb und fröhlich war. Ich wurde belohnt, durfte dann mit einem Teller Brei ins Bett oder gemeinsam mit ihr ein Hörspiel anhören (...).

Was mußten Sie tun? Womit mußten Sie sich das bißchen Liebe verdienen?

Wir waren beide nackt. Sie lag auf dem Boden, und wir turnten aufeinander rum ... dann öffnete sie die Beine und wollte es von mir. Ich mußte sie mit dem Mund befriedigen. Es war mir damals nicht so klar, daß das unrecht war (...). Ich hatte große Angst. Aber ich weiß nicht mehr so genau, wie ich mich dabei fühlte.«

Von den Studenten wurden ebenfalls zwei von Frauen sexuell mißbraucht (7%). Auch hier kam es einmal zu einem exhibitionistischen Erlebnis. Ein anderer Mann mußte als Dreizehnjähriger bei seiner 26jährigen Cousine Vaginalverkehr durchführen. Die Zahlen der US-amerikanischen Studien liegen in diesem Bereich zum Teil wesentlich höher (Finkelhor 1984, 187; Gordon 1990, 326; Risin/Koss 1987, 315; Fritz u.a. 1981, 56; Fromuth/Burkhart 1987, 250).

Dies könnte daran liegen, daß in den USA schon längere Zeit über sexuellen Mißbrauch durch Frauen diskutiert wird. Denn für die meisten Männer ist es sicher kaum vorstellbar, daß ein Junge durch eine Frau sexuell mißbraucht werden kann. Dies widerspricht einfach allem, was man als Junge über das Geschlechterverhältnis lernt. Ist es für Männer schon schwierig genug, einen sexuellen Mißbrauch durch einen Mann für sich zu akzeptieren, dürfte es bei einem durch eine Frau verübten noch wesentlich schwerer sein. Deshalb ist erst dann mit einem spürbaren Anstieg des Täterinnenanteils in den Statistiken zu rechnen, wenn der sexuelle Mißbrauch durch Frauen stärker enttabuisiert wird. Jungen und Männer müssen erfahren, daß es nicht die eigene Männlichkeit in Frage stellt, das Opfer einer Frau zu werden. In der Bundesrepublik Deutschland hat sich in dieser Richtung bisher fast nichts getan.

Weitere Gründe, die dafür sprechen, daß es mehr Täterinnen gibt, als durch die klinischen Studien und die Dunkelfelduntersuchungen aufgedeckt wird, sind von verschiedenen AutorInnen in die Diskussion eingebracht worden. Justice und Justice (1979, 103) meinen, daß einige Formen sexueller Gewalt durch Frauen in der Diskussion nicht beachtet würden (z.B. sexualisierte Körperpflege). Groth (1979a, 103) führt als Argument an, daß Frauen bzw. Mütter sexuelle Übergriffe besser tarnen können als Männer (z.B. Genitalwäsche). Amendt (1982, 154) weist darauf hin, daß der sexuelle Handlungsspielraum von Müttern und Vätern sehr oft unterschiedlich definiert wird. Als Beispiel beschreibt er folgende Situation: »Der Blick von schräg oben aus der Nachbarwohnung von gegenüber. Ein Vater betupft vorsichtig die zarten Porzellanbrüste seiner elfjährigen Tochter, während – gleiche Szene, gleicher Ort – die Mutter den zwölfjährigen Sohn gewohnheitsmäßig in die Genitalhygiene einweist. Aus der Sicht eines denunziationsbereiten Nachbarn könnte sich der Waschvorgang als unzüchtige Handlung des Vaters, begangen an der minderjährigen Tochter darstellen, während der entsprechende Vorgang, von Mutterhand betrieben, Chancen hat, unter Mutterliebe rubriziert zu werden.«

Groth (1979a, 192) nimmt zudem an, viele Täterinnen würden übersehen, weil sexuelle Übergriffe durch Frauen häufiger innerhalb der Familie stattfänden und Kinder über sexuellen Mißbrauch durch Angehörige am beharrlichsten schwiegen. Hinzu komme, daß sexuelle Kontakte zwischen Mutter und Sohn nach allgemeiner Überzeugung »mit dem größten Abscheu bedacht und am meisten tabuisiert werden« (Hirsch 1990[2], 148).

Russell und Finkelhor (1984, 224f.) entgegnen diesen Argumenten, daß es sicherlich einige Verhaltensweisen gibt, durch die sexuelle Gewalt getarnt werden kann (z.B. Genitalwäsche). Doch sei dies nur für einige wenige sexuelle Übergriffe denkbar. Wie sollte beispielsweise eine Frau eine orale Vergewaltigung als Körperpflege kaschieren? Und warum sollte sie dies besser können als ein Mann? Weiterhin ist Russell und Finkelhor nicht einsichtig, warum bei anonym durchgeführten Befragungen gerade der sexuelle Mißbrauch durch Frauen von den TeilnehmerInnen verschwiegen werden sollte. Für Groths Behauptung, Frauen mißbrauchten häufiger innerhalb der Familie, gibt es auch keinen empirischen Beweis. Allerdings spricht dafür, daß nach allgemeiner Einschätzung sexueller Mißbrauch durch Mütter – an Mädchen – am stärksten tabuisiert ist (Hirsch 1990[2], 157f.; mündliche Mitteilung Ursula Enders).

In Abwägung dieser Argumente und der Untersuchungsergebnisse erscheint es mir eher wahrscheinlich, daß in meiner Studie die Frauen als Täterinnen unterrepräsentiert sind. Doch selbst wenn in künftigen Untersuchungen der Täterinnenanteil ansteigen wird, bleibt sexueller Kindesmißbrauch vorwiegend eine männliche Domäne.

Ein Auszug aus dem autobiographischen Roman »Still wie die Nacht« von Manfred Bieler soll abschließend illustrieren, wie schwerwiegend sexueller Mißbrauch durch Frauen auf das Leben von Jungen wirken kann:

»Noch ein Lied, bitte ich und spüre ihren Busen auf meiner Haut. ›Du hast mein Herz gefangen mit deiner weißen Hand ...‹ singt die Mutter und schiebt meine Hand in ihren Schlüpfer. ›Ich komm zu dir gegangen, mein Herz gib wieder her ...‹ singt die Mutter, während ich an dem ausgeleierten Gummiband herumzerre. Kennst du etwa eine, die es besser macht als ich? hat die Mutter den schwarzhaarigen Billardspieler im selben Bett gefragt. Nein, antworte ich an seiner Stelle, und Edith kichert, als ich ihr den Schlüpfer herunterziehe. Gib's mir, du Vieh! hat die Mutter zu Toni gesagt. Laß das! fahre ich sie an und presse meine Hand um meinen Schniepel, weil ich fühle, daß es jeden Augenblick platzen muß. Komm, flüstert sie mir ins Ohr. Das ist so heiß, stammele ich und spüre, wie mir der Schweiß ausbricht. Sag irgend etwas, bettelt sie. Sag, daß ich die schönste bin! keucht die Mutter und trommelt mit den Fersen auf meinen Hintern. Du bist die schönste, jaule ich und stoße zu, bis ich in mir selbst überlaufe. Dann trennen wir uns. Ich zittere vor Angst. Ich brenne lichterloh. Ich sehne mich nach einem Wort, einem einzigen Wort. Die Mutter bleibt stumm. Nach einer Weile fängt sie an zu schnarchen. Allmählich wird ihr Atmen ruhiger. Ich warte, bis es ganz still ist, bevor ich mit wackeligen Beinen in das andere Bett klettere. Ich bin nackt. Mein Herz pocht gegen die Rippen. Durch meinen Kopf heult die Lokomotive, oder ist es die Sirene der Zuckerraffinerie? Ich krampfe die Zehen ins Laken. Ich weine, ohne zu schluchzen. Ich will zu Louise. Ich will sie fragen, warum mir

Edith das angetan hat. Es dauert eine Ewigkeit, bis ich die Antwort höre. Ach, mein Junge, sagt die Großmutter, darüber brauchst du dir keine Gedanken zu machen, es gibt viele Dinge im Leben, die man vergessen muß.« (Bieler 1989, 347f.)

7. Soziale Hintergründe

7.1 Schichtzugehörigkeit

Der Mythos, daß sexueller Kindesmißbrauch ein besonderes Problem der unteren sozialen Schichten ist, bestimmt bis heute das Denken vieler Menschen. Die Wissenschaft hat geholfen, diesen Mythos zu schaffen und zu verstärken. Immer wieder finden sich in älteren Veröffentlichungen Einschätzungen wie die folgende von Gerchow (1955, 172) über »Inzesttäter«: »Alles in allem ergibt sich eine gewisse Prädestination der unteren Schichten für den Inzest. Hier fehlen in erster Linie eine seßhafte Lebensführung und eine Lebensplanung; die vitalen Lebensbedürfnisse werden den zufälligen äußeren Umständen angepaßt; in der Familie werden keine dauerhaften inneren Bindungen aufgebaut, und damit mangelt es meistens auch an Verständnis für die Entwicklung und Erziehung der Kinder (...). Kommen zu diesen Voraussetzungen Arbeitslosigkeit, Wohnraumnot und eine besondere sexuelle Triebhaftigkeit des Familienvaters hinzu, dann kann die Inzestschranke leicht durchbrochen werden.« Dieses Stereotyp wird durch die Ergebnisse meiner Studie eindeutig widerlegt.

Damit die Ergebnisse eingeordnet und bewertet werden können, ist die Beschreibung der Zuordnungskriterien unerläßlich. Gleich vorweg ist einschränkend festzustellen, daß alle Zuordnungen von Familien zu sozialen Schichten in der theoretischen und methodischen Diskussion der letzten Jahre zu Recht problematisiert worden sind. Letztlich ist es unmöglich, alle Faktoren zu isolieren, die die soziale Stellung eines Menschen beeinflussen (Hurrelmann u.a. 1989, 64; Hradil 1987, 86ff.; Geißler 1987, 9ff.).

Hurrelmann u.a. unterscheiden vier soziale Schichten:
– obere Schicht,
– obere Mittelschicht,
– untere Mittelschicht und
– untere Schicht.

Die Zuordnung der Familien erfolgt über drei Schichtindizes:
a) Schichtindex Berufsposition Vater/Mutter,
b) Schichtindex berufliche Ausbildung Vater/Mutter,
c) Schichtindex schulische Ausbildung Vater/Mutter.

Liegen die Angaben von Vater und Mutter vor, so wird jeweils die Angabe des Vaters als Ausgangspunkt der Einstufung in eine Schichtkategorie gewählt. Diese Verfahrensweise geht von der Annahme aus, daß der Vater – leider – immer noch eine größere Bedeutung für die soziale Stellung der Familie hat als die Mutter. Weicht die Position der Mutter um mehr als zwei Kategorien von der des Vaters ab, kommt es zu einer entsprechenden Höher- bzw. Niedrigerstufung der Familie.

Aus diesen drei Dimensionen der Schichtzuordnung wird dann ein zusammenfassender Index gebildet. Dabei erhält der Schichtindex »berufliche Position« das meiste Gewicht, er wird vierfach gewertet, während die »berufliche Ausbildung« zweifach und die »schulische Ausbildung« einfach gezählt werden.

Aufgrund der methodischen Probleme, Familien sozialen Schichten zuzuordnen, und weil die Angaben zur beruflichen Position der Eltern im Fragebogen teilweise zu wenig Informationen liefern, um eine exakte Einschätzung vorzunehmen, ist auf eine Analyse der Daten der nicht sexuell mißbrauchten StudentInnen verzichtet worden.

Insgesamt kommt die Hälfte der sexuell mißbrauchten StudentInnen aus der Oberschicht und der oberen Mittelschicht. Etwa ein Drittel wurde als der unteren Mittelschicht zugehörig klassifiziert, und nur ein Zehntel ist der Unterschicht zuzurechnen. Bei den Studentinnen zeigt sich zudem, daß die innerhalb der Familie sexuell ausgebeuteten Frauen etwas häufiger aus den unteren beiden Schichten kommen als die durch Bekannte oder Fremde mißbrauchten. Allerdings erreicht dieser Unterschied kein Signifikanzniveau (X^2(df2) = 2,95 = n.s.) (Tabelle 14).[1]

Tabelle 14: Schichtzugehörigkeit der sexuell mißbrauchten StudentInnen

	Männer Gesamt (n=28)	Frauen Gesamt (n=129)	Frauen: Täter waren		
			Angehörige (n=33)	Bekannte (n=57)	Fremde (n=33)
Obere Schicht	18%	20%	15%	21%	27%
Obere Mittelschicht	39%	34%	24%	37%	42%
Untere Mittelschicht	36%	36%	39%	37%	21%
Untere Schicht	8%	10%	21%	5%	9%
Gesamt	101%[a]	100%	99%[a]	100%	99%a

a) Rundungsfehler

b) An dieser Tabelle lassen sich zwei auch für eine Reihe weiterer Tabellen geltende Probleme exemplarisch beschreiben: Zum einen ist die Gesamtzahl der betroffenen Frauen (n=130) und die der betroffenen Männer (n=28). Daß hier nur 129 Frauen einer Schicht zugeordnet werden können, liegt daran, daß bei einem Teil der Fragen entweder ein(e) oder einige TeilnehmerInnen die Antwort verweigerten. Zum anderen ist in dieser Tabelle die Gesamtzahl der mißbrauchten Frauen um sechs höher als die zusammengerechneten Nennungen, die auf die verschiedenen Bekanntschaftsgrade zwischen Opfer und Täter entfallen. Diese Differenz resultiert daraus, daß sechs Frauen keine Angabe zum Bekannt-

---

1   Da die Anzahl der Studentinnen, die als der Unterschicht zugehörig klassifiziert wurden, zu klein war, wurden zur Analyse die beiden unteren Schichten zusammengefaßt .

schaftsgrad machten. (Tabellen 15, 17, 18, 19a, 20, 21, 24, 25, 26, 27, 28, 29, 31, 33, 36, 37, 38, 39)

Beim Vergleich der Schulabschlüsse der Väter und Mütter der Studenten zeigt sich ein ähnlicher Trend: 48 Prozent der Väter der sexuell mißbrauchten Studenten haben Hauptschulabschluß, 19 Prozent mittlere Reife oder Fachschulabschluß und 33 Prozent Abitur. Im Vergleich mit den nicht betroffenen Studenten ist eine leichte Tendenz zu den niedrigeren Schulabschlüssen festzustellen. Zwei Prozent haben keinen Schulabschluß, 33 Prozent Hauptschul-, 30 Prozent Real- oder Fachschulabschluß und 35 Prozent Abitur (X^2(df2) = 2,71 = n.s.).

Bei den Müttern sind die Ergebnisse ähnlich. Allerdings sind die Mütter im Durchschnitt weniger gut ausgebildet als die Väter. Mütter haben bei beiden Gruppen etwa gleich häufig Abitur (15%:16%). Etwas seltener als die Mütter der nicht mißbrauchten Studenten haben die Mütter der mißbrauchten einen Real- oder Fachschulabschluß (38%:32%) (X^2(df2) = 0,68 = n.s.).

Kaum ein Unterschied besteht zwischen den beiden Untergruppen mißbrauchte/nicht mißbrauchte Studentinnen hinsichtlich der Schulausbildung der Väter (X^2(df2) = 0,48 = n.s.). Die Mütter der mißbrauchten Studentinnen sind im Durchschnitt etwas seltener auf die Realschule und dafür etwas häufiger auf die Hauptschule gegangen (X^2(df2) = 3,69 = n.s.).

Tabelle 15: Schulabschluß der Väter und Mütter der sexuell mißbrauchten Studentinnen

	Gesamt	Täter waren		
		Angehörige	Bekannte	Fremde
Väter:	(n=128)	(n=33)	(n=58)	(n=32)
Hauptschule	30%	49%	24%	19%
Real-/Fachschule	29%	21%	33%	31%
Gymnasium[a]	38%	27%	41%	47%
kein Abschluß	2%	3%	2%	3%
Mütter:	(n=129)	(n=33)	(n=57)	(n=33)
Hauptschule	47%	64%	40%	36%
Real-/Fachschule	33%	21%	31%	49%
Gymnasium[a]	18%	12%	26%	9%
kein Abschluß	3%	3%	2%	6%

a) Fachhochschulreife und Hochschulreife sind unter Gymnasium zusammengefaßt.

Bei einer Differenzierung der sexuell mißbrauchten Studentinnen nach Bekanntschaftsgrad zwischen Täter und Opfer ergibt sich ein deutlicher Unterschied: Die Mütter und Väter der Frauen, die durch Angehörige sexuell mißbraucht wurden, haben weniger häufig Abitur oder Real- und Fachschulabschlüsse als die der anderen Betroffenen. Zweimal erreicht der Unterschied das Signifikanzniveau. Innerfamilialer sexueller Mißbrauch scheint demnach in »formal weniger gebildeten« Familien häufiger zu sein (Vater: Täter war Angehöriger – Fremder $X^2(df2) = 12,55 = p$ .01; Mutter: Täter war Angehöriger – Fremder $X^2(1) = 4,49 = p$ .05) (Tabelle 15).

Im Vergleich zur Schulbildung aller Männer Nordrhein-Westfalens zwischen 45 und 60 Jahren – dies dürfte in etwa dem Alter der Väter der StudentInnen entsprechen – zeigt sich erwartungsgemäß, daß die Väter der StudentInnen im Durchschnitt eine wesentlich höhere Schulbildung haben und die Familien insgesamt viel häufiger den oberen beiden Sozialschichten zuzurechnen sind (Statistisches Bundesamt 1989, 71; Kapitel 4.7).

Die Hypothese 6, daß zwischen der sozialen Schichtzugehörigkeit und der Häufigkeit sexuellen Mißbrauchs kein Zusammenhang besteht, wird bestätigt. Allerdings ist einschränkend anzumerken, daß die »formale« Bildung der Eltern der innerfamilial sexuell mißbrauchten Studentinnen signifikant niedriger ist als die der Opfer fremder Täter.

Dieses Ergebnis könnte damit zusammenhängen, daß die innerfamilial mißbrauchten Studentinnen häufiger als die anderen aus sogenannten »broken homes« kommen (Kapitel 8.2). Und Scheidungen führen immer noch in vielen Fällen zum sozialen Abstieg, vor allem, wenn die Mutter anschließend Alleinerziehende ist. Zusammen mit den Rentnerinnen stellen alleinerziehende Mütter die größte Gruppe von Sozialhilfeempfängerinnen (Beck 1986, 183).

Alles in allem beweisen diese Ergebnisse, daß sexueller Kindesmißbrauch ein auch in den oberen Schichten weit verbreitetes Problem ist. Ob sexuelle Gewalt gegen Kinder über alle Schichten gleichmäßig verteilt ist, läßt sich aufgrund der fehlenden Repräsentativität der Stichprobe nicht beurteilen. Auch die meisten ausländischen Studien kommen in dieser Frage nicht zu eindeutigen Ergebnissen (Peters u.a. 1986, 28f.).

7.2 Religionszugehörigkeit und religiöse Erziehung

Die Religionszugehörigkeit hat keinen Einfluß auf die Häufigkeit sexuellen Mißbrauchs an Kindern, womit sich Hypothese 7 als richtig erweist. Denn bei den Studentinnen finden sich in dieser Hinsicht nur minimale Unterschiede zwischen betroffenen und nicht betroffenen Frauen. 46 Prozent der sexuell mißbrauchten Frauen sind katholisch und 47 Prozent evangelisch, sieben Prozent gehören anderen oder keiner Religionsgemeinschaft an, während 45 Prozent der nicht mißbrauchten Frauen katholisch und 50 Prozent evangelisch sind. Der Rest ist konfessionslos oder gehört einer anderen Glaubensgemeinschaft an. Diese Verteilung unterscheidet sich kaum von der in der Gesamtbevölkerung Nordrhein-Westfalens. Bei den Studenten ist das Ergebnis ähnlich. Auch bei ihnen ist kaum ein Unterschied festzustellen (Kapitel 4.7).

Auch bei der Analyse, die nach Bekanntschaftsgrad zwischen Opfer und Täter differenziert, zeigen sich keine nennenswerten Unterschiede. Verschiedene ausländische Studien kommen im übrigen zu dem gleichen Ergebnis (Finkelhor 1984, 31; Russell 1986, 122f.).

Die Intensität der religiösen Erziehung steht im Zusammenhang mit dem Vorkommen von sexuellem Mißbrauch an Kindern. Zwar unterscheiden sich die betroffenen und die nicht betroffenen Studentinnen in der Einschätzung, wie religiös sie erzogen wurden, insgesamt nicht statistisch signifikant voneinander (t-Test (df 257) = 0,72 = n.s.). Aber die innerhalb der Familie sexuell ausgebeuteten Studentinnen gaben wesentlich häufiger als die nicht mißbrauchten Studentinnen an, daß sie in einem ziemlich oder sehr religiösen Familienklima aufgewachsen sind (t-Test (df 209) = 1,66 = p .05). Dagegen sahen sich die durch Bekannte und Fremde ausgebeuteten Frauen unterdurchschnittlich selten als streng religiös erzogen an. Die Unterschiede zwischen den innerfamilial und den außerfamilial mißbrauchten Frauen sind dabei statistisch signifikant (Täter waren: Angehörige – Fremde (df 32) = 2,25 = p .025, Angehörige – Bekannte (df 45) = 2,42 = p .01). Zwischen den nicht mißbrauchten und den mißbrauchten Männern besteht kein bedeutender Unterschied (df 170 = 0,20 = n.s.). Die Hypothese 8, daß zwischen der Intensität der religiösen Erziehung und der Häufigkeit sexuellen Mißbrauchs ein Zusammenhang besteht, ist also in dieser Form falsch. Doch ist ein Zusammenhang zwischen innerfamilialem sexuellem Mißbrauch und religiöser Erziehung deutlich nachgewiesen worden.

Tabelle 16: Intensität der religiösen Erziehung

		nicht	wenig	mittel-mäßig	ziemlich	sehr
Frauen:						
nicht mißbraucht	(n=387)	12%	26%	34%	21%	7%
sexuell mißbraucht	(n=129)	11%	32%	33%	19%	5%
Täter waren						
Angehörige	(n=33)	3%	21%	39%	27%	9%
Bekannte	(n=58)	14%	38%	28%	14%	7%
Fremde	(n=33)	12%	33%	33%	21%	–
Männer:						
nicht mißbraucht	(n=313)	15%	28%	32%	21%	4%
sexuell mißbraucht	(n=28)	7%	43%	25%	18%	7%

Das Ergebnis bei den durch Angehörige sexuell mißbrauchten Frauen könnte ein Hinweis auf in der Familie bestehende repressive Normen sein. David Finkelhor

(1984, 41f.) sieht ein repressives Familienklima als einen von vielen möglichen Bedingungsfaktoren an, da beispielsweise durch die repressiven, von der Kirche postulierten Sexualnormen bei einigen (gläubigen) Männern starke Schuldgefühle entstehen, wenn sie außereheliche sexuelle Beziehungen aufnehmen. Sie wenden sich lieber ihren Kindern zu. Eine Rolle spielt dabei sicher auch die Tatsache, daß die Männer bei ihren Kindern fast sicher sein können, daß sie nicht entdeckt werden (Kapitel 6.3).

Wie sehr religiöse Normen das Weltbild von Menschen prägen und wie eng der Zusammenhang von sexueller Gewalt und Religion sein kann, wird durch drei extreme Beispiele von Irene Jonkers (1987, 12f.) verdeutlicht:

»Nach meiner Untersuchung nach dem Zusammenhang von Religion und Inzest (›Godsdienst en Incest‹, Amersfort, Holland 1985) glaubte ich, nun alle Perversitäten auf dem Gebiet des christlichen Inzest entdeckt zu haben. Zu meiner Überraschung begegnete ich noch einer 39jährigen Frau, die als Kind von ihrem Vater gezwungen wurde, sich mit Kerzenflammen zu reinigen, weil sie eine Satanstochter sei. Sie war unehelich geboren und mußte die Schuld der Eltern büßen, die vor der Ehe Geschlechtsverkehr hatten. Die Mutter wußte, was der Vater machte, und ließ es zu. Ein christlich reformiertes[1] 18jähriges Mädchen wurde 1985 von einem Pastor beschuldigt, vom Satan besessen zu sein, als sie erzählte, was ihr Vater jahrelang mit ihr getan hatte. Die Mutter wagte nicht, die Scheidung einzureichen, aus Angst vor der Kirche. 1985 zwang ein kalvinistischer Vater seine 15jährige Tochter, erst mit ihm zusammen um Gottes Segen zu bitten, bevor er mit ihr Geschlechtsverkehr hatte.« Eine weitere, für viele LeserInnen vielleicht unglaubliche Tatsache ist, daß viele Pastoren oder Pfarrer selbst Kinder mißbrauchen. In den USA hat die katholische Kirche 1986 sogar einen Sonderrat gebildet, um darüber zu diskutieren, wie man dieses Problem in den Griff bekommen könne (Eskapa 1988, 202f.). Auch in der Bundesrepublik Deutschland sind Pfarrer und Pastoren Täter. In Attendorn/Olpe wurde beispielsweise ein Pfarrer zu zwei Jahren Haft auf Bewährung verurteilt, weil er Jungen sexuell mißbraucht hat. Im übrigen war der Pfarrer wegen ähnlicher »Zwischenfälle« schon einmal versetzt worden (Bange 1989b, 38). Helene Merz (1988) beschreibt in ihrem autobiographischen Roman »Der verborgene Spiegel«, wie sie von ihrem Vater, einem Pfarrer, sexuell mißbraucht worden ist.

Es wird zudem immer wieder berichtet, daß Täter sich auf die Bibel berufen, um ihre Taten zu rechtfertigen. Der Vater von Maria Piontek sieht sich durch die Geschichte von Lots Töchtern aus dem Alten Testament legitimiert:

»Ganz unumwunden erzählte mein Vater der Verwandtschaft, daß er ebenso wie Lot ein Kind von mir wolle. Auch Lot habe zu seinen Töchtern intime Beziehungen unterhalten.« (Piontek 1990, 41.)

In einem Prozeß gegen einen Dortmunder Grundschullehrer, der Jungen mißbraucht hat und dafür auf Bewährung verurteilt worden ist, durfte der Pfarrer, der mit dem Lehrer über die Umstände gesprochen hatte, sein Wissen nicht preisgeben.

---

1   Die christlich reformierte Kirche ist eine evangelische Glaubensgemeinschaft.

Seine zuständigen Vorgesetzten in Paderborn erlaubten ihm nicht, das Beichtgeheimnis zu lüften. (Westfälische Rundschau, 27.02.1991).

Aufgrund solcher Beispiele ist zu fordern, daß sich die Kirche endlich mit dem sexuellen Mißbrauch auseinandersetzt und die Probleme ihrer Geistlichen erkennt. Außerdem sollte eine offizielle Stellungnahme deutlich machen, daß die Bibel in keinem Fall sexuellen Mißbrauch rechtfertigt.

7.3 Regionale Herkunft

Die Ergebnisse meiner Studie zeigen auf den ersten Blick, daß zwischen den mißbrauchten und den nicht mißbrauchten StudentInnen nur minimale Unterschiede hinsichtlich ihrer Herkunft aus ländlichen oder städtischen Regionen bestehen (Frauen: X^2(df3) = 1,26 = n.s.; Männer: X^2(df2) = 0,06 = n.s.). Die Hypothese 9, daß zwischen der regionalen Herkunft und der Häufigkeit sexuellen Mißbrauchs kein Zusammenhang besteht, hat sich also als richtig erwiesen. Allerdings ist das Bild beim Vergleich des innerfamilialen mit dem außerfamilialen sexuellen Mißbrauch durch bekannte und fremde Täter nicht mehr so eindeutig. **Studentinnen, die in der Familie sexuell ausgebeutet wurden, kommen häufiger als die beiden anderen Untergruppen aus Dörfern und Kleinstädten. Sexuellen Mißbrauch durch Bekannte erlebten dagegen überwiegend Studentinnen aus Mittel- oder Großstädten. Fremde Täter treten in Dörfern und Kleinstädten kaum in Erscheinung** (Täter waren: Angehörige – Bekannte X^2(df3) = 4,14 = n.s.; Angehörige – Fremde X^2(df2) = 10,11 = p .01; Bekannte – Fremde X^2(df2) = 3,27 = n.s) (Tabelle 17).

Tabelle 17: Regionale Herkunft

		Dorf	Kleinstadt	Mittel-stadt	Großstadt
Frauen:					
nicht mißbraucht	(n=386)	11%	16%	30%	43%
sexuell mißbraucht	(n=130)	11%	13%	26%	49%
Täter waren					
Angehörige	(n=33)	21%	24%	21%	33%
Bekannte	(n=58)	10%	14%	28%	48%
Fremde	(n=33)	6%	3%	30%	61%
Männer:					
nicht mißbraucht	(n=315)	13%	14%	24%	49%
sexuell mißbraucht	(n=28)	7%	18%	25%	50%

Eine der prominentesten Theorien über die Ursachen innerfamilialen sexuellen Mißbrauchs ist, dieser sei durch eine extreme soziale Isolation der Familien bedingt. Hirsch (1990[2], 134) schreibt beispielsweise: »Das einzige Merkmal, das m.E. durchgehend beobachtet werden kann, ist das der sozialen Isolation – wenn nicht auch das von einer sozialen Fassade verdeckt wird –, die Familie ist eine ›paranoide Festung‹, umgeben von Feinden; innerhalb ihrer Grenzen werden alle Bedürfnisse ihrer Mitglieder befriedigt, die sich eng zusammenschließen.«

Zudem wird in diesem Zusammenhang oft betont, daß isolierte Familien weniger der öffentlichen Kontrolle ausgesetzt seien. Sie bekämen beispielsweise seltener Besuch von Verwandten oder Freunden, die Auffälligkeiten bei den Kindern entdecken könnten (Finkelhor 1979, 110).

Die Annahme, innerfamilialer sexueller Mißbrauch sei auf dem Land häufiger, wird oft durch diese Theorie der Isolation erklärt. Vor allem Bauernhöfe liegen meist vereinzelt, und ihre Bewohner haben deshalb oft wenig Kontakt zu anderen Menschen. In Dörfern und Kleinstädten haben viele Familien ihr eigenes kleines Häuschen, das vielleicht mehr Schutz vor den Blicken der Nachbarn bietet als eine Mietwohnung. Auch könnten in Dörfern die patriarchalischen Familienstrukturen – »Der Mann ist der Herr im Haus« – noch tiefer verwurzelt sein (Kapitel 8.3) Entgegenzuhalten ist diesen Überlegungen, daß eine soziale und kulturelle Isolation nicht notwendigerweise geographisch bedingt sein muß. In den riesigen Trabantenstädten der Großstädte bieten sich sicher ebenso viele Möglichkeiten, sich zu isolieren. Überhaupt schreitet in unserer Gesellschaft die Individualisierung immer weiter fort, die meist mit »Individuation gleich Personwerdung gleich Einmaligkeit gleich Emanzipation« assoziiert wird (Beck 1986, 207). Doch Individualisierung kann Isolation bedeuten. Man könnte deshalb im Sinne der Isolationstheorie mit steigender Individualisierung eine Zunahme sexuellen Mißbrauchs an Kindern annehmen.

Eine Beobachtung, die eindeutig in diese Richtung weist, machte Rügemer Anfang der achtziger Jahre in Silicon Valley, dem amerikanischen Prototyp der von sozialer Isolation geprägten Computer- und Informationsgesellschaft in der Nähe von San Francisco.

In dem Tal siedelten sich innerhalb von dreißig Jahren etwa 1900 High-Tech-Betriebe mit 230.000 Arbeitsplätzen an. Die dazugehörigen Wohnviertel wurden aus dem Boden gestampft. Es gibt in den USA keine Industrieregion, wo die Löhne und Gehälter so weit auseinanderklaffen wie in Silicon Valley. Die Scheidungsrate ist die höchste der USA. Insgesamt ist eine Labilisierung der menschlichen Beziehungen festzustellen, die auch mit den Arbeitsbedingungen zusammenhängt: hohe Arbeitsintensität, hoher Konkurrenzdruck und häufiger Arbeitsplatzwechsel. Auf den niedrig bezahlten Arbeitsplätzen arbeiten hauptsächlich Frauen (Rügemer 1985, 50f.).

»Aufgrund der starken Nachfrage hat der sexuelle Mißbrauch von Kindern schon unternehmerische Formen angenommen. Wie die Presse in ganz USA mit größter Empörung und in vielen Einzelheiten berichtet, gibt es in Silicon Valley mehrere ›Firmen‹, die Kinder ab sechs Jahre als Prostituierte anbieten«, und weiter: »körperliche Züchtigung und sexueller Mißbrauch sind ›extrem weit verbreitet‹, wie einer der stellvertretenden Distrikt-Staatsanwälte berichtet« (Rügemer 1985, 51).

Mit der Vereinzelung in den Städten könnte auch zusammenhängen, daß außerfamilialer sexueller Mißbrauch meist in Mittel- und Großstädten stattfindet. Denn die Anonymität der Städte erleichtert es den Tätern, nicht überführt zu werden. Es fällt wahrscheinlich weniger schnell auf, daß sich beispielsweise ein Mann dauernd Jungen in seine Wohnung holt oder sich mit Jungen in Spielhallen aufhält, als wenn dies auf dem Lande geschieht. Die soziale Kontrolle durch die Nachbarschaft und die Bekanntschaft ist in den Städten niedriger und leichter zu umgehen als in den Dörfern. Dort würde es sehr schnell Gerede geben, wenn ein Mann sich auffällig viel mit Jungen umgäbe.

Insgesamt scheinen die Faktoren soziale Schicht, Religionszugehörigkeit und regionale Herkunft keinen entscheidenden Einfluß auf die Häufigkeit sexuellen Kindesmißbrauchs zu haben. Ob den familialen Hintergründen mehr Bedeutung zugemessen werden muß, wird im folgenden Kapitel erörtert.

8. Familiäre Hintergründe

8.1 »Heile« Familie – »Broken Home«

Die sexuell mißbrauchten StudentInnen kommen etwas häufiger aus sogenannten »broken homes« als ihre nicht mißbrauchten KommilitonInnen. Das heißt, daß sich ihre Eltern häufiger getrennt haben oder geschieden wurden (Frauen: X^2(df1) = 1,22 = n.s.; Männer: X^2(df1) = 1,60 = n.s.) Allerdings ist dieser Unterschied statistisch nicht signifikant, weshalb die Hypothese 10, daß die sexuell mißbrauchten StudentInnen häufiger aus »broken homes« kommen als die nicht mißbrauchten, nicht bestätigt werden kann. **Doch ist bei den Frauen festzustellen, daß die durch Familienangehörige sexuell mißbrauchten Studentinnen signifikant häufiger als die nicht betroffenen Scheidungen, Trennungen von den Eltern oder den Tod eines Elternteils erlebt haben (X^2(df1) = 5,80 = p .025) (Tabelle 18).**

Tabelle 18: Herkunft aus »heilen« Familien oder »broken homes«

		»Heile« Familie	»Broken home«
Frauen:			
nicht mißbraucht	(n=386)	87%	13%
sexuell mißbraucht	(n=130)	83%	17%
Täter waren			
Angehörige	(n=33)	73%	27%[*]
Bekannte	(n=58)	83%	17%
Fremde	(n=33)	91%	9%
Männer:			
nicht mißbraucht	(n=314)	87%	13%
sexuell mißbraucht	(n=28)	79%	21%

[*] $= (X^2(df1) = p\ .025)$

Auch die US-amerikanischen Untersuchungen zeigen, daß besonders das Risiko wächst, innerfamilial sexuell mißbraucht zu werden, wenn die Familie zerbricht. So war beispielsweise in der Russell-Studie jedes sechste Mädchen, das einen Stiefvater hatte, von diesem vor ihrem 14. Lebensjahr sexuell mißbraucht worden. Hingegen hat »nur« etwa jedes fünfzigste Mädchen sexuelle Übergriffe vom leiblichen Vater erfahren (Russell 1986, 234). Welche Erklärungen für dieses Phänomen sind denkbar?

Zum einen gibt es offensichtlich Männer, die bewußt Frauen mit Kindern heiraten, um die Kinder dann sexuell mißbrauchen zu können. Kathleen C. Faller, die mehr als 150 Fälle untersucht hat, berichtet beispielsweise folgendes: In über der Hälfte der Fälle, in denen Stiefväter oder Lebensgefährten der Mutter die Täter waren, begann der sexuelle Mißbrauch kurz nachdem sich die Beziehung zur Mutter gefestigt hatte (ebd., 258).

Ray Wyre und Anthony Swift (1991, 75) bestätigen dies aufgrund therapeutischer Erfahrungen: »In der Therapie gestehen viele pädophile Kindesmißbraucher, daß sie bewußt Beziehungen zu Frauen hergestellt haben, um Zugang zu deren Kindern zu bekommen.«

Eine andere Erklärung ist, daß eine gewachsene Bindung zwischen Vater und Kindern bei den Stiefvätern bzw. Lebensgefährten der Mütter meistens fehlt, weil sie die ersten Lebensjahre der Kinder nicht erlebt haben. Judith Herman (1981, 63 und 206) erklärt und unterstützt diese Theorie indirekt durch eine Überlegung zu der Frage, warum Väter häufiger als Mütter ihre Kinder mißbrauchen. Sie meint, daß die geschlechtsspezifische Arbeitsteilung, durch die fast ausschließlich Frauen die Kinder pflegen, ernähren und erziehen, ein Ursachenfaktor für den Vater-Tochter-Mißbrauch sei. Denn den Männern fehle so weitestgehend die Erfahrung, wie kindliche Äußerungen zu interpretieren seien und wie verletzlich ein kindlicher Körper sei.

Hermans Hypothese wird durch eine Studie von Parker und Parker (1986, 238ff.) untermauert. Parker und Parker hatten 56 Väter bzw. Vaterfiguren, die ihre Töchter sexuell ausgebeutet hatten, mit 54 nicht mißbrauchenden Vätern verglichen. Die Gruppe der mißbrauchenden Väter war während der ersten drei Lebensjahre signifikant weniger zu Hause gewesen und hatte sich auch signifikant seltener an der Kinderpflege und -erziehung beteiligt. Interessant ist zudem das Ergebnis, daß sich zwischen Vätern und Stiefvätern, die während der ersten Lebensjahre ihrer Töchter zu Hause waren und ihre Kinder mit großzogen, kein Unterschied hinsichtlich der Häufigkeit sexuellen Kindesmißbrauchs feststellen ließ. Dieser Befund ist um so bedeutender, als auch bei der Untersuchung von Parker und Parker das Risiko, durch Stiefväter mißbraucht zu werden, doppelt so hoch war wie durch Väter (Parker/Parker 1986, 239f.).

Allerdings ist festgestellt worden, daß Männer, die sich mit Kindern befassen, dies meist als Freizeitbeschäftigung ansehen. Zwischen Vater und Kind entsteht dadurch eine ganz anders akzentuierte Beziehung als zwischen Mutter und Kind. In einer niederländischen Studie über die Beziehungen zwischen verheirateten Frauen und Männern wird diese Situation so beschrieben:

»»Kinder zu haben, bedeutet für viele Männer eher, was sie ›davon haben‹, während Frauen sich zunächst fragen, was die Kinder von ihnen haben und ob sie ihrer Aufgabe gerecht werden (...). Frauen fühlen sich stark in die Bedürfnisse des Kindes ein und identifizieren sich daher in hohem Maße mit dem Kind; den Ehemann empfinden sie in bezug auf die Kinder mitunter als ›Außenstehenden‹. Die Männer selbst scheinen Elternschaft bisweilen unter dem Aspekt zu betrachten, inwieweit ihre eigenen Bedürfnisse durch die Kinder befriedigt werden (...). Sie lassen weniger deutlich als Frauen erkennen, daß sie sich mit den Kindern identifizieren, und aus der Art, wie sie ihr Vatersein erleben, spricht häufiger eine gewisse Distanziertheit.‹« (Komter 1985, 183, zitiert nach Rijnaarts 1988, 266f.)

Obwohl die Mutter-Kind-Beziehung in der Regel längst nicht so ideal ist, wie dieses Zitat suggeriert (Richter 1969, 89ff.; Schnack/Neutzling 1990, 86ff.), liegt in der größeren Distanz zwischen Vater und Kind doch eine mögliche Bedingung für sexuellen Mißbrauch. Denn eine Mutter würde bei sexueller Erregung im Kontakt mit ihrem oder einem anderen Kind diesen Gefühlen weniger oder gar nicht nachgeben, da sie sich stärker in die Bedürfnisse des Kindes einfühlt und ihre eigenen Wünsche eher zurückstellt. Ein Vater, der gewohnheitsmäßig mehr seine eigenen Bedürfnisse durch das Kind befriedigt, wird da weniger Skrupel haben (Rijnaarts 1988, 267).

Ein Stiefvater oder Lebensgefährte der Mutter, der die Entwicklung des Kindes nicht miterlebt hat, sich aufgrund der schwächeren emotionalen Bindung weniger um die Bedürfnisse des Kindes kümmert und sich noch schlechter als ein Vater in das Kind einfühlen kann, hat deshalb vielleicht noch weniger Hemmungen, es sexuell zu mißbrauchen.

Es wird außerdem vermutet, daß das »Inzesttabu« bei Stiefvätern schwächer wirkt als bei Vätern (Russell 1986, 260ff.; Finkelhor 1979, 88). Diese Annahme widerspricht der feministischen These von der völligen Wirkungslosigkeit des »Inzesttabus«.

In der Russell-Studie waren die mißbrauchenden Stiefväter im Durchschnitt wesentlich jünger als die mißbrauchenden Väter. Russell (1986, 263) glaubt auch hier an die Wirkung eines Tabus: Sexuelle Beziehungen zwischen Menschen sehr unterschiedlichen Alters gelten als anstößig. Da viele der Stiefväter nur wenig älter sind als ihre Kinder, wirkt dieses Tabu laut Russell bei ihnen schwächer oder gar nicht.

Eine weitere These Russells ist, daß Stiefväter oft mit ihren Kindern allein und damit unkontrolliert zu Hause sind, weil Mütter in Stieffamilien häufiger außer Haus berufstätig sind. Dadurch hätten Stiefväter ganz einfach mehr Möglichkeiten, ihre Kinder sexuell auszubeuten (ebd.).

Hinsichtlich der Kinder gibt es zwei Überlegungen, die für eine größere Gefährdung von Stiefkindern bzw. Kindern aus »broken homes« sprechen. Nach allgemeiner Einschätzung sind emotional vernachlässigte Kinder besonders gefährdet, sexuell mißbraucht zu werden (s.o.). Obwohl Kinder aus »broken homes« nicht notwendigerweise emotional bedürftiger sein müssen, erwachsen aus dem Streß und der gefühlsmäßigen und sozialen Unsicherheit einer Scheidung, des Todes eines Elternteils oder einer Wiederheirat besondere Bedürfnisse nach Nähe und Geborgenheit. Außerdem könnten die Kinder in einer solchen Streßsituation weniger fähig sein, Übergriffe abzuwehren. Zudem ist denkbar, daß in einer solchen Situation beispielsweise das Vertrauensverhältnis zur Mutter belastet ist, so daß das Kind nicht den Mut und die Kraft hat, ihr von dem sexuellen Mißbrauch zu erzählen.

Diese Situation erhöht meiner Ansicht nach aber nicht nur das Risiko eines sexuellen Mißbrauchs durch Angehörige, sondern ebenfalls das Risiko, Opfer eines Täters aus dem außerfamilialen Nahraum zu werden. Denn von Pädophilen ist bekannt, daß sie in Jugendzentren, Spielhallen und anderswo sich gerade solche Jungen suchen, die emotional bedürftig sind.

Die Aussage eines Mannes, der als Jugendlicher durch einen Bekannten sexuell ausgebeutet wurde, macht diese Problematik sehr deutlich: »Meine Eltern ließen sich gerade scheiden. Mein Vater war nur noch betrunken, meine Mutter fing auch an zu trinken. Mein Vater hatte eine Freundin, und zu Hause ging alles so widerwärtig in die Brüche.« (Glöer/Schmideskamp–Böhler 1990, 45.)

Zudem wird die Ansicht vertreten, daß viele der Kinder aus »broken homes« schon vorher sexuell mißbraucht worden seien (Faller 1984). Beim Vergleich der Frauen, die durch Väter, und derjenigen, die durch Stiefväter sexuell ausgebeutet wurden, fand Russell (1986, 266) allerdings keinen signifikanten Unterschied.

8.2 Familienklima

Die sexuell mißbrauchten StudentInnen schätzen die Beziehung ihrer Eltern häufiger als unglücklich ein als ihre nicht mißbrauchten KommilitonInnen. Bei den Frauen ist der Unterschied statistisch signifikant (t-Test (df249) = 3,45 = p .0005). Die Frauen, die durch Angehörige und Bekannte sexuell ausgebeutet wurden, sehen die Beziehung ihrer Eltern am häufigsten als schlecht an. Sie unterscheiden sich in dieser

Hinsicht statistisch signifikant von den nicht betroffenen Frauen. Auch die sexuell mißbrauchten Studenten erlebten die Beziehung ihrer Eltern deutlich schlechter als die nicht betroffenen (t-Test (df164) = 2,13 = p .025) (Tabelle 19a).

Bei dem mehr indirekten Indikator für die Elternbeziehung (wie häufig haben sich die Eltern geküßt, umarmt und Händchen gehalten) zeigt sich ebenfalls eine solche Tendenz (Tabelle 19b). Das gleiche gilt für die Einschätzungen hinsichtlich der Mutter- und Vaterbeziehung der befragten StudentInnen. Die von Angehörigen und Bekannten mißbrauchten Frauen schätzen ihre Beziehung zu Mutter und Vater wiederum häufiger als schlecht ein als der Rest der Befragten (Tabellen 20 und 21). Damit sind die Hypothesen 11 und 12, nach denen in Familien sexuell mißbrauchter Kinder die Beziehung zwischen den Eltern sowie die zwischen Eltern und Kindern – zumindest rückblickend – belastet ist, eindrucksvoll bestätigt worden. **Neben den Studentinnen, die durch Angehörige mißbraucht wurden, erlebten auch die Opfer von Bekannten oder Freunden die Ehe ihrer Eltern im Durchschnitt als weniger glücklich, und sie verstanden sich auch seltener als die anderen Befragten mit Vater und Mutter. Ihre Schwierigkeiten mit ihren Eltern und die offenbar fehlende Harmonie zu Hause könnte sie emotional bedürftig und damit zu besonders gefährdeten Kindern gemacht haben (s.o.). Zwischen den von Fremden mißbrauchten Frauen und den nicht mißbrauchten Frauen ist kein großer Unterschied festzustellen. Dies deutet darauf hin, daß fremde Täter sich ihre Opfer nicht nach emotionaler Bedürftigkeit aussuchen.** Dazu ist anzumerken, daß auch Kinder, die liebevoll und selbstbewußt aufgewachsen sind, sexuell mißbraucht werden. Auch die »stärksten« Kinder sind gegenüber einem mächtigen Täter meistens nicht in der Lage, einen sexuellen Mißbrauch abzuwenden. Sie können diesen aber häufig eher als emotional bedürftige Kinder aufdecken.

Zu sehr ähnlichen Resultaten kommen auch die meisten ausländischen Studien (Finkelhor/Baron 1986, 74ff.). Beispielsweise fanden Parker und Parker (1986, 242f.), daß die von ihnen untersuchten mißbrauchenden Väter deutlich schlechtere Beziehungen zu ihren Frauen hatten als die nicht mißbrauchenden Väter der Vergleichsgruppe.

Nicht zu beantworten ist allerdings momentan die Frage, ob die schlechten Beurteilungen der befragten Mißbrauchsopfer über ihre Familien nicht vielleicht durch den sexuellen Mißbrauch mitbedingt sind. So könnte die Beziehung eines Mädchens zu ihrem Vater bis zum Beginn des sexuellen Mißbrauchs einigermaßen in Ordnung gewesen sein. Durch die sexuellen Übergriffe des Vaters könnte dann aber im nachhinein die gesamte Beziehung als entfremdet bewertet werden. Soweit die Untersuchungen retrospektiv sind, läßt sich eine solche Verzerrung nicht ausschließen.

Für die Beratung und Therapie von Kindern, die durch Bekannte sexuell ausgebeutet werden, erscheint es angesichts des obigen Ergebnisses dennoch unbedingt erforderlich, die Beziehung zu den Eltern zu thematisieren. Viele dieser Kinder sind traurig und zugleich wütend darüber, daß die Eltern ihnen zu wenig Aufmerksamkeit geschenkt und sie nicht beschützt haben. Ein als Junge sexuell mißbrauchter Mann beschreibt seine Gefühle gegenüber seinem Vater mit Bitterkeit: »Er war viel beschäftigt damals. Realität ist, daß er überhaupt nicht greifbar war. Das habe ich auch gerade jetzt noch einmal sehr stark empfunden. Deswegen habe ich jetzt auch so eine Wut auf ihn. Ich bin ganz tief enttäuscht. Und zwar, weil er für mich innerlich nicht greifbar ist. Da war also nichts, wodurch ich Halt finden konnte. Insofern haben meine Eltern mich auch nie schützen können, die wußten ja gar nichts davon. Ich war ein sehr einsames Kind zu Hause.« (Glöer/Schmideskamp-Böhler 1990, 82.)

Die Eltern machen sich selbst oft Vorwürfe, denken, daß sie versagt haben, und leugnen deshalb den sexuellen Mißbrauch ihres Kindes.

Hinzu kommt die Angst, daß ihr Kind nun lebenslang geschädigt sein könnte. Bei Eltern von sexuell mißbrauchten Jungen spielt oft auch die Befürchtung eine Rolle, daß ihr Sohn von Freunden oder in der Schule nun als Schwuler und als Schwächling angesehen werden könnte (Finkelhor 1984, 77). Die Eltern sexuell mißbrauchter Kinder brauchen deshalb in den meisten Fällen beraterische Unterstützung.

Tabelle 19a: Elternbeziehung a (t-Test)

		Schätzen Sie die Beziehung Ihrer Eltern als glücklich ein?				
		nicht	wenig	teils/teils	ziemlich	sehr
Frauen:						
nicht mißbraucht	(n=374)	1%	8%	28%	45%	18%
sexuell mißbraucht	(n=125)	4%	17%	34%	32%	14%[***]
Täter waren						
Angehörige	(n=32)	9%	25%	31%	22%	13%[**]
Bekannte	(n=59)	3%	15%	41%	31%	11%[**]
Fremde	(n=33)	–	12%	25%	45%	18%
Männer:						
nicht mißbraucht	(n=303)	2%	7%	24%	53%	13%
sexuell mißbraucht	(n=27)	4%	4%	52%	41%	–[*]

[*] = p .025
[**] = p .001
[***] = p .0005

Zudem unterscheiden sich die durch Angehörige und Fremde sexuell mißbrauchten Frauen signifikant (p .01).

Tabelle 19b: Elternbeziehung b (t-Test)

		Wie oft haben sich Ihre Eltern geküßt, umarmt, Händchengehalten?				
		nie	selten	manch-mal	oft	sehr oft
Frauen:						
nicht mißbraucht	$(n=1106)^a$	13%	26%	30%	23%	8%
sexuell mißbraucht	$(n=363)$	20%	29%	27%	17%	6%***
Täter waren						
Angehörige	$(n=95)$	24%	23%	26%	20%	6%**
Bekannte	$(n=160)$	25%	31%	25%	13%	6%***
Fremde	$(n=97)$	10%	30%	32%	22%	6%
Männer:						
nicht mißbraucht	$(n=896)$	15%	30%	31%	20%	3%
sexuell mißbraucht	$(n=81)$	16%	39%	29%	15%	1%*

a) Die Nennungen zu den drei Fragen wurden zusammengefaßt.

* = p .05

** = p .025

*** = p .0005

Zudem unterscheiden sich die durch Bekannte und Fremde sexuell ausgebeuteten Frauen signifikant (p .005).

Tabelle 20: Mutterbeziehung (t-Test)

		\multicolumn{5}{c}{Ich habe mich mit meiner Mutter ... verstanden}				
		nicht	wenig	mittel-mäßig	überwie-gend	völlig
Frauen:						
nicht mißbraucht	(n=387)	–	4%	19%	53%	24%
sexuell mißbraucht	(n=129)	3%	10%	27%	44%	17%[**]
Täter waren						
Angehörige	(n=33)	3%	12%	36%	36%	12%[*]
Bekannte	(n=58)	3%	12%	29%	41%	14%[**]
Fremde	(n=33)	–	3%	15%	55%	27%
Männer:						
nicht mißbraucht	(n=314)	1%	4%	18%	53%	24%
sexuell mißbraucht	(n=28)	4%	4%	39%	39%	14%

[*] = p .001
[**] = p .0005

Zudem unterscheiden sich die durch Angehörige und Fremde sowie die durch Bekannte und Fremde sexuell ausgebeuteten Frauen signifikant (p .025)

Tabelle 21: Vaterbeziehung (t-Test)

		nicht	wenig	mittel-mäßig	überwie-gend	völlig
				Ich habe mich mit meinem Vater ... verstanden		
Frauen:						
nicht mißbraucht	(n=378)	3%	7%	24%	47%	19%
sexuell mißbraucht	(n=129)	5%	19%	26%	39%	12%***
Täter waren						
Angehörige	(n=33)	18%	24%	18%	27%	12%***
Bekannte	(n=57)	2%	19%	30%	40%	9%**
Fremde	(n=33)	–	12%	24%	48%	15%
Männer:						
nicht mißbraucht	(n=307)	4%	8%	25%	45%	18%
sexuell mißbraucht	(n=27)	–	33%	22%	41%	4%*

* = p .01
** = p .005
*** = p .0005

Zudem unterscheiden sich die durch Angehörige und die durch Fremde sexuell mißbrauchten Frauen signifikant (p .01).

8.3 Familienregeln

Trepper und Barrett (1991, 50) führen mehrere Faktoren an, die eine Familie anfällig für innerfamilialen sexuellen Mißbrauch machen: Männliche Dominanz über Frauen und Kinder wird in diesen Familien zumindest stillschweigend toleriert, rigide Geschlechterrollen werden gelebt, und es wird äußerst starr an Regeln festgehalten. Diese aus der familientherapeutischen Arbeit gewonnenen Thesen werden durch die Ergebnisse meiner Untersuchung gestützt.

Zu der Frage, ob ihr Vater und ihre Mutter der Aussage zustimmen würden, daß »Kinder ihren Eltern nicht widersprechen dürfen, da sie sonst den Respekt verlieren«, bewerteten die sexuell mißbrauchten Studentinnen ihre Väter statistisch signifikant häufiger als konservativ. Dies trifft besonders auf die durch Angehörige sexuell mißbrauchten Frauen zu. Ähnlich sind die Ergebnisse bei den Statements, daß »Frauen beruflich keine höheren Positionen als Männer einnehmen dürfen« und daß »bei Familienentscheidungen die Meinung der Kinder eigentlich berücksichtigt werden sollte«. Ein ähnlicher Trend zeigt sich auch bei Studenten. Allerdings ist der Unterschied zwischen den mißbrauchten und den nicht mißbrauchten Studenten statistisch nur in einem Fall signifikant (Tabelle 22a und b, Anhang c: Tabelle c2).

Deutlich schwächer ist dieser Zusammenhang bei den Müttern. Aber die miß-brauchten Männer und Frauen schätzten auch sie im Durchschnitt etwas konservati-ver ein als ihre nicht mißbrauchten KommilitonInnen. Wiederum am schlechtesten schneiden die Mütter der durch Angehörige sexuell mißbrauchten Frauen ab (Tabelle 23a und b; Bange 1992, 243). **Die Hypothese 14, daß die Eltern der sexuell miß-brauchten StudentInnen konservativere Ansichten als die der nicht mißbrauch-ten vertreten, gilt also nur für die Väter, nicht aber für die Mütter.**

Tabelle 22a: Einstellungen des Vaters – Respekt/Meinung/Stellung der Frau (Studentinnen)

	Würde Ihr Vater diesen Aussagen zustimmen?					
	nicht	wenig	teils/teils	überwie-gend	ganz	(t-Test)
Kinder müssen ihre Eltern respektieren.						
nicht mißbraucht	37%	23%	23%	14%	4%	(df259)
sexuell mißbraucht	29%	15%	24%	21%	10%	3,24 = .001
Die Meinung von Kindern soll gehört werden.						
nicht mißbraucht	63%	15%	14%	5%	4%	(df251)
sexuell mißbraucht	48%	14%	23%	6%	10%	3,26 = .001
Frauen dürfen beruflich bessere Positionen als Männer haben.						
nicht mißbraucht	7%	11%	30%	33%	19%	(df247)
sexuell mißbraucht	16%	16%	30%	24%	15%	3,21 = .001

Tabelle 22b: Einstellungen des Vaters – Respekt/Meinung/Stellung der Frau (Studenten)

	Würde Ihr Vater diesen Aussagen zustimmen?					
	nicht	wenig	teils/teils	überwie-gend	ganz	(t-Test)
Kinder müssen ihre Eltern respektieren.						
nicht mißbraucht	32%	23%	21%	18%	7%	(n.s.)
sexuell mißbraucht	19%	27%	19%	15%	19%	
Die Meinung von Kindern soll gehört werden.						
nicht mißbraucht	54%	22%	12%	8%	5%	(n.s.)
sexuell mißbraucht	33%	26%	22%	4%	15%	
Frauen dürfen beruflich bessere Positionen als Männer haben.						
nicht mißbraucht	5%	18%	33%	27%	17%	(n.s.)
sexuell mißbraucht	–	33%	37%	22%	7%	

Tabelle 23a: **Einstellungen der Mutter – Respekt/Meinung/Stellung der Frau (Studentinnen)**

	Würde Ihre Mutter diesen Aussagen zustimmen?					
	nicht	wenig	teils/teils	überwie-gend	ganz	(t-Test)
Kinder müssen ihre Eltern respektieren.						
nicht mißbraucht	45%	23%	21%	9%	1%	(df208)
sexuell mißbraucht	39%	24%	23%	10%	5%	1,96 = .05
Die Meinung von Kindern soll gehört werden.						
nicht mißbraucht	4%	8%	26%	40%	22%	(n.s.)
sexuell mißbraucht	4%	13%	27%	34%	21%	
Frauen dürfen beruflich bessere Positionen als Männer haben.						
nicht mißbraucht	77%	8%	8%	5%	2%	(n.s.)
sexuell mißbraucht	67%	15%	11%	5%	2%	

Tabelle 23b: **Einstellungen der Mutter – Respekt/Meinung/Stellung der Frau (Studenten)**

	Würde Ihre Mutter diesen Aussagen zustimmen?					
	nicht	wenig	teils/teils	überwie-gend	ganz	(t-Test)
Kinder müssen ihre Eltern respektieren.						
nicht mißbraucht	37%	27%	25%	10%	1%	(n.s.)
sexuell mißbraucht	22%	30%	26%	22%	–	
Die Meinung von Kindern soll gehört werden.						
nicht mißbraucht	4%	12%	33%	34%	17%	(n.s.)
sexuell mißbraucht	7%	7%	36%	39%	11%	
Frauen dürfen beruflich bessere Positionen als Männer haben.						
nicht mißbraucht	70%	10%	10%	5%	4%	(n.s.)
sexuell mißbraucht	68%	21%	4%	4%	4%	

Ein weiteres Ergebnis, das diese Tendenz erhärtet, liefern die Angaben zu der Frage »**Mit welchen Mitteln bestraften Sie Ihre Eltern?**« Wiederum zeigt sich, daß sowohl die durch Angehörige und Bekannte sexuell mißbrauchten Studentinnen als auch die mißbrauchten Männer wesentlich häufiger geschlagen wurden, Hausarrest erhielten, mit Liebesentzug und Verboten bestraft wurden als ihre nicht mißbrauchten KommilitonInnen. Die Hypothese 13 ist damit bestätigt (Tabelle 24).

Tabelle 24: Bestrafungsmittel der Eltern (Chiquadrat-Test)

		Schimp-fen	Schläge	Verbote	Haus-arrest	Liebes-entzug
Frauen:						
nicht mißbraucht	(n=386)	97%	24%	40%	16%	15%
sexuell mißbraucht	(n=130)	95%	47%***	52%*	27%**	21%
Täter waren						
Angehörige	(n=33)	94%	61%***	64%**	40%***	33%**
Bekannte	(n=58)	97%	50%**	43%	26%	22%
Fremde	(n=33)	97%	27%	55%	15%	6%
Männer:						
nicht mißbraucht	(n=307)	97%	35%**	52%	17%**	11%
sexuell mißbraucht	(n=27)	93%	64%	61%	29%	17%

* = p .05
** = p .01
*** = p .001

Auch die Antworten auf die Frage nach den unausgesprochenen Familienregeln zeigen, daß das Verhältnis zu den Eltern von den sexuell mißbrauchten StudentInnen aus der Retrospektive als distanzierter betrachtet wird als von ihren nicht mißbrauchten KommilitonInnen. Jedoch weisen die Studentinnen bei den meisten Fragen nur geringe Unterschiede auf. Bei den Studenten ist der einzige statistisch signifikante Unterschied, daß sich die mißbrauchten Männer seltener nackt vor ihrer Mutter zeigten als die nicht mißbrauchten (X^2(df1) = 4,03 = p .05). Auch bei den Studentinnen erreicht nur ein Unterschied Signifikanzniveau: Die sexuell mißbrauchten Frauen küßten zum Abschied ihre Väter seltener als ihre nicht mißbrauchten Kommilitoninnen (X^2(df1) = = p .01) (Anhang b: Tabellen 1, 2 und 3).

Bei den Frauen sind allerdings mehr Unterschiede signifikant, wenn nach Bekanntschaftsgrad zwischen Opfer und Täter differenziert wird. **Die durch Angehörige sexuell mißbrauchten Frauen ließen sich von ihren Vätern seltener umarmen, wurden häufiger verlegen, wenn der Vater sie in Unterwäsche oder nackt sah oder ins Badezimmer kam, als die nicht mißbrauchten und die durch Fremde mißbrauchten Frauen.**

Auch bei ihren Müttern war es den innerfamilial sexuell mißbrauchten Frauen im Durchschnitt unangenehmer, wenn sie im Badezimmer überrascht wurden. Auf eine größere Distanz im Mutter-Tochter-Verhältnis deutet zudem, daß nur sehr wenige dieser Frauen mit ihren Müttern über intime Erfahrungen sprechen konnten.

Bei den Studenten wird ebenfalls deutlich, daß die mißbrauchten Männer häufiger als die nicht mißbrauchten verlegen wurden, wenn sie von ihren Vätern und Müttern nackt gesehen wurden. Auch konnten sie zu Hause seltener anstößige Witze erzählen und mit ihren Müttern über intime Erfahrungen sprechen. Zum Abschied sind sie zudem von ihren Müttern seltener umarmt und geküßt worden. Allerdings ist keiner dieser Unterschiede statistisch signifikant (Anhang b: Tabelle 3).

Insgesamt bestätigen die Ergebnisse recht eindeutig die in den ausländischen Studien gefundenen familiären Risikofaktoren.

Wie schwierige Familienverhältnisse von den Betroffenen geschildert und erlebt werden, soll durch die beiden folgenden Aussagen illustriert werden:

»Nach dem, was ich von meinem Vater weiß, würde ich sagen, daß er wahrscheinlich so damit zurecht kommt, daß er denkt, der Mann hat die Macht. Und daß er ein Mann ist. Und als mein Vater konnte er alles mit mir tun, was er wollte. Als ob ich eine Couch wäre. Für ihn war ich ein Stück Besitz.« (Armstrong 1985, 172.)

»Mein Vater und meine Mutter befolgten Befehle. Der wichtigste Befehl hieß: Erfolg um jeden Preis, und als erfolgreich gesehen zu werden. Das System erlaubte keine Fehler, und so mußte jeder kleinste Fehler sorgfältig verdeckt werden. Ihre Kinder, als Teil von ihnen, mußten somit auch Teil der Erfolgsstory werden. Sie mußten lernen, dem System zu gehorchen. Es gab noch andere Gesetze, die ebenso rigide und fruchtlos waren. Beispielsweise das Verbot der Sexualität, die höchste Pflicht des Gehorsams von Frau und Kindern, Harmonie um jeden Preis, Gemeinsamkeit und natürlich Erfolg. Oberste Regel meiner Mutter war die eheliche Treue. Dabei übersah sie vollständig, daß sie meinen Vater – obgleich sie ihn verehrte – dennoch nicht wirklich liebte.« (Spring 1988, 56.)

Die Ergebnisse meiner und der referierten ausländischen Studien zeigen, wie eng die individuellen, familialen und soziokulturellen Faktoren zusammenhängen. So ist die ungleiche Machtverteilung zwischen Mann und Frau in den Familien nicht ohne die gesamtgesellschaftliche Unterdrückung der Frau zu verstehen. In einer Gesellschaft, in der Frauen für die gleiche Arbeit immer noch weniger Geld erhalten als Männer und Männer ihre Familien regieren wie Patriarchen, wird der sexuelle Mißbrauch von Kindern etwas Alltägliches sein. In einer Gesellschaft, in der Männer sich kaum um Kinder kümmern, in der Kinder als Besitz von Erwachsenen betrachtet werden und in der Jungen nicht lernen, wie sie Nähe anders als über Sexualität herstellen können, ist sexuelle Gewalt nicht zu überwinden. In einer Gesellschaft, in der Jungen beigebracht wird, daß Macht und Sexualität die höchsten Güter sind und daß Frauen ihnen sexuell zur Verfügung zu stehen haben, wird jedes Präventionskonzept zumindest teilweise ins Leere laufen, wenn nicht gleichzeitig die gesellschaftlichen Rahmenbedingungen geändert werden. Sexuellen Mißbrauch an Kindern als individuelles oder als familiales Problem zu betrachten und die gesellschaftlichen Ursachenfaktoren auszublenden, entlarvt sich als Verschleierungstaktik.

9. Die Folgen

9.1 Besondere Fragestellungen

Ungeachtet der forschungsmethodischen Probleme weisen die Untersuchungen über die Auswirkungen sexuellen Mißbrauchs an Kindern eindeutig nach, daß die meisten Opfer unter erheblichen unmittelbaren Folgen und Langzeitfolgen zu leiden haben. Welche körperlichen Verletzungen, psychischen und sozialen Auffälligkeiten nach einem sexuellen Mißbrauch auftreten und wie eng der Zusammenhang zwischen ihnen und einem sexuellen Mißbrauch ist, wird im Kapitel 9.2 anhand meiner eigenen und der ausländischen Untersuchungsergebnisse ausführlich dargestellt. Zuvor werden jedoch noch fünf für die Folgenforschung grundlegende Fragen diskutiert:

1. Von welchen Faktoren hängt das Ausmaß der Schädigungen ab?
2. Gibt es Kinder und Erwachsene, bei denen ein sexueller Mißbrauch keine erkennbaren Schädigungen hinterläßt?
3. Ist ein sexueller Mißbrauch unabhängig von anderen Faktoren, wie etwa emotionaler Vernachlässigung oder körperlicher Gewalt, traumatisch?
4. Unterscheiden sich die Folgen sexueller Gewalt bei Jungen und Mädchen?
5. Welche Bedeutung haben die vielfach negativ bewerteten oder sogar sanktionierten Verhaltensauffälligkeiten für die sexuell mißbrauchten Kinder?

9.1.1 Traumatisierungsfaktoren

Es gibt Mißbrauchsopfer, die ihr Leben lang unter schwersten Folgen leiden, während für andere die sexuelle Gewalterfahrung nicht so beeinträchtigend ist oder war. Beispielsweise fand Draijer (1990, 133) in ihrer Studie heraus, daß von den 164 Frauen, die innerfamilial sexuell ausgebeutet wurden, »nicht alle, aber mindestens 54 Prozent als Erwachsene psychisch beeinträchtigt waren«. Solche Ergebnisse haben zu der Frage geführt, welche Faktoren das Ausmaß des Traumas beeinflussen. Anhand der vorliegenden ausländischen Untersuchungen soll eine Antwort auf diese Frage gesucht werden.

Dabei wird unterschieden zwischen primären Faktoren, die sich direkt aus dem Geschehen des sexuellen Mißbrauchs ableiten, und sekundären Faktoren, unter denen die Reaktionen von Eltern, Freunden, Nachbarn sowie von MitarbeiterInnen der Polizei, von Beratungsstellen usw. verstanden werden.

Unter Trauma versteht die moderne Trauma-Theorie eine Erfahrung, die mit so starken Emotionen einhergeht, »daß diese Emotionen von der Person nicht direkt bewältigt werden können, sondern zusammen mit den Erinnerungen oder Erinnerungsfragmenten, die mit den ursprünglichen Erfahrungen verknüpft sind, unterdrückt oder ›dissoziiert‹ werden« (Draijer 1990, 128).

Auf eine entsprechende Analyse der eigenen Daten wurde aufgrund methodischer Probleme verzichtet. Es ist beispielsweise sehr schwierig, die einzelnen Variablen voneinander zu trennen. Doch lassen die von mir im Kapitel 9.2 vorgenommenen Differenzierungen nach Bekanntschaftsgrad, nach der »Intensität« des sexuellen

Mißbrauchs und der Häufigkeit der sexuellen Übergriffe gewisse Rückschlüsse zu der Frage der Traumatisierungsfaktoren zu.

9.1.1.1 Primäre Traumatisierungsfaktoren

Dauer und Häufigkeit des sexuellen Mißbrauchs

Die von vielen AutorInnen (z.B. Fürniss/Phil 1986, 338) vertretene Meinung, daß die Traumatisierung um so größer sei, je häufiger ein sexueller Mißbrauch stattfinde, wird durch die Untersuchungsergebnisse nicht eindeutig belegt (positive Korrelation: Russell 1986, 145; Briere/Runtz 1988, 55; Conte/Berliner 1988, 82f.; Friedrich u.a. 1986, 53; keine Korrelation: Finkelhor 1979, 104; Baker/Duncan 1985, 463; Gomes-Schwartz u.a. 1990, 96).

Bei meiner Befragung zeigt sich ebenfalls eine allerdings schwache Tendenz in die Richtung, daß wiederholter sexueller Mißbrauch traumatischer wirkt. So gaben beispielsweise »nur« 33 Prozent der einmal sexuell mißbrauchten Frauen, aber 63 Prozent der Opfer längerfristigen sexuellen Mißbrauchs Eßstörungen an (Kapitel 9.2).

Die Ergebnisse der einzelnen Studien widersprechen sich also in dieser Frage erheblich. Sie verdeutlichen aber auf jeden Fall, daß nicht automatisch eine länger andauernde sexuelle Ausbeutung traumatischer wirkt als ein einzelner sexueller Übergriff.

Opfer-Täter-Beziehung

Die Hypothese, daß ein sexueller Mißbrauch um so traumatischer wirke, je enger und vertrauter die Beziehung zwischen dem Opfer und dem Täter sei, wird durch verschiedene Studien bewiesen. Alle sechs Untersuchungen, die dieser Frage nachgingen, fanden einen mehr oder weniger engen Zusammenhang. Die Ergebnisse meiner Befragung sind ähnlich. Die durch Angehörige sexuell mißbrauchten Studentinnen gaben bei fast allen Fragen am häufigsten Beeinträchtigungen an (Russell 1986, 147f.; Conte/Berliner 1988, 83; Gomes-Schwartz u.a. 1990, 97f.; Baker/Duncan 1985, 463; Friedrich u.a. 1986, 53; Finkelhor 1979, 101; Kapitel 9.2).

Dies läßt den Schluß zu, daß nicht entscheidend ist, ob Opfer und Täter verwandt sind, sondern wie hoch der Grad ihrer Vertrautheit ist. Je mehr ein Kind einem Erwachsenen vertraut und auf dessen emotionale Unterstützung angewiesen ist, desto größer ist der Vertrauensverlust, der Verrat, die Enttäuschung, die gefühlsmäßige Zerrissenheit und die Verwirrung des Kindes über den sexuellen Mißbrauch.

»Intensität« des sexuellen Mißbrauchs

Der überwiegende Teil der Studien belegt, daß die Art des sexuellen Mißbrauchs bedeutenden Einfluß auf das Ausmaß der Schädigung hat. Bei der Russell-Studie (1986, 144) gaben beispielsweise 63 Prozent der vaginal vergewaltigten Frauen ein extremes Trauma an, während »nur« 35 Prozent der Frauen, die andersartige genitale

Übergriffe erlebt hatten, und 19 Prozent der Frauen, die zu Küssen gezwungen oder an den Brüsten angefaßt worden waren, sich extrem traumatisiert fühlten.

Bei den Dortmunder Studentinnen zeigt sich ebenfalls, daß die in ihrer Kindheit vergewaltigten Mißbrauchsopfer statistisch signifikant häufiger unter Eßstörungen, Schlafproblemen, depressiven Stimmungen und Beziehungsängsten leiden (Kapitel 9.2). Auch Friedrich u.a. (1986, 53), die sexuell mißbrauchte Kinder untersuchten, gelangen zu dem Schluß, daß die Art des sexuellen Mißbrauchs das Ausmaß von auftretenden Verhaltensauffälligkeiten beeinflusse. Allerdings gibt es auch in dieser Frage Studien mit anderslautenden Ergebnissen. So konnten Gomes-Schwartz u.a. (1990, 95f.) keine bedeutenden Unterschiede feststellen. Finkelhor (1979, 103) fand bei seiner StudentInnenbefragung, daß sexualisiertes Anfassen ähnlich negativ eingeschätzt wurde wie Vergewaltigung.

Sehr traumatisch wirken sich nach Brieres Untersuchung (1988, 332) »perverse« Formen sexueller Gewalt aus.

Zwang und Gewalt

Die Anwendung von Zwang und körperlicher Gewalt ist einer der Hauptfaktoren, die das Ausmaß der Traumatisierung bestimmen. Von sechs Studien stellten alle eine enge Korrelation zwischen diesen Variablen fest (Gomes-Schwartz 1990, 95f.; Conte/Berliner 1988, 83; Briere/Runtz 1988, 55; Russell 1986, 147f.; Friedrich u.a. 1986, 53; Finkelhor, 104). Beispielsweise schätzten bei der Russell-Studie (1986, 148) alle Frauen, die mit körperlicher Gewalt zu den sexuellen Handlungen gezwungen worden waren, ihr Trauma als extrem ein. Wurde Zwang ausgeübt, waren 74 Prozent der Frauen extrem traumatisiert, während bei dem ohne Zwang und körperliche Gewalt erfahrenen sexuellen Mißbrauch 46 Prozent der Opfer ein extremes Trauma angaben. Allerdings berichten Browne und Finkelhor (1986, 74) von drei Studien, bei denen die Ergebnisse nicht so eindeutig waren. So fanden Seidner und Calhoun (1984), daß körperliche Gewalt zwar mit geringeren sozialen Fertigkeiten der Opfer, gleichzeitig aber mit einer höheren Selbstakzeptanz einherging.

Aus diesen Ergebnissen darf jedoch nicht der Fehlschluß abgeleitet werden, daß nur sexueller Mißbrauch, der mit körperlicher Gewalt oder Zwang geschehe, traumatisch sei. Russells Studie belegt, daß sich auch sehr viele der anderen Opfer extrem traumatisiert fühlen.

Alter des Opfers bei Beginn des sexuellen Mißbrauchs

Sehr kontrovers wird diskutiert, ob das Alter des Kindes zum Zeitpunkt bzw. bei Beginn des sexuellen Mißbrauchs ein Faktor ist, der das Ausmaß der Traumatisierung mitbestimmt. Ein Teil der AutorInnen meint, jüngere Kinder entwickelten weniger Symptome, weil ihre »Naivität« sie beispielsweise vor den sozialen Stigmatisierungen, die die Opferrolle mit sich bringe, teilweise schütze. Dagegen steht die Auffassung, jüngere Kinder seien verletzlicher als Kinder in der Pubertät oder als Jugendliche, da sie sich noch in der Entwicklung befänden und deshalb empfänglicher für äußere Einflüsse seien (Browne/Finkelhor 1986, 74).

Die Untersuchungsergebnisse führen in dieser Frage nicht zu einer Klärung, da sie widersprüchlich sind. Sowohl Briere und Runtz (1988, 55) als auch Friedrich u.a. (1986, 53) stellten überhaupt keinen Zusammenhang zwischen den Variablen »Alter des Kindes« und »Traumatisierung« fest. Conte und Berliner (1988, 83) fanden dagegen eine statistisch signifikante Korrelation zwischen den beiden Faktoren, führen aber leider nicht aus, welcher Art diese Korrelation ist. Finkelhor (1979, 100) kam bei seiner StudentInnenbefragung zu dem Ergebnis, daß das Trauma bei den Studentinnen, die als ältere Mädchen oder Jugendliche sexuell mißbraucht wurden, durchschnittlich größer ist. Bei Russell (1986, 151) ist es umgekehrt. Die Frauen, die vor dem neunten Lebensjahr sexuell ausgebeutet wurden, fühlten sich häufiger extrem traumatisiert als die anderen Opfer. Allerdings ist das Ergebnis der Russell-Studie statistisch nicht signifikant.

Alter des Täters – Altersunterschied zwischen Opfer und Täter

Nur drei Studien befassen sich mit der Frage, ob das Alter des Täters einen Einfluß auf die Folgenentwicklung beim Opfer hat. Alle drei stellen einen Zusammenhang dahingehend fest, daß das Trauma durchschnittlich um so größer ist, je älter der Täter war (Finkelhor 1979, 99f.; Russell 1986, 152; Briere/Runtz 1988, 55). Bei Russell gaben zwischen 44 und 47 Prozent der Opfer von 26- bis 50jährigen Tätern, etwa 27 Prozent der Opfer von 16- bis 25jährigen und überraschenderweise auch 27 Prozent der Opfer von über 50jährigen Tätern ein extremes Trauma an. Am niedrigsten lag die Rate mit 17 Prozent bei den unter 15jährigen Tätern. Russell (ebd.) hat keine Erklärung für die geringere Traumatisierung bei den über 50jährigen Tätern. Sie weist aber darauf hin, daß die Variable »Alter des Täters« sehr eng mit anderen Variablen wie »Intensität des sexuellen Mißbrauchs« oder »Zwang und Gewalt« assoziiert sei.

Übereinstimmend stellen Russell (1986, 153) und Finkelhor (1979, 99f.) zudem fest, daß im Durchschnitt das Trauma mit dem Altersunterschied zwischen Opfer und Täter wachse.

Geschlecht des Täters – Geschlecht des Opfers

Die wichtige Frage, ob und inwiefern das Geschlecht des Täters für das Ausmaß der Traumatisierung eine Rolle spielt, ist bisher fast völlig ignoriert worden. Nur Finkelhor (1979, 102f.) sowie Baker und Duncan (1985, 462) gingen dieser Frage nach. Bei beiden Untersuchungen zeigte sich dabei ein Trend in die Richtung, daß Jungen sexuellen Mißbrauch durch Männer negativer erleben als sexuellen Mißbrauch durch Frauen.

Dieses Ergebnis könnte auf die in unserer Gesellschaft übliche und von den meisten Jungen sicher verinnerlichte Einstellung zurückzuführen sein, daß sexuelle Erlebnisse mit Frauen immer erstrebenswert und immer schön seien. Erlebe ein Junge dies anders, sei er nicht »normal« bzw. schwul. Und Homosexualität wird immer noch in weiten Teilen der Bevölkerung als etwas Abartiges angesehen. Ein Mißbrauch durch einen Mann könnte allein deshalb von Jungen negativer bewertet werden. Allerdings könnten auch andere Faktoren eine Rolle spielen: Beispielsweise der, daß Frauen den sexuellen Mißbrauch seltener mit körperlicher Gewalt durchsetzen. Diese Fragen müßten in weiteren Studien unbedingt untersucht werden.

9.1.1.2 Sekundäre Traumatisierungsfaktoren

Erzählt oder nicht erzählt

Es ist eine von PraktikerInnen oft beschriebene Erfahrung, daß Kinder, die mit anderen Menschen nicht über ihren sexuellen Mißbrauch sprechen konnten, ein größeres Trauma erlitten. Durch die Untersuchungsergebnisse werden diese Beobachtungen nicht bestätigt. Finkelhor (1979, 105ff.) fand ebenso wie Bagley und Ramsay (1985) keine statistisch signifikante Beziehung. Gomes-Schwartz u.a. (1990, 98f.) stellten sogar fest, daß Kinder, die nicht über die sexuelle Ausbeutung gesprochen haben, die wenigsten Angst- und Feindseligkeitsgefühle beim »Gottschalk-Test« aufwiesen. Gomes-Schwartz u.a. (ebd.) spekulieren, daß vielleicht die weniger traumatisierten Kinder es auch als weniger notwendig erachteten, über ihren Mißbrauch zu sprechen. Folglich seien sie bei den schweigenden Mißbrauchsopfern überrepräsentiert. Eine andere Erklärung wäre, daß das Sprechen über den sexuellen Mißbrauch selbst eine große Spannung erzeuge. Denn die Kinder, die durch Vertrauenspersonen sexuell ausgebeutet werden, haben die berechtigte Angst, daß ihnen nicht geglaubt werden oder daß der Täter sich an ihnen rächen könnte. Meiner Meinung nach ist auch möglich, daß die Kinder, die über den sexuellen Mißbrauch reden, negative Reaktionen erfahren. Ihnen wird nicht zugehört, ihnen wird nicht geglaubt, sie werden beschuldigt, selbst schuld zu sein, mitgemacht zu haben, oder sie werden sogar bestraft. Die Entscheidung, den Mißbrauch aufzudecken, ist also von sehr vielen verschiedenen Faktoren abhängig, die es fast unmöglich machen, die Effekte des Schweigens bzw. des Redens über den sexuellen Mißbrauch zu bestimmen.

Elternreaktion

Einen bedeutenden Einfluß auf das Ausmaß der Traumatisierung haben die elterlichen Reaktionen. Verleugnen die Eltern den Mißbrauch, reagieren sie ablehnend oder bestrafen sie das Kind, so geben sie ihm Mitschuld, und das Kind entwickelt ein größeres Trauma. Dies wird durch eine ganze Reihe von Studien belegt. Gomes-Schwartz u.a (1990, 99) stellen fest: Die Daten »weisen darauf hin, daß das Interesse einer Mutter an ihrem Kind und die Fähigkeit, etwas zum Schutz des Kindes zu unternehmen, ihr Kind nicht notwendigerweise vor schädlichen psychischen Konsequenzen schützt (...). Wenn eine Mutter allerdings wütend auf das mißbrauchte Kind ist und das Kind für die Aufdeckung des Mißbrauchs bestraft, zeigt das Kind wahrscheinlich größere Verhaltensauffälligkeiten. Außerdem geht eine ärgerliche Reaktion der Mutter mit einem niedrigeren Selbstwertgefühl des Kindes einher.« Conte und Berliner (1988, 82f.) fanden, daß die Kinder weniger Verhaltensauffälligkeiten zeigten, wenn sie eine stützende Beziehung zu einem Erwachsenen oder zu einem Geschwisterteil hatten. Dementsprechend waren die Folgen um so schwerer, wenn die Familie durch einen geringen Zusammenhalt gekennzeichnet war. Zu einer sehr ähnlichen Einschätzung gelangt auch Friedrich (1988, 186f.) aufgrund der Ergebnisse dreier Studien, an deren Durchführung er beteiligt war.

Zusammengefaßt bedeutet all dies, daß die elterlichen Reaktionen – bezeichnenderweise sind die väterlichen Reaktionen nicht untersucht worden – einer der Hauptfaktoren für den Grad der Traumatisierung sind. Dieses Ergebnis rechtfertigt die Forderung nach vermehrter Elternarbeit, und zwar nicht nur mit Eltern, deren Kinder bereits Opfer sind, sondern mit allen Eltern, um so vorbeugend zu wirken. Sehr wichtig sind nach Contes und Berliners Studie offenbar auch die Geschwister. Es wäre deshalb in Beratungen und Therapien vorteilhaft, die Beziehung zwischen den Geschwistern zu stärken.

Institutionelle Reaktionen

Wie sich die institutionellen Maßnahmen auswirken, ist von großem Interesse. Leider gibt es hierzu aber kaum empirische Untersuchungen. Die Unterbringung von Kindern in Pflegefamilien oder Heimen ist umstritten. Bei der Studie von Gomes-Schwartz u.a. (1990, 100) zeigten sich bei den fremdplazierten Kindern mehr Verhaltensauffälligkeiten. Allerdings ist unklar, ob dies nicht daraus resultiert, daß die am schwersten geschädigten Kinder, die zu Hause nicht oder kaum unterstützt wurden, am häufigsten aus der Familie genommen wurden. Runyan u.a. (1988, 651ff.) kommen zu dem Ergebnis, daß die Fremdplazierung auf einige Kinder stützend und auf andere beeinträchtigend wirke. Zudem stellen sie fest, die Aussage des Kindes vor Gericht könne durchaus positive Effekte haben, wenn das Kind kindgerecht befragt werde. Sie begründen dies damit, daß das Kind sich dadurch ein Stück weit aus seiner ohnmächtigen Position befreien könne. Schädlich wirke sich dagegen ein in die Länge gezogenes Gerichtsverfahren aus, weil es die Bedürfnisse der Opfer nicht beachte (ebd.).

Obwohl sicher weitere Studien – und vor allem eine solche über die bundesdeutsche Situation – erforderlich sind, um detailliertere Aussagen machen zu können, unterstützen die Ergebnisse von Runyan u.a. die Kritik an der bundesrepublikanischen Gerichtspraxis, die durch langes Warten auf den Prozeßbeginn, durch Vorurteile über den Wahrheitsgehalt von Kinderaussagen und die Tatsache, daß viele Kinder in Gegenwart des Täters aussagen müssen, geprägt ist (Steinhage 1989, 157ff.).

Therapie

Bentovim u.a. (1987, 1454ff.) untersuchten 120 Familien mit 180 sexuell mißbrauchten Kindern einmal zu Beginn einer familientherapeutisch orientierten Behandlung und erneut frühestens zwei Jahre nach der ersten Untersuchung. Etwa die Hälfte der Kinder nahm an einer Gruppentherapie teil, und zehn Prozent bekamen Einzeltherapie. Zudem schlossen 55 der Familien eine Familientherapie ab, und 43 nahmen an einigen Familiensitzungen teil. Insgesamt haben 87 Prozent der Familien therapeutische Unterstützung in Anspruch genommen. Bei den meisten Kindern zeigte sich bei der Nachuntersuchung eine erhebliche Abnahme auffälligen Sexualverhaltens und emotionaler Störungen. Allerdings waren immerhin 16 Prozent der Kinder seit dem Behandlungsbeginn wieder sexuell mißbraucht worden, und bei weiteren 15 Prozent bestand ein entsprechender Verdacht. Gomes-Schwartz u.a. (1990, 160f.) kommen bei ihrer Studie ebenfalls zu dem Schluß, daß ihr Kurztherapieprogramm sich günstig auf die Folgenentwicklung ausgewirkt habe. Es wird also durch diese Studien belegt, daß therapeutische Angebote den Kindern und Familien helfen, daß sie aber noch verbesserungsbedürftig sind. Deshalb muß die öffentliche Hand mehr Gelder für Modellprojekte und ebenso für deren Umsetzung auf breiter Basis bereitstellen. Zur Zeit ist jedenfalls das therapeutische Angebot in der Bundesrepublik Deutschland – vor allem auf dem Land – mehr als dürftig.

9.1.2 Opfer ohne Symptome

Bei fast jeder Studie über die Folgen sexueller Ausbeutung von Kindern findet sich eine mehr oder weniger große Gruppe von Opfern, bei denen kaum oder keine Symptome festgestellt werden können. Bei Mannarino und Cohen (1986, 21) waren 31 Prozent der untersuchten Kinder symptomfrei. 36 Prozent der sexuell mißbrauchten Kinder lagen bei der Studie von Tong u.a. (1987, 377) im normalen Bereich der »Child Behavior Checklist«. Conte und Schuerman (1987, 383) fanden heraus, daß 21 Prozent der untersuchten Kinder keinerlei Symptome zeigten und das, obwohl sie eine sehr umfangreiche Symptomliste verwendet hatten.

Auch bei den Untersuchungen über erwachsene Mißbrauchsopfer ist fast immer eine Gruppe zu finden, die sich nicht oder nur wenig traumatisiert fühlt oder die bei den psychologischen Tests im Normalbereich liegt (Russell 1986, 138f.; Draijer 1990, 133).

Natürlich sind verschiedene Theorien aufgestellt worden, wie diese Ergebnisse zu erklären seien. Eine Annahme ist, daß die Meßinstrumente und -techniken der Thematik nicht angemessen seien. Teilweise wird dies durch die Untersuchung von Everson u.a. (1989) bestätigt. Denn dort zeigte sich, daß Eltern – besonders wenn sie die Verantwortung für den sexuellen Mißbrauch teilweise ihrem Kind zuschoben oder sich selbst Vorwürfe machten – dazu neigten, in von ihnen auszufüllenden Tests wie der »Child Behavior Checklist« die Folgen für ihre Kinder herunterzuspielen (Exkurs Kapitel 4). Dennoch reicht diese Erklärung nicht aus, da auch von Kliniker-Innen bestätigt wird, daß es symptomfreie Kinder gebe (Finkelhor 1990, 328).

Eine andere ergänzende Theorie besagt, daß viele Kinder ohne Symptome sich zum Zeitpunkt der Untersuchung in einer Phase befänden, in der sich die Auswirkungen der sexuellen Gewalterfahrungen noch nicht unbedingt bemerkbar machten. Bei ihnen würden sich die Schädigungen vielleicht erst zeigen, wenn zusätzliche Streß-faktoren wie Polizeiverhöre hinzukämen, oder erst nach Jahren, wenn sie beispiels-weise als Jugendliche ihre ersten sexuellen Beziehungen eingingen (Conte 1985, 118f.). Die Studie von Gomes-Schwartz u.a. (1990, 136) stützt diese Theorie. Dort hatten 30 Prozent der zunächst symptomfreien Kinder bei der Nachfolgeuntersu-chung 18 Monate später Symptome entwickelt. Allerdings ist dieses Ergebnis durch andere Studien bisher nicht bestätigt worden (Finkelhor 1990, 328).

Die dritte Erklärung geht davon aus, daß die Kinder ohne Symptome »weniger intensiven« sexuellen Mißbrauch erlebt und zudem adäquate psychologische und soziale Unterstützung durch ihre Eltern oder professionelle HelferInnen bekommen hätten. Diese Theorie ist durch eine Reihe von Untersuchungsergebnissen bestätigt worden. Es zeigte sich dabei wiederholt, daß Kinder mit geringen Schädigungen meistens durch eine Person, die keine Vater- oder Autoritätsfigur war, sexuell mißbraucht worden waren, daß weder Drohungen noch körperliche Gewalt eingesetzt worden waren, keine Penetration stattgefunden hatte, der Mißbrauch von kurzer Dauer gewesen war und die Familie unterstützend reagiert hatte (Kapitel 9.1).

9.1.3 Sexueller Mißbrauch kann an sich traumatisch sein

Multivariate Analyseverfahren machen es möglich, der Frage nachzugehen, ob sexueller Mißbrauch unabhängig von anderen Faktoren, wie beispielsweise der Beziehung zu den Eltern, zur Entwicklung psychischer und sozialer Auffälligkeiten führen kann (Exkurs Kapitel 4). Die Ergebnisse der Studien bestätigen eindeutig, was PraktikerInnen schon lange wußten: Sexueller Mißbrauch kann an sich traumatisch sein.

Greenwald u.a. (1990, 508ff.) fanden beispielsweise, daß die 54 von ihnen untersuchten Opfer sexueller Ausbeutung ihre Eltern als weniger emotional stützend erlebten als die nicht mißbrauchten Frauen der Vergleichsgruppe. Eine weitere Analyse der Daten zeigte dann aber, daß die sexuell mißbrauchten Frauen auch unabhängig von dem Faktor »elterliche emotionale Unterstützung« mehr psychische Probleme hatten als die nicht mißbrauchten.

Zu einem sehr ähnlichen Ergebnis kommen Bagley und McDonald (1984, 20), die 57 Frauen, die wegen sexuellen Mißbrauchs, körperlicher Mißhandlung oder dem Zusammenbruch ihrer Familie in die öffentliche Erziehung gekommen waren, mit 30 Frauen verglichen, die nicht von ihrer Familie getrennt worden waren.

Auch Peters (1988, 111f.) fand, daß fehlende mütterliche Wärme einen Teil der Folgen mitbedingt, daß aber sexueller Mißbrauch unabhängig davon als Ursache psychischer und sozialer Auffälligkeiten mitentscheidend bleibt.

Draijer (1990, 135ff.) kommt bei ihrer schon mehrfach erwähnten holländischen Studie zu fast gleichlautenden Ergebnissen. Bei der schrittweisen Regressionsanalyse zeigte sich, daß die Variablen »elterliche Ablehnung« und »Vernachlässigung« »per se wichtige Bedingungen für die Vorhersage späterer Auffälligkeiten sind. Aber auch der sexuelle Mißbrauch trägt unabhängig von diesen Bedingungen zur Vorhersage der späteren Probleme bei.« (Ebd.) Außerdem belegen die Ergebnisse von Draijer, daß »man sich an Gewalt und Brutalität offenbar nicht gewöhnen kann und daß die wiederholte Viktimisierung einen kumulativ schädigenden Effekt hat« (ebd., 137). Sehr wichtig ist zudem ihr Ergebnis, daß sexueller Mißbrauch sehr häufig mit elterlicher Ablehnung und Vernachlässigung, mit einer kalten und kontrollierenden elterlichen Haltung einhergeht (vgl. Kapitel 7.2 und 7.3).

Nur Fromuth (1986, 9) kommt zu einem abweichenden Ergebnis. Wenn die von ihr verwendete »Parent Support Scale« in die Analyse einbezogen wurde, fand sich zwischen einem sexuellen Mißbrauch und psychischen Problemen kaum noch ein Zusammenhang. Allerdings stellt Fromuth wegen methodischer Mängel ihr eigenes Ergebnis selbst teilweise wieder in Frage (ebd., 14).

Es ist also nicht daran zu rütteln, daß sexueller Mißbrauch unabhängig von anderen Faktoren schädigend wirkt. Dennoch sind die beobachteten psychischen und sozialen Auffälligkeiten von Opfern sexuellen Mißbrauchs nicht ausschließlich als Folge der sexuellen Ausbeutung zu sehen. Vielmehr sind sie häufig durch damit einhergehende Faktoren wie beispielsweise emotionale Vernachlässigung oder körperliche Mißhandlung mitbedingt.

9.1.4 Geschlechtsspezifische Unterschiede

Lange Zeit gab es so gut wie keine Untersuchung über die Auswirkungen sexuellen Mißbrauchs auf Jungen. Obgleich etwa gut ein Viertel aller mißbrauchten Kinder Jungen sind, werden Jungen in weit weniger als einem Viertel aller Studien miteinbezogen. Speziell mit Jungen beschäftigt sich im Vergleich mit Mädchen nur ein sehr kleiner Teil der Beiträge (Finkelhor 1990, 325; Friedrich u.a. 1986, 22). Erst in den letzten Jahren sind ein paar Studien erschienen, die sich systematisch mit den psychischen und sozialen Auffälligkeiten sexuell mißbrauchter Jungen befassen. Dabei zeigte sich, daß Jungen ähnlich wie Mädchen unter bedeutenden kurz-, mittel- und langfristigen Folgen leiden (Finkelhor 1990, 325).

Die größte Überraschung in bezug auf die Untersuchungsergebnisse ist, daß sich die Auswirkungen sexueller Ausbeutung von Jungen nur wenig von denen des sexuellen Mädchenmißbrauchs unterscheiden. Dies ist um so erstaunlicher, weil Jungen seltener von Familienangehörigen mißbraucht werden, weil in den meisten Fällen das Stigma der Homosexualität hinzukommt und sexuelle Probleme im allgemeinen bei Jungen anders gelagert sind als bei Mädchen (ebd.).

In denjenigen Studien, die nicht allzu lange nach der Aufdeckung des sexuellen Mißbrauchs durchgeführt wurden, wurden bei Jungen die gleichen durch emotionalen Streß ausgelösten Auffälligkeiten wie bei Mädchen gefunden: Ängste, Schlafstörungen und Verwirrung. So zeigten Jungen und Mädchen bei der Untersuchung von Conte u.a. (1986) bei 33 von 37 ausgewerteten Symptomen keine Unterschiede (Finkelhor 1990, 325). Auch bei Kolko u.a. (1988, 537) fanden sich bezüglich der Reaktionen nur geringfügige Differenzen. Friedrich u.a. (1986, 56) stellten fest, daß Jungen etwas mehr zu nach außen gerichteten Verarbeitungsformen neigen als Mädchen, die ihre Verletzungen eher nach innen wenden. Ansonsten gab es keine großen Unterschiede.

Bei der folgenden Darstellung der Auswirkungen sexueller Ausbeutung von Kindern wird dennoch nach Möglichkeit zwischen Jungen und Mädchen differenziert, um die zweifellos vorhandenen geschlechtsspezifischen Besonderheiten nicht von vornherein auszublenden.

9.1.5 Symptome als Überlebensstrategien

Die durch den sexuellen Mißbrauch ausgelösten Gefühle und Eindrücke müssen von den Kindern irgendwie abgewehrt oder verarbeitet werden, damit sie die Situation überleben können. Die Kinder entwickeln dabei die unterschiedlichsten Strategien. Ein Kind frißt sich z.B. eine Fettschicht an, ein anderes flüchtet sich in eine Traumwelt, und ein drittes spricht mit keinem Menschen mehr. Alle diese unterschiedlichen Verarbeitungsformen stimmen jedoch zumindest in einem Punkt überein: »Sie stellen letztlich den Versuch dar, das verletzte Innere zu schützen, sich selbst und die

ausgelösten Gefühle möglichst nicht wahrzunehmen, abzuspalten, die eigenen Emp-
findungen auf ein Minimum zu reduzieren oder sich ›weg‹ zu machen.« (Mebes 1990,
71.)

Diese Verhaltensweisen, die es den Kindern ermöglichen, eine andauernde Mißbrauchssituation auszuhalten, prägen sich häufig tief ein. Auch wenn der sexuelle
Mißbrauch längst beendet ist und sie ihre Funktion eigentlich erfüllt haben, bestimmen sie das Leben der Frauen und Männer weiter. Sie haben sich verselbständigt. Eine
sexuell mißbrauchte Frau beschreibt dies folgendermaßen:

»Mein Problem war, daß ich diese Überlebenstechniken in mein Erwachsenenleben
mit hinübernahm. Die eisigen Mauern, die ich um meine Gefühle gezogen hatte,
schmolzen nicht, und aus der Realität flüchtete ich mich weiter in betäubende
Träume (...). Als Kind hatte ich gelernt, Gefühle auszuschalten; wie sollte ich sie als
Erwachsene dann wahrnehmen? Als Kind hatte ich mich durch das ständige Wieder-
holen meiner Gebete betäubt; als Erwachsene war ich oft teilnahmslos gegenüber
meiner Umwelt. Als Kind hatte ich unzählige Nächte damit verbracht, so zu tun, als
wenn ich schliefe. Das war eine Lüge gewesen, eine List – und zugleich das einzige,
das mein kindliches Gemüt sich ausdenken konnte, um mich vor den Belästigungen
zu schützen. Doch als ich erwachsen wurde, hatte ich eine Menge Übung darin,
Dinge abzuleugnen. Es lag deshalb nahe, mir weiterhin vorzumachen, daß etwas, was
ich erlebte, in Wirklichkeit ganz anders sei: Wenn ich Zorn, Angst oder Trauer spürte,
war es in Wirklichkeit eben etwas anderes, und wenn ich diese unerwünschten und
bedrückenden Gefühle nur lange genug ignorierte, dann würden sie schließlich
verschwinden, so, wie mein Vater schließlich immer wieder aufstand und im Dunkel
der Nacht verschwand.« (Lison/Poston 1991, 46.)

Drei sehr wichtige Erkenntnisse leiten sich aus dem Zusammenhang von Überle-
bensstrategien und Langzeitfolgen ab: Erstens sind die psychischen und sozialen
Auffälligkeiten, die sexuell mißbrauchte Kinder zeigen, als überlebensnotwendig und
als kindliche Stärke anzusehen. Egal wie verrückt oder selbstzerstörerisch sie erscheinen, sie schützen das Kind vor Schlimmerem und sind ein verzweifelter Hilferuf.
Deshalb ist es zweitens notwendig, daß wir die Verhaltensweisen erkennen und
verstehen lernen, um Wege eröffnen zu können, die den Schutz der Opfer auf weniger
beeinträchtigende Art und Weise sichern helfen (Mebes 1990, 72). Drittens ist Psy-
chotherapie mit erwachsenen Mißbrauchsopfern wahrscheinlich effektiver, wenn der
sexuelle Mißbrauch bearbeitet und nicht, wie in einigen Therapieformen üblich, nur
vom »Hier und Jetzt« ausgegangen wird (Briere/Runtz 1987, 375).

9.2 Darstellung der Folgen

Die Verhaltensstrategien, die die Kinder entwickeln, um den sexuellen Mißbrauch zu
überstehen, werden oftmals verinnerlicht. Sie werden so zu einem Teil des Verhal-
tensrepertoires, obwohl die Kinder sie als Schutz und Überlebenshilfen nicht mehr
brauchen (s.o.). Das heißt, daß die Auswirkungen des sexuellen Mißbrauchs nicht auf
die Kindheit und Jugend der Opfer beschränkt bleiben, sondern daß die Opfer auch
als Frauen und Männer noch lange nach dem Ende des sexuellen Mißbrauchs mit den
Folgen leben müssen (Steinhage 1991, 105).

Etwas tröstlich ist vielleicht, daß nicht alle Opfer sexueller Gewalt ihr ganzes Leben lang darunter leiden. Ein Teil der Frauen und Männer schafft es, den sexuellen Mißbrauch in die Lebensgeschichte zu integrieren und ohne psychische und soziale Auffälligkeiten zu leben. Diese Tatsache gibt allen Betroffenen die begründete Hoffnung, daß Langzeitfolgen vermeidbar sind (Browne/Finkelhor 1986, 72).

Wichtig ist diese Erkenntnis vor allem deshalb, weil durch die Berichterstattung in den Massenmedien oft alle erwachsenen Mißbrauchsopfer als »total zerstörte Wesen« gesehen werden, denen letztlich nicht mehr zu helfen sei (Lison/Poston 1991, 25).

Welche Symptome die sexuell mißbrauchten Menschen zeigen, wird im folgenden anhand ausländischer Untersuchungen und meiner eigenen Ergebnisse diskutiert. Dabei sind die Resultate meiner Befragung als Übergang zwischen Sofort- und Langzeitfolgen zu sehen. Denn für einen Teil der StudentInnen liegt der sexuelle Mißbrauch erst einige Jahre zurück. Von Langzeitfolgen zu sprechen, wäre deshalb etwas verfrüht, zumal StudentInnen für einige in der Forschung genannte Langzeitfolgen, wie überdurchschnittlich häufige Ehescheidungen, zu jung sind.

Da es sich bei vielen der referierten ausländischen Studien um Arbeiten aus den USA handelt, möchte ich vorweg noch kurz anmerken, daß der überwiegende Teil auf Stichproben aus der weißen Bevölkerung beruht. Ethnische Minderheiten werden kaum erfaßt. In einigen anderen Studien werden zwar ethnische Minderheiten befragt, sie differenzieren aber bei der Auswertung und Analyse nicht (Russell u.a. 1988, 119). Einzig Wyatt (1985) und Russell u.a. (1988) unternehmen den Versuch, zumindest zwischen weißer und schwarzer Bevölkerung zu unterscheiden. Dabei zeigt sich, daß das Ausmaß sexueller Gewalt in den verschiedenen ethnischen Gruppen etwa gleich hoch ist (Wyatt 1985, 513; Russell u.a. 1988, 121). Auch bei den Sofortfolgen sind zumindest zwischen schwarzen und weißen Mißbrauchsopfern keine besonderen Unterschiede festzustellen (Wyatt 1990, 338). Nur bei den Spätfolgen deuten die Ergebnisse der Studie von Russell u.a. (1998, 124) darauf hin, daß schwarze Frauen stärker traumatisiert werden als weiße Frauen.

Weitere Forschungen zu dieser Frage sind nicht nur für die USA, sondern auch für die multikulturelle Gesellschaft der Bundesrepublik Deutschland wünschenswert. Denn es ist wichtig zu wissen, ob beispielsweise türkische Mädchen und Jungen einen sexuellen Mißbrauch aufgrund kultureller Eigenheiten anders erleben als deutsche Kinder, um ihnen angemessene Beratungsmöglichkeiten anbieten zu können.

9.2.1 Erste emotionale Reaktionen

Sexueller Mißbrauch löst bei Kindern eine Reihe unangenehmer Gefühle aus. Viele Betroffene berichten, daß sie starken Ekel gespürt hätten. Oftmals fühlen sich die Opfer hilflos und sind verwirrt und sprachlos über das, was da mit ihnen geschieht. Viele der Betroffenen schämten sich dafür, daß sie sexuell mißbraucht wurden. In verschiedenen US-amerikanischen Studien zeigte sich, daß je nach Untersuchung 40 bis mehr als 80 Prozent der Kinder Angst haben, etwa 50 Prozent wütend und ärgerlich sind und 25 bis 60 Prozent sich mitschuldig fühlen (Browne/Finkelhor 1986, 68). Leider lassen die Studien keine Rückschlüsse über die Frage zu, ob Mädchen und Jungen unterschiedliche Gefühle entwickeln oder nicht.

Sylvia Frasers (1990, 23) Beschreibung ihrer Gefühle illustriert, wie heftig die Gefühlsreaktionen sein können:

»Daddy liebt mich nicht mehr ... Haß Haß Haß. Ich habe Angst, ihn mit meinen Fäusten zu schlagen. Ich habe Angst, es meiner Mommy zu sagen. Ich weiß, daß sie Helen liebhat, weil Helen gut ist, aber mich mag sie nicht, weil ich schmutzig bin. Schmutz Schmutz. Angst Schuld Angst Angst Schmutz Schmutz Angst Angst Angst Angst Angst.«

9.2.1.1 Eigene Ergebnisse

Bei fast allen StudentInnen hat die sexuelle Ausbeutung unangenehme Gefühle ausgelöst (Tabelle 25). Insgesamt blieben von den sexuellen Übergriffen nur wenige Opfer gefühlsmäßig wenig oder gar nicht beeindruckt. Dabei handelte es sich in allen Fällen um »weniger intensive« oder exhibitionistische Formen sexueller Gewalt. Die Unterschiede zwischen den Frauen und Männern sind statistisch nicht signifikant.

Tabelle 25: Unangenehme Gefühle[1] bei den sexuell mißbrauchten StudentInnen

	Frauen (n=160)	Männer (n=27)
mindestens zwei unangenehme Gefühle intensiv empfunden	88%	74%
mindestens zwei unangenehme Gefühle mittelmäßig/intensiv empfunden	94%	93%
wenig oder keine unangenehmen Gefühle	6%	7%

1) Unangenehme Gefühle sind Angst, Schuld, Scham, Hilflosigkeit, Verwirrung, Sprachlosigkeit, Wut, Ekel, Haß oder Trauer.

Die am häufigsten intensiv erlebten unangenehmen Gefühle sind bei den Frauen Ekel, Verwirrung, Hilflosigkeit und Scham. Jeweils 60 bis 70 Prozent der Frauen reagierten unter anderem mit diesen Emotionen. Zudem war jeweils über die Hälfte der Frauen wütend, überrascht, sprachlos und hatte Angst. Haß auf den Täter und Trauer erlebten jeweils etwa 40 Prozent der Frauen (vgl. Tabelle 26). Der sexuelle Mißbrauch durch Familienmitglieder löst dabei offensichtlich am meisten emotionalen Streß aus. Vor allem bei den Ekel- und Hilflosigkeitsgefühlen sind die Werte bei den durch Familienangehörige sexuell mißbrauchten Studentinnen höher als bei den durch Bekannte oder Fremde ausgebeuteten Frauen. Bei den Scham- und Schuldgefühlen weisen die Opfer von Angehörigen und von Bekannten zudem wesentlich höhere Werte auf als die Opfer fremder Täter. Die Unterschiede beim Gefühl Hilflosigkeit erreichen zwischen den durch Angehörige und den durch Bekannte sexuell mißbrauchten Frauen Signifikanzniveau (X^2(df1) = 4,65 = p .05). Beim Gefühl Scham sind sie zwischen denen, die durch Bekannte und denen, die durch Fremde sexuell ausgebeutet wurden, statistisch signifikant (X^2(df1) = 4,49 = p .05).

Tabelle 26: Die durch sexuellen Mißbrauch in intensiver[1] Ausprägung ausgelösten Gefühle

| | Männer | Frauen | Frauen: Täter waren | | |
	Gesamt		Angehörige	Bekannte	Fremde
Ekel	28% (n=25)[2]	71%*** (n=136)	83% (n=30)	67% (n=64)	69% (n=42)
Verwirrung	50% (n=22)	71% (n=127)	75% (n=28)	68% (n=63)	72% (n=36)
Hilflosigkeit	48% (n=25)	66% (n=129)	81%* (n=33)	60% (n=60)	62% (n=37)
Scham	48% (n=23)	63% (n=136)	67% (n=33)	69%* (n=67)	47% (n=36)
Wut	39% (n=23)	55% (n=117)	58% (n=24)	52% (n=58)	54% (n=35)
Sprachlosig- keit	35% (n=23)	53% (n=118)	59% (n=27)	53% (n=57)	50% (n=34)
Angst	27% (n=22)	49% (n=129)	44% (n=27)	52% (n=63)	46% (n=38)
Haß	26% (n=23)	40% (n=112)	42% (n=24)	35% (n=54)	47% (n=34)
Trauer	9% (n=22)	39%** (n=121)	44% (n=25)	35% (n=62)	41% (n=34)
Schuld	5% (n=22)	26% (n=109)	32% (n=25)	29% (n=55)	14% (n=29)

1) Intensive Ausprägung = völlig, überwiegend

2) (n=...) gibt die Gesamtzahl aller Nennungen an. Beispielsweise gaben 97 Frauen an, sich überwiegend oder völlig geekelt zu haben. Dies sind 71 Prozent aller 136 Angaben der sexuell mißbrauchten Frauen zu diesem Punkt.

* = p .05, ** = p .01, *** = p .001

Dieses Ergebnis könnte durch die unterschiedlichen Charakteristika des innerfamilialen und außerfamilialen sexuellen Mißbrauchs mitbedingt sein. Während beispielsweise 75 Prozent der Mißbrauchsfälle durch Angehörige Monate oder Jahre dauerten, ist dies bei 32 Prozent der Opfer von Tätern aus dem außerfamilialen Nahraum und bei fünf Prozent der Opfer fremder Täter der Fall. Daß sich für viele Betroffene durch die Wiederholung der Tat das Gefühl der Hilflosigkeit steigert, erscheint plausibel. Ähnlich dürfte es bei den Scham- und Schuldgefühlen sein. Hinzu kommt sicherlich noch, daß sexueller Mißbrauch durch Väter, Brüder oder Freunde der Familie stärker tabuisiert ist als ein sexueller Mißbrauch durch einen Fremden.

Bei den Männern liegen alle Werte weit unter denen der Frauen. Bei den Gefühlen Ekel und Trauer sind die Differenzen zwischen den mißbrauchten

Frauen und den Männern statistisch signifikant (X^2(df1) = 17,11 = p .001; X^2(df1) = 6,54 = p .025).

Einerseits könnte dies daran liegen, daß sich die Mißbrauchserfahrungen der Studenten von denen ihrer Kommilitoninnen teilweise unterscheiden. Beispielsweise sind die Männer häufiger von Gleichaltrigen sexuell mißbraucht worden (vgl. Kapitel 6.7). Denkbar ist auch, daß Jungen sexuellen Mißbrauch aufgrund der geschlechtsspezifischen Sozialisation anders erleben und bewerten als Mädchen. Drittens ist sicher nicht von der Hand zu weisen, daß es Jungen und Männern schwerer fällt, Gefühle, die als Schwäche gelten, zuzulassen (Schnack/Neutzling 1990, 43ff.). Es könnte deshalb sein, daß die mit dem sexuellen Mißbrauch in Zusammenhang stehenden unangenehmen Gefühle stärker als bei den Frauen geleugnet bzw. verdrängt werden.

Entsprechend den Ergebnissen zu den unangenehmen Gefühlen empfand keine einzige der sexuell mißbrauchten Frauen auch nur etwas Freude über die sexuellen Übergriffe. Ein Ergebnis, das noch einmal sehr deutlich werden läßt, daß es eine Schutzbehauptung ist, wenn die Täter sagen, »es macht dem Kind ja auch Spaß«. Auch von den Männern gaben nur drei an, ein wenig Freude bei den sexuellen Handlungen empfunden zu haben. Dagegen haben 22 Prozent der Studenten und neun Prozent der Studentinnen Lustgefühle angegeben. Dies bedeutet keinesfalls, daß diese StudentInnen den sexuellen Mißbrauch gewollt oder daß sie ihn initiiert haben. Es ist eine vielfach berichtete Erfahrung, daß Kinder durch die Stimulationen der Täter erregt werden können. Der Körper des Kindes reagiert oft fast automatisch auf die Reizsituation. Für viele Opfer sexuellen Mißbrauchs verschlimmern sich dadurch die Schuldgefühle. Sie werden noch tiefer in die Isolation getrieben. Sie denken, daß sie ja mitgemacht, daß sie den Täter verführt oder sich nicht genügend gewehrt hätten. Nun würde ihnen endgültig niemand mehr glauben und alle würden mit den Fingern auf sie zeigen (Armstrong 1985, 169f.; Lison/Poston 1991, 135, 194 und 249f.).

Neugierde zeigten nach eigenen Angaben 16 Prozent der Frauen und 37 Prozent der Männer. Auch diese Zahlen sind kein Grund, den Kindern irgendwelche Mitschuld zu geben. Denn es ist für Kinder normal, auf Dinge, die sie nicht kennen, mit Neugierde zu reagieren. Aber »aus der kindlichen Neugier an sexuellen Dingen einen Wunsch nach sexuellen Kontakten mit Erwachsenen abzuleiten, ist so unangemessen, wie aus der kindlichen Neugier an Tätigkeiten, die Erwachsene ausüben, einen Wunsch nach Berufstätigkeit abzuleiten« (Rust 86, 14).

Die referierten Ergebnisse belegen insgesamt eindrucksvoll, daß sexueller Mißbrauch für Kinder eine aversive und mit teilweise erheblichen emotionalen Beeinträchtigungen einhergehende Erfahrung ist. Es wäre deshalb auch eher überraschend, wenn sexuelle Ausbeutung nicht zu vielfältigen Kurz- und Langzeitfolgen führen würde.

9.2.2 Körperliche und psychosomatische Folgen

Von PraktikerInnen wird immer wieder berichtet, daß viele Erwachsene, die als Kinder sexuell mißbraucht worden sind, unter psychosomatischen Beschwerden leiden. Sie klagen über Kopf-, Hals-, Ohren-, Magen- und Unterleibsbeschwerden, für die sich keine organischen Ursachen finden lassen (Steinhage 1991, 107; Enders 1990, 78).

In drei Studien, die die »Hopkins Symptom Checklist« als Meßinstrument verwendeten, zeigten dementsprechend die sexuell mißbrauchten Untersuchungsteilnehmerinnen signifikant höhere Werte in der Kategorie »psychosomatische Beschwerden« als die nicht mißbrauchten Frauen (Greenwald u.a. 1990, 509; Murphy u.a. 1988, 67f.; Briere/Runtz 1988, 53f.).

Leider werden die Ergebnisse nicht nach den einzelnen psychosomatischen Erkrankungen aufgeschlüsselt, so daß unklar bleibt, wie eng der Zusammenhang zwischen den speziellen psychosomatischen Beschwerden und sexuellem Mißbrauch ist. Männer sind bisher im übrigen kaum in diese Untersuchungen einbezogen worden.

Einzig zu der Frage, wie häufig Frauen mit Eßstörungen in ihrer Kindheit sexuell mißbraucht worden sind, gibt es spezielle Studien. Runtz und Briere (1986, 328f.) stellten bei Studentinnen einen signifikanten Unterschied fest. Die über ihre Adoleszenz befragten, im Durchschnitt etwa 20 Jahre alten sexuell mißbrauchten Studentinnen gaben wesentlich häufiger als ihre nicht mißbrauchten Kommilitoninnen an, daß sie als Jugendliche wenig gegessen hätten.

Bulik u.a. (1989, 461f.) untersuchten 35 Frauen, die die DMS-III-Kriterien für Bulimie erfüllten. Zwölf (34 Prozent) dieser Frauen waren selbst Opfer sexuellen Mißbrauchs oder hatten eine sexuell mißbrauchte Schwester. Elf der zwölf Frauen waren innerfamilial mißbraucht worden. Sloan und Leichner (1986) fanden bei 29,5 Prozent von 78 magersüchtigen oder bulimischen Frauen eine Vorgeschichte sexuellen Mißbrauchs. Diese Anzahl vergrößerte sich auf 64,1 Prozent, nachdem Sloan und Leichner ihre Mißbrauchsdefinition erweitert hatten (ebd., 460).

9.2.2.1 Eigene Ergebnisse

Eßstörungen

Auf die Frage, ob sie Eßstörungen haben, antworteten auch bei meiner Befragung die sexuell mißbrauchten Studentinnen insgesamt häufiger mit »Ja« als ihre nicht sexuell ausgebeuteten Kommilitoninnen. Diese Differenz liegt fast ausschließlich an den durch Angehörige sexuell mißbrauchten Studentinnen, denn einzig ihre Angaben ergaben im Vergleich mit den nicht mißbrauchten Studentinnen einen statistisch signifikanten Unterschied.

Ein Vergleich der anal, oral oder vaginal vergewaltigten Frauen mit denen, die »intensiven« oder »weniger intensiven« sexuellen Mißbrauch erlebten, zeigt, daß die erste Gruppe statistisch signifikant häufiger über Eßstörungen berichtete, und zwar unabhängig von der Beziehung zum Täter (X^2(df1) = 8,02 = p. 01). Von den vergewaltigten Frauen gaben 63 Prozent Eßstörungen an, während dies bei den anderen Frauen in 33 Prozent der Fall war. **Zwischen Vergewaltigungserfahrungen und Eßstörungen besteht folglich ein enger Zusammenhang.**

Zudem ist festzustellen, daß die mehrfach mißbrauchten Frauen wesentlich häufiger Eßstörungen angaben als die einmal mißbrauchten (X^2(df1) = 3,84 = p .05). Da vor allem die durch Angehörige sexuell mißbrauchten Frauen über einen längeren Zeitraum mißbraucht worden waren, könnte der Unterschied zwischen ihnen und den durch Bekannte und Fremde sexuell mißbrauchten Frauen durch die engere emotionale Beziehung zum Täter und die Dauer des sexuellen Mißbrauchs bedingt sein.

Angesichts der weit verbreiteten Einschätzung, daß Jungen selten mit Eßstörungen auf einen sexuellen Mißbrauch reagieren, ist der mit 30 Prozent hohe Anteil der sexuell mißbrauchten Studenten, die sich als eßgestört einschätzen, scheinbar überraschend (Tabelle 27). Es ist allerdings nicht danach gefragt worden, ob zu viel oder zu wenig gegessen wurde. Es kann deshalb nicht gesagt werden, ob Männer häufiger als bisher angenommen zur Magersucht neigen, oder ob es sich überwiegend um übermäßiges Essen handelt. Eine spezielle Studie zum Problem Eßstörungen bei sexuell mißbrauchten Menschen erscheint angesichts dieser Ergebnisse wünschenswert.

Allgemein wird angenommen, daß Jungen relativ selten Eßstörungen entwickeln. Aufgrund seiner praktischen Erfahrungen mit eßgestörten Kindern und Jugendlichen weist der klinische Psychologe Brett Valette dies zurück (Valette 1990, 15f.). Meine Ergebnisse bestätigen seine Einschätzung. Immerhin neun Prozent der nicht mißbrauchten und 30 Prozent der mißbrauchten Studenten schätzten sich als eßgestört ein.

Tabelle 27: Eßstörungen

Männer		Frauen		Frauen: Täter waren		
nicht mißb. (n=309)	mißb. (n=27)	nicht mißb. (n=366)	mißb. (n=118)	Angehörige (n=30)	Bekannte (n=48)	Fremde (n=32)
9%	30%***	28%	40%*	55%**	33%	29%

* = $(X^2(df1) = p \ .05)$
** = $(X^2(df1) = p \ .01)$
*** = $X^2(df1) \ p \ .001)$

Die durch Angehörige sexuell mißbrauchten Frauen unterscheiden sich hinsichtlich ihres Eßverhaltens von den durch Fremde mißbrauchten signifikant (p .05).

Ablehnen des eigenen Körpers

Der sexuelle Mißbrauch hinterläßt bei vielen Opfern das Gefühl, beschmutzt und dreckig zu sein. Sie ekeln sich nicht nur vor dem Täter, sondern auch vor ihrem eigenen Körper. Sie sehen ihn manchmal sogar als Ursache für den sexuellen Mißbrauch an. Deshalb verwundert es nicht, daß die sexuell mißbrauchten Studentinnen ihren Körper weniger mögen als die nicht mißbrauchten (t-Test (df249) = 2,76 = p .005). Wiederum sind es vor allem die durch Angehörige sexuell mißbrauchten Frauen, die darunter leiden. Denn nur der Unterschied zwischen ihnen und den nicht betroffenen Frauen ist statistisch signifikant (t-Test (df201) = 2,67 = p .001).

Dies könnte damit zusammenhängen, daß von ihnen wesentlich mehr über einen längeren Zeitraum sexuell mißbraucht worden sind als von den Opfern bekannter und fremder Täter. **Denn die wiederholt sexuell mißbrauchten Frauen lehnten** ihren Körper fast doppelt so häufig ab wie die Frauen, deren sexueller Mißbrauch aus einem einzigen sexuellen Übergriff bestand (19%:10%). Der Unterschied ist allerdings statistisch nicht signifikant (X^2(df1) = 1,92 = n.s.).

Als Erklärung für die stärkere Ablehnung ihres Körpers ist denkbar, daß die Kinder, die immer wieder sexuell mißbraucht werden, ihren Körper als eine der Ursachen für den sexuellen Mißbrauch ansehen und ihn deshalb ablehnen. Außerdem wächst sicherlich mit jedem neuen Mißbrauch das Gefühl, beschmutzt zu sein.

Wichtig scheint zudem zu sein, was für sexuelle Handlungen die Opfer über sich ergehen lassen mußten. **Denn gerade die Frauen, die vergewaltigt wurden, lehnen ihren Körper im Durchschnitt am stärksten ab, egal ob die Täter Angehörige, Bekannte oder Fremde waren.** Von ihnen mochten 24 Prozent ihren Körper »wenig« oder »nicht«, während dies bei elf Prozent der anderen sexuell mißbrauchten Frauen der Fall war. Allerdings ist der Unterschied statistisch nicht signifikant (X^2(df1) = 2,61 = n.s.).

Tabelle 28: Beziehung zum eigenen Körper (t-Test)

		Ich mag meinen Körper				
		nicht	wenig	mittel-mäßig	ziemlich	sehr
Frauen:						
nicht mißbraucht	(n=370)	1%	4%	31%	56%	8%
sexuell mißbraucht	(n=129)	4%	10%	36%	40%	9%[*]
Täter waren						
Angehörige	(n=33)	3%	21%	30%	42%	3%[**]
Bekannte	(n=58)	2%	7%	41%	41%	9%
Fremde	(n=33)	6%	–	33%	42%	18%
Männer:						
nicht mißbraucht	(n=309)	1%	5%	24%	56%	15%
sexuell mißbraucht	(n=28)	–	7%	29%	64%	–

[*] = p .005
[**] = p .001

Unterleibsbeschwerden

Steinhage (1985, 52) berichtet, daß bei einer von ihr durchgeführten Telefonbefragung, an der sich etwa 200 sexuell mißbrauchte Frauen beteiligten, einige der Anruferinnen einen direkten Zusammenhang sahen zwischen ihrem sexuellen Mißbrauch und organischen Krankheiten, unter denen sie litten. Sie hätten von starken Unterleibsbeschwerden, Zysten, Verwachsungen und Geschwulsten gesprochen und dies damit in Verbindung gebracht, daß sie ihren Unterleib ablehnten.

Ausgehend von diesen Aussagen fragte ich die StudentInnen im Fragebogen, ob sie Unterleibsbeschwerden hätten. Die sexuell mißbrauchten Studentinnen gaben statistisch signifikant häufiger als ihre nicht mißbrauchten Kommilitoninnen an, daß sie solche Probleme hätten. Wie so oft weisen die durch Angehörige und Bekannte sexuell mißbrauchten Frauen höhere Werte auf als die durch fremde Täter mißbrauchten. Dieser Unterschied ergibt sich vor allem aus der Tatsache, daß die Opfer fremder Täter fast zur Hälfte sexuellen Mißbrauch ohne Körperkontakt erlebten. Läßt man diese Gruppe außer Betracht, nähern sich die Ergebnisse deutlich an. Bei den Männern ist zwischen beiden Gruppen kein großer Unterschied zu finden (Tabelle 29). Ausländische Studien liegen meines Wissens zu dieser Frage nicht vor.

Tabelle 29: Unterleibsbeschwerden

Männer		Frauen		Frauen: Täter waren		
nicht mißb. (n=309)	mißb. (n=27)	nicht mißb. (n=361)	mißb. (n=122)	Angehörige (n=31)	Bekannte (n=54)	Fremde (n=33)
6%	4%	20%	37%**	45%*	54%**	27%

$^{*} = (X^2(df1) = p\ .01)\ 2$

$^{**} = (X^2(df1) = p\ .001)$

Die durch Bekannte sexuell mißbrauchten Frauen unterscheiden sich zudem von den durch Fremde mißbrauchten signifikant (p .05).

Erstickungsanfälle, Asthma

Vereinzelt wird von Mißbrauchsopfern erzählt, daß sie unter Erstickungsanfällen und Asthma litten. Dies bringen die Betroffenen meist mit realen Erfahrungen in Verbindung: Sie hatten als Kinder panische Angst zu ersticken, »wenn der Mißbraucher ihnen den Mund zugehalten hatte, damit sie nicht schreien konnten, und wenn sie beim erzwungenen Oralverkehr sein Sperma schlucken mußten« (Steinhage 1985, 48).

Bei den Antworten auf die Frage, ob sie manchmal Erstickungsanfälle haben, zeigt sich eine schwache Tendenz in die Richtung, daß sexuell mißbrauchte StudentInnen häufiger solche Anfälle kennen. Bei den Frauen gaben acht Prozent der mißbrauchten und fünf Prozent der nicht mißbrauchten Studentinnen und bei den Männern vier Prozent der betroffenen und zwei Prozent der nicht betroffenen Studenten an, schon mal Erstickungsanfälle gehabt zu haben. Die Unterschiede sind aber nicht statistisch signifikant.

Die weitergehende Analyse der Daten zeigt, daß unter den Mißbrauchsopfern fast ausschließlich Frauen und Männer, die vergewaltigt worden waren, Erstickungsanfälle hatten. 21 Prozent von ihnen berichteten von solchen Anfällen, während »nur« vier Prozent von denen, die genitale Manipulationen oder erzwungene Zungenküsse u.ä. erlebt hatten, Erstickungsanfälle angaben. Der Unterschied ist statistisch signifikant ($X^2(df1) = 4{,}93 = p\ .05$).

Schlafstörungen

Durch Untersuchungen ist belegt, daß viele Mißbrauchsopfer auch als Erwachsene Schlafstörungen und Alpträume haben. Die Ergebnisse meiner Befragung bestätigen dies größtenteils. Von den sexuell mißbrauchten Studentinnen gaben deutlich mehr als von den nicht mißbrauchten an, daß sie oft Alpträume, Einschlafschwierigkeiten, einen unruhigen oder unterbrochenen Schlaf haben. Dementsprechend schlafen weniger von ihnen tief und fest. Bei den Männern ist ebenfalls eine allerdings schwache Tendenz zu mehr Schlafstörungen bei den Opfern sexueller Gewalt festzustellen (Tabelle 30).

Tabelle 30: Schlafstörungen

	Ich habe ziemlich oder sehr häufig (einen) ...			
	Frauen		Männer	
	nicht mißb. (n=373)	mißb. (n=123)	nicht mißb. (n=308)	mißb. (n=27)
festen Schlaf	76%	67%[*]	83%	78%
unruhigen Schlaf	8%	20%[**]	7%	7%
unterbrochenen Schlaf	11%	26%[**]	11%	15%
Einschlafprobleme	6%	16%[**]	6%	7%
Alpträume	4%	9%	1%	4%

1) Bei »festem Schlaf« und bei »unruhigem Schlaf« ist n=369.
2) Bei »festem Schlaf« ist n=126, und bei »Alpträumen« ist n=128.
3) Bei »Einschlafproblemen« und bei »Alpträumen« ist n=28.
[*] = (X^2(df1) = p .05), [**] = (X^2(df1) = p .001)

Die Differenzierung nach Bekanntschaftsgrad zwischen Opfer und Täter ergibt, daß die durch Angehörige und Bekannte sexuell mißbrauchten Frauen häufiger als die Opfer fremder Täter unter Schlafproblemen leiden. Allerdings ist nur einer der Unterschiede statistisch signifikant.

Dagegen zeigt sich bei der Unterteilung der Mißbrauchsopfer hinsichtlich der Art des sexuellen Mißbrauchs, daß die vergewaltigten Frauen statistisch signifikant häufiger als die Opfer andersartigen Mißbrauchs Alpträume haben und seltener fest schlafen (Alpträume: X^2(df1) = 12,0 = p .001; fester Schlaf: X^2(df1) = 12,1 = p .001). Ähnlich sind die Ergebnisse, wenn nach der Dauer des sexuellen Mißbrauchs differenziert wird (Anhang b: Tabelle 4).

Durch die ausländischen Studien werden diese Ergebnisse gestützt. Auch Briere (1988, 330) fand bei seiner Untersuchung von 192 Frauen in ambulanter psychotherapeutischer Behandlung heraus, daß die sexuell mißbrauchten Frauen statistisch signifikant häufiger Schlafstörungen hatten als die nicht mißbrauchten. Bei Sedneys und Brooks' Studentinnenbefragung (1984, 127) klagten nur die innerhalb der Familie sexuell mißbrauchten Frauen über mehr Alpträume als die nicht betroffenen.

Sprachstörungen

Kinder, die sexuell mißbraucht werden, stehen oft unter großem Druck: Sie glauben, nicht über den sexuellen Mißbrauch sprechen zu dürfen. Die Sprachlosigkeit angesichts dessen, was da passiert, und der gleichzeitige Wunsch, sich einem Menschen anzuvertrauen, damit ihnen endlich geholfen wird, lastet schwer auf den Kindern. Eine logische Folge dieser inneren Anspannung kann sein, daß die Kinder Sprachstörungen entwickeln. Manche Mißbrauchsopfer fangen beispielsweise an zu stottern, und einige verstummen sogar völlig (Steinhage 1985, 44).

Dieser von erwachsenen Mißbrauchsopfern oft beschriebene Zusammenhang wird durch die Ergebnisse meiner Studie belegt. Die sexuell mißbrauchten Frauen und Männer gaben deutlich häufiger als die nicht mißbrauchten StudentInnen an, unter Sprachstörungen zu leiden.

Tabelle 31: Sprachstörungen

Männer		Frauen		Frauen: Täter waren		
nicht mißb. (n=310)	mißb. (n=27)	nicht mißb. (n=354)	mißb. (n=114)	Angehörige (n=29)	Bekannte (n=49)	Fremde (n=31)
10%	19%	4%	16%**	24%**	10%	16%*

* = (X^2(df1) = p .01)
** = (X^2(df1) = p .001)

Die Differenzierung nach Bekanntschaftsgrad zwischen Opfer und Täter zeigt bei den Frauen, daß es vor allem die durch Angehörige und durch Fremde sexuell mißbrauchten Studentinnen sind, die Sprachstörungen angaben (Tabelle 31).

Die weitere Analyse der Daten erbringt keine Rückschlüsse, warum, anders als bei den meisten vorausgegangenen Ergebnissen, die durch fremde Täter sexuell mißbrauchten Frauen sich von den nicht mißbrauchten statistisch signifikant unterscheiden.

9.2.3 Psychische und soziale Folgen

Da ich im Fragebogen aufgrund methodischer Erwägungen nur einige wenige Fragen zu den psychischen und sozialen Auswirkungen des sexuellen Mißbrauchs stellen konnte, werden einige mir sehr wichtig erscheinende psychische Folgen sexuellen Mißbrauchs hier ausführlich anhand der ausländischen Studienergebnisse diskutiert.

Psychotische Symptome

Bei Erwachsenen, die als Kinder sexuell mißbraucht worden sind, finden sich deutlich häufiger als in der Allgemeinbevölkerung psychotische Erkrankungen. In drei Studien, die als Meßinstrument die »Hopkins Symptom Checklist« oder die »Derogatis Symptom Checklist« verwendeten, zeigte sich, daß die Mißbrauchsopfer signifikant häufiger unter Wahnvorstellungen und psychotischen Erkrankungen litten als die nicht mißbrauchten UntersuchungsteilnehmerInnen (Greenwald u.a 1990, 509; Fromuth/Burkhart 1989, 537; Murphy u.a. 1988, 67f.).

Stein u.a. (1988) untersuchten mehr als 3000 BewohnerInnen der Region Los Angeles hinsichtlich der Frage, wie häufig sie psychiatrische Erkrankungen hatten. In einem zweiten Schritt wurden aus den Befragten 82 Mißbrauchsopfer herausgefiltert und mit 2601 nicht betroffenen TeilnehmerInnen verglichen. Es zeigte sich dabei, daß die sexuell mißbrauchten Frauen und Männer statistisch signifikant häufiger als die anderen unter psychiatrischen Störungen litten, die die Kriterien des amerikanischen »Diagnostischen und Statistischen Manuals Psychischer Störungen« (DMS III) erfüllten (Stein u.a. 1988, 142ff.).

Deshalb ist es auch nicht verwunderlich, daß von den 377 Frauen, die Bagley und Ramsay (1986) befragten, die sexuell mißbrauchten Teilnehmerinnen wesentlich häufiger als die nicht mißbrauchten in den vorangegangenen zwölf Monaten in psychiatrischer Behandlung waren. Dabei fanden sich alle sechs festgestellten Fälle von Psychose unter den Mißbrauchsopfern. Die Psychosen kennzeichneten sich eher durch Depersonalisation und Selbstentfremdung, ein Fall von Schizophrenie war nicht darunter (Bagley/Ramsay 1986, 40ff.).

Bei Peters' Studie war von den Mißbrauchsopfern ein deutlich höherer Anteil schon einmal in stationärer psychiatrischer Behandlung gewesen als von den Frauen der Vergleichsgruppe. Dementsprechend findet sich unter PsychiatriepatientInnen ein großer Anteil von Menschen, die als Kinder sexuell mißbraucht wurden: Jacobson und Herald (1990) untersuchten 50 weibliche und 50 männliche PsychiatriepatientInnen. 54 Prozent der Frauen und 26 Prozent der Männer waren als Kinder sexuell mißbraucht worden (Jacobson/Herald 1990, 156). Andere Studien kommen zu ähnlichen Ergebnissen (Beck/van der Kolk 1987: 46%; Bryer u.a. 1987: 28%; Craine u.a. 1988: 49%).

Borderline-Persönlichkeitsstörung

Ein enger Zusammenhang scheint nach einer kleinen Studie von Barnard und Hirsch (1985) auch zwischen der Borderline-Persönlichkeitsstörung im Sinne der DMS III und innerfamilialem sexuellem Mißbrauch zu bestehen. Das Hauptmerkmal einer solchen Persönlichkeitsstörung »ist ein durchgängiges Muster von Instabilität hinsichtlich des Selbstbildes, der zwischenmenschlichen Beziehungen und der Stimmung« (DMS III 1989, 419). Von 33 als Borderline-Persönlichkeit diagnostizierten Frauen waren 57 Prozent von Angehörigen sexuell mißbraucht worden (Barnard/Hirsch 1985, 717). Leider gibt es meines Wissens keine neueren und größeren Untersuchungen über diesen Zusammenhang.

Dissoziation

»Aber inzwischen hatte ich schon ein neues Spiel erfunden, bei dem ich völlig ausschalten konnte, was geschah. Ich weiß noch, wie ich mir sagte: ›Okay, ich kann sie nicht hören und nicht sehen und nicht riechen.‹ Ich schaltete einfach total ab und lag bloß so da. Total tot. Und ich weiß noch, wie ich dalag und keine Schmerzen oder sonstwas fühlte und praktisch einschlief, als wenn du eine Weile im Koma bist. Ich hatte das Gefühl, ich war gar nicht da. Es war eine Art Selbstverteidigung, ich weiß noch, wie ich einmal dachte: ›Ich bin da drüben in der Zimmerecke, und ich kann sie hier grunzen und stöhnen und rummachen hören.‹« (Lison/Poston 1991, 59.)

Dieses Erlebnis einer auf brutale Art und Weise von ihrem Vater und ihrem Onkel sexuell mißbrauchten Frau wird Dissoziation genannt und ist bei sexuell mißbrauchten Kindern ein häufig angewandter Schutzmechanismus, um die Situation des sexuellen Mißbrauchs überleben zu können. Viele der Kinder, die diesen Fluchtweg wählen, erleben auch noch als Erwachsene solche Dissoziationen. Dies ist ein gutes Beispiel dafür, wie sich eine Bewältigungsstrategie zu einem Symptom verselbständigt. Sexuell mißbrauchte Kinder lernen, aus ihrem Körper zu entfliehen, um den Schmerzen, den Gefühlen und den Eindrücken während der Mißbrauchssituation zu entrinnen, und viele von ihnen verwenden dieses »Weggehen« später beispielsweise, um andere aversive und angstbesetzte Situationen abzuwehren (Runtz/Briere 1987, 372).

Bisher gibt es leider keine Studie, die untersucht hätte, wie viele der sexuell mißbrauchten Kinder dissoziieren. Bei erwachsenen Mißbrauchsopfern ist nach den verschiedenen Studien von Briere und Runtz Dissoziation ein sehr häufiges Symptom. So berichteten von den 152 befragten Frauen, die in psychotherapeutischer Behandlung waren, die sexuell mißbrauchten Frauen signifikant häufiger von »out of body experiences« (ebd., 371). Zwei weitere klinische Untersuchungen von Briere (1988, 330) und von Briere u.a. (1988, 460) ergaben ebenfalls signifikante Unterschiede zwischen den mißbrauchten und den nicht mißbrauchten TeilnehmerInnen. Auch bei ihrer Studentinnenuntersuchung fanden Briere und Runtz (1988, 53f.), daß die sexuell mißbrauchten Frauen deutlich häufiger unter Dissoziationen litten als die nicht mißbrauchten Studentinnen.

Multiple Persönlichkeitsstörung

In den USA und in Kanada haben fünf große Studien überzeugend belegt, daß über 90 Prozent aller Menschen, die eine multiple Persönlichkeit entwickelt haben, sexuell mißbraucht und körperlich mißhandelt wurden (Tabelle 32). Dabei handelt es sich in der Regel um sexuellen Mißbrauch, der schon im Kleinkindalter begonnen hat, viele Jahre dauerte, durch mehrere Verwandte oder nahe Bekannte verübt wurde und mit körperlicher Mißhandlung einherging. Die in der Studie von Ross u.a. (1991, 98ff.) befragten sexuell mißbrauchten Frauen und Männer wurden durchschnittlich von 2,3 TäterInnen über 11,7 Jahre sexuell mißbraucht. Die meisten von ihnen wurden anal, oral oder vaginal vergewaltigt. Ein Fünftel wurde zur Herstellung von Kinderpornographie mißbraucht und über zehn Prozent zu sexuellen Handlungen mit Tieren gezwungen. Überraschend hoch war der Anteil von Täterinnen. Es wurden 16 Prozent der Befragten von Müttern, drei Prozent von Stiefmüttern, elf Prozent von anderen weiblichen Verwandten und über 20 Prozent von anderen Frauen mißbraucht. Insgesamt überwiegen aber dennoch die männlichen Täter.

Durch den großen Publikumserfolg der Geschichte »Aufschrei« von Truddi Chase wird das Interesse an dieser in Europa relativ selten diagnostizierten Persönlichkeitsstörung auch bei uns zunehmen.

Tabelle 32: Sexueller Mißbrauch und körperliche Mißhandlung von Menschen mit multipler Persönlichkeitsstörung Ergebnisse fünf kanadischer und amerikanischer Studien[1]

	sexuell mißbraucht	körperlich mißhandelt	beides
Putnam u.a. 1986 (n=100)	83%	75%	–
Ross u.a. 1989 (n=236)	79%	75%	89%
Ross u.a. 1991 (n=102)	90%	82%	95%
Coons u.a. 1987 (n=50)	68%	60%	96%
Schultz u.a. 1989 (n=355)	86%	82%	–

1) Tabelle nach Ross u.a. 1991, 98

Zwanghaftes Verhalten

Sowohl Kinder als auch Erwachsene erzählen, daß sie infolge des sexuellen Mißbrauchs zwanghafte Verhaltensweisen entwickelt haben. Allen voran wird immer wieder der Waschzwang genannt. Durch die klinische Studie von Briere und Runtz wird dies bestätigt: Von den 152 befragten Frauen wuschen sich 7,5 Prozent der Mißbrauchsopfer und nur 1,2 Prozent der nicht mißbrauchten Frauen sehr häufig die Hände. Allerdings erreichte dieser Unterschied kein Signifikanzniveau. Von den fünf Studien, die entweder die »Hopkins Symptom Checklist« oder die »Derogatis Symptom Checklist« verwendeten, fanden drei einen statistisch signifikanten Unterschied zwischen den sexuell ausgebeuteten und den nicht von sexueller Gewalt betroffenen UntersuchungsteilnehmerInnen auf der Skala »fixe Ideen/Zwänge«. Bei den beiden anderen Studien zeigten die Mißbrauchsopfer zumindest tendenziell mehr fixe Ideen und Zwänge (positive Korrelation: Murphy u.a. 1988, 67f.; Fromuth 1986, 9; Fromuth/Burkhart 1989, 537; keine Korrelation: Greenwald u.a. 1990, 509; Briere/Runtz 1988, 53f.).

Ängste

Während die Ängste in der Kindheit und Jugend überwiegend konkret faßbar sind, wie beispielsweise die Angst vor dem Täter oder seinen Drohungen, sind die Ängste bei den Erwachsenen oft diffuser. Anne Karedig (1990, 88) beschreibt, wie die alten Ängste während der Therapie wieder aufbrechen können:

»Das Kind, das ich damals war, rückt näher, und mit ihm die Angst. Die Angst, geschlagen zu werden, die Angst, einem Stärkeren ausgeliefert zu sein, der es nicht gut mit mir meint, die Angst vor der Zukunft, die Angst vor dem Unbekannten, das immer bedrohlich sein kann, die stets gegenwärtige, die alles überwältigende Angst, die Todesangst.«

Andere Frauen und Männer haben – für sie manchmal unerklärlich – Angst, allein zu sein. Manche haben auch Angst, daß ihre Kinder sexuell mißbraucht werden oder daß sie selbst zu Tätern werden könnten (Steinhage 1991, 105). Durch Untersuchungen wird diese Verbindung von sexuellem Mißbrauch und Ängsten belegt. Von neun Studien, die diesen Zusammenhang untersuchten, stellten sieben eine statistisch signifikante Korrelation fest. Die Mißbrauchsopfer zeigten deutlich mehr Ängste als die jeweiligen Vergleichsgruppen (positive Korrelation: Greenwald u.a. 1990, 509; Murphy u.a. 1988, 67f.; Briere/Runtz 1987, 371; Briere u.a. 1988, 460; Sedney/Brooks 1984, 217; Stein u.a. 1988, 143; keine Korrelation: Fromuth 1986, 9; Fromuth/Burkhart 1989, 537). Alle sechs Studien, die das Auftreten phobischer Ängste einbezogen, fanden auch diesen Zusammenhang bestätigt.

Depressionen

Nicht nur als Kinder reagieren Opfer wie im Kapitel 2.5 beschrieben häufig mit Depressionen auf den sexuellen Mißbrauch. Die Untersuchungsergebnisse belegen auch einen Zusammenhang von sexuellem Mißbrauch und Depression, wenn Opfer befragt werden, die bereits erwachsen sind. So zeigten sich die weiblichen Mißbrauchsopfer in Bagleys und Ramsays Studie (1986, 40) auf der »Center for Environmental Studies Depression Scale« deutlich depressiver als die nicht sexuell mißbrauchten Frauen. Bei 17 Prozent der Mißbrauchsopfer gab es klinische Anzeichen für eine Depression, während dies bei den Frauen der Vergleichsgruppe nur bei neun Prozent der Fall war. Sedney und Brooks (1984, 217) kamen bei einer Studentinnenbefragung zu einem ähnlichen Ergebnis: 65 Prozent der sexuell mißbrauchten Frauen berichteten von depressiven Symptomen, verglichen mit 43 Prozent der Vergleichsgruppe.

Die Studien von Murphy u.a. (1988, 67f.), Briere u.a. (1988, 459f.), Briere und Runtz (1988, 54), Peters (1988, 408f.), Gold (1986, 473) und Greenwald u.a. (1990, 509) weisen ebenfalls Korrelationen zwischen sexuellem Mißbrauch und Depression nach.

Fromuth und Burkhart (1989, 536) konnten im übrigen bei ihrer Studentenbefragung keinen Unterschied zwischen den mißbrauchten und den nicht mißbrauchten Männern hinsichtlich depressiver Symptome feststellen. Zusammengefaßt belegen die Studien eindrucksvoll, daß viele weibliche Mißbrauchsopfer als Erwachsene unter Depressionen leiden, und zwar deutlich häufiger als der weibliche Bevölkerungsdurchschnitt. In der therapeutischen Behandlung von Depressionen bei Frauen muß der sexuelle Mißbrauch als eine mögliche Ursache deshalb unbedingt einbezogen werden.

9.2.3.1 Eigene Ergebnisse

Die Ergebnisse meiner eigenen Befragung gehen in die gleiche Richtung. Auf die Frage »Fühlen Sie sich im allgemeinen niedergeschlagen und traurig?« schätzten sich die sexuell mißbrauchten Studentinnen statistisch signifikant niedergeschlagener und trauriger ein als die nicht mißbrauchten (t-Test (df249) = 3,57 = p .0005). Dabei fühlten sich die durch Angehörige sexuell ausgebeuteten Frauen am häufigsten traurig. Bei den Männern fand sich dagegen kaum ein Unterschied zwischen den sexuell mißbrauchten und den nicht mißbrauchten (Tabelle 33).

Tabelle 33: Depression

		»Fühlen Sie sich im allgemeinen niedergeschlagen und traurig?«				
		nie	selten	manch-mal	oft	sehr oft
Frauen:						
nicht mißbraucht	(n=369)	2%	48%	39%	9%	2%
sexuell mißbraucht	(n=130)	2%	28%	45%	22%	4%[**]
Täter waren						
Angehörige	(n=33)	–	21%	45%	24%	9%[**]
Bekannte	(n=59)	2%	32%	41%	24%	2%[*]
Fremde	(n=33)	3%	27%	55%	12%	3%
Männer:						
nicht mißbraucht	(n=303)	7%	50%	34%	8%	1%
sexuell mißbraucht	(n=28)	7%	46%	43%	4%	–

[*] = p .005
[**] = p .0005

Daß sich die durch Fremde sexuell mißbrauchten Frauen erneut nur wenig von den nicht betroffenen Studentinnen unterscheiden, liegt wiederum daran, daß viele von ihnen Opfer von Exhibitionisten wurden und diese Erlebnisse zumindest auf Dauer nur selten als beeinträchtigend eingeschätzt werden.

Die Unterscheidung nach der »Intensität« der sexuellen Übergriffe ergab, daß sich die Frauen, die »sehr intensiven« sexuellen Mißbrauch erlebt haben, mit 48 Prozent doppelt so häufig wie die anderen Mißbrauchsopfer oft oder sehr oft niedergeschlagen und traurig fühlen (X^2(df1) = 8,21 = p .01). Differenziert nach einmaligem und mehrmaligem sexuellem Mißbrauch zeigen sich kaum Unterschiede.

Im Gegensatz zu den betroffenen Frauen scheinen die sexuell mißbrauchten Männer kaum depressive Symptome zu entwickeln. Jedenfalls gab nur einer von ihnen an, sich oft traurig zu fühlen. Dies könnte zum einen daran liegen, daß sexuell mißbrauchte Männer eher als Frauen mit nach außen gerichteten Verhaltensweisen auf ihre Verletzungen reagieren. Zum anderen könnte es sein, daß sich Männer seltener eingestehen, niedergeschlagen zu sein, weil das nicht zum Image eines Mannes paßt. Schließlich könnte es sich aber auch nur um stichprobenbedingte Verzerrungen handeln, da die Stichprobe bei den Männern klein ist.

Mißtrauen, Beziehungsschwierigkeiten

Die meisten Kinder vertrauen dem Täter, bevor sie von ihm sexuell mißbraucht werden. Ein Mädchen ist vielleicht in den ersten Lebensjahren immer zu ihrem Papi gelaufen, wenn sie sich wehgetan hat. Der Papi hat sie dann getröstet. Sonntags sind Papi und sie manchmal in den Zoo zu den lustigen Affen gegangen... Plötzlich macht der gleiche Papi Dinge mit ihr, die ihr unheimlich sind und ihr weh tun. Ihr Vertrauen in nahe Beziehungen wird so erschüttert. Sie hat gelernt, daß man nicht zu viel vertrauen darf, weil das dann weh tun kann. Von nun an wird sie vorsichtiger sein.

Sehr viele Kinder sind deshalb nach einem sexuellen Mißbrauch mißtrauisch gegenüber engen Beziehungen. Damit versuchen sie, sich vor weiterem sexuellem Mißbrauch und Vertrauensmißbrauch zu schützen. So waren bei der Studie von Kolko u.a. (1988, 537) die sexuell mißbrauchten Kinder signifikant mißtrauischer gegenüber Erwachsenen als die Kinder der beiden Vergleichsgruppen.

Wie tief sich ein solcher Vertrauensverlust einprägt und das Verhalten bis ins Erwachsenenleben hinein beeinflußt, illustrieren die Worte einer sexuell mißbrauchten Frau:

»Nichts hat mir als Erwachsene mehr geschadet als die Zerstörung meines Vertrauens in der Kindheit. Ich mußte hart daran arbeiten, mir so etwas wie ein Sicherheitsnetz zu schaffen – etwas, woran andere, denen es besser gegangen ist, nie einen Gedanken zu verschwenden brauchen. Bis ich anderen Menschen vertrauen konnte, hat es Jahre gedauert, Jahre.« (Lison/Poston 1991, 108f.)

Dieses Erleben scheint typisch für einen großen Teil der Opfer zu sein. Immer wieder berichten sie, daß ihr Vertrauen in andere Menschen gestört sei, daß sie große Angst vor Nähe und langen Beziehungen hätten. Dies ist nicht verwunderlich, da die meisten von ihnen durch einen vertrauten Menschen sexuell mißbraucht wurden.

Auch bei den befragten Dortmunder StudentInnen findet sich der Zusammenhang zwischen sexuellem Mißbrauch und zwischenmenschlichen Schwierigkeiten bestätigt. Auf die Fragen, inwieweit sie den vorgegebenen Einschätzungen (Tabelle 34a) auf einer Fünf-Punkte-Skala von »nicht« bis »sehr« zustimmen, kreuzten die sexuell mißbrauchten Studentinnen bei vier von fünf Statements deutlich höhere Werte an. Bei den Männern war dies bei zwei Einschätzungen der Fall (Tabelle 34b).

Tabelle 34a: Beziehungsschwierigkeiten – Studentinnen (t-Test)

	nicht	wenig	mittel-mäßig	ziemlich	völlig
Ich habe Angst, in Beziehungen ausgenutzt zu werden.					
nicht mißbraucht (n=369)	57%	24%	11%	6%	3%
sexuell mißbraucht (n=125)	38%	24%	18%	14%	6%
(4,16 (df246) = p .0005)					
Ich habe Angst vor Nähe.					
nicht mißbraucht (n=363)	71%	18%	6%	4%	2%
sexuell mißbraucht (n=121)	59%	20%	10%	8%	3%
(2,55 (df241) = p .01)					
Ich mißtraue in Beziehungen.					
nicht mißbraucht (n=361)	80%	13%	3%	2%	1%
sexuell mißbraucht (n=125)	61%	25%	10%	2%	2%
(3,14 (df241) = p .001)					
Ich habe Angst vor langen Beziehungen.					
nicht mißbraucht (n=386)	73%	11%	7%	3%	2%
sexuell mißbraucht (n=126)	61%	16%	10%	9%	4%
(3,53 (df255) = p .0005)					
Ich fühle mich wohl in engen Beziehungen.					
nicht mißbraucht (n=365)	2%	5%	15%	32%	46%
sexuell mißbraucht (n=121)	3%	7%	19%	32%	38%
(n.s.)					

Tabelle 34b: Beziehungschwierigkeiten – Studenten (t-Test)

		nicht	wenig	mittel-mäßig	ziemlich	völlig
Ich habe Angst, in Beziehungen ausgenutzt zu werden.						
nicht mißbraucht	(n=302)	57%	30%	7%	3%	3%
sexuell mißbraucht	(n=28)	58%	29%	14%	–	–
(n.s.)						
Ich habe Angst vor Nähe.						
nicht mißbraucht	(n=298)	58%	25%	10%	5%	2%
sexuell mißbraucht	(n=28)	64%	11%	7%	7%	11%
(n.s.)						
Ich mißtraue in Beziehungen.						
nicht mißbraucht	(n=290)	71%	21%	6%	2%	–
sexuell mißbraucht	(n=28)	64%	29%	7%	–	–
(n.s.)						
Ich habe Angst vor langen Beziehungen.						
nicht mißbraucht	(n=297)	63%	21%	13%	3%	1%
sexuell mißbraucht	(n=28)	43%	36%	4%	18%	–
(1,78 (df162) = p .05)						
Ich fühle mich wohl in engen Beziehungen.						
nicht mißbraucht	(n=298)	1%	7%	15%	44%	33%
sexuell mißbraucht	(n=28)	7%	21%	14%	29%	29%
(3,18 (df162) = p .001)						

Die Differenzierung nach Bekanntschaftsgrad zwischen Opfer und Täter bei den Frauen zeigte zudem, daß die durch Angehörige und Bekannte sexuell mißbrauchten Studentinnen häufiger Probleme mit Beziehungen und Vertrauen haben als die Opfer fremder Täter. Zum einen resultiert dies wohl daraus, daß keine Beziehung der Fremden zum Opfer besteht. Eine weitere Erklärung ist, daß bei meiner Untersuchung die fremden Täter meist als Exhibitionisten in Erscheinung traten, was auf die meisten Betroffenen weniger traumatisierend wirkte.

Ausgesprochen traumatisierend wirkt sich hinsichtlich des Mißtrauens »sehr intensiver« sexueller Mißbrauch aus. Denn die Studentinnen, die Vergewaltigungen erlebt haben, gaben statistisch signifikant häufiger als die anderen mißbrauchten Frauen an, daß sie ziemliche oder völlige Angst haben, in Beziehungen ausgenutzt zu werden, daß sie Angst vor Nähe verspüren und daß ihnen längere Beziehungen Angst machen (Tabelle 35).

Tabelle 35: Beziehungschwierigkeiten, differenziert nach Intensität des sexuellen Mißbrauchs

	ziemlich oder völlig	Chiquadrat
Ich habe Angst, in Beziehungen ausgenutzt zu werden.		
Gruppe 1 (n=29)	52%	8,40 p .01
Gruppe 2 (n=96)	10%	
Ich habe Angst vor Nähe.		
Gruppe 1 (n=29)	31%	13,71 p .001
Gruppe 2 (n=92)	4%	
Ich mißtraue in Beziehungen.		
Gruppe 1 (n=29)	7%	0,14 n.s.
Gruppe 2 (n=96)	3%	
Ich habe Angst vor langen Beziehungen.		
Gruppe 1 (n=29)	35%	13,11 p .001
Gruppe 2 (n=97)	6%	
Ich fühle mich wohl in engen Beziehungen.		
Gruppe 1 (n=28)	54%	4,45 p .05
Gruppe 2 (n=92)	25%	

Gruppe 1 = »sehr intensiver« sexueller Mißbrauch

Gruppe 2 = »intensiver« und »weniger intensiver« sexueller Mißbrauch

Die ausländischen Untersuchungen kommen zu ähnlichen Ergebnissen. In drei von vier Studien, die die »Derogatis Symptom Checklist-90 Revised« verwendeten, zeigte sich, daß sich die Mißbrauchsopfer von den jeweiligen Vergleichsgruppen auf der Skala »zwischenmenschliche Empfindsamkeit« statistisch signifikant unterschieden (positive Korrelation: Greenwald u.a. 1990, 509; Murphy u.a. 1988, 67f.; Fromuth/Burkhart 1989, 537; keine Korrelation: Briere/Runtz 1988, 53f.).

Briere und Runtz (1988, 371) fanden zudem bei ihrer Untersuchung von 152 Frauen in klinischer Behandlung, daß sich die sexuell mißbrauchten Frauen wesentlich häufiger isoliert fühlten als die nicht betroffenen Frauen. Außerdem hatten die Mißbrauchsopfer deutlich mehr Angst vor anderen Frauen und hochsignifikant mehr

Angst vor Männern. Die Studien von Meiselman (1978) und Courtois (1979) kommen zu ähnlichen Resultaten (Browne/Finkelhor 1986, 70). Bei der landesweiten Telefonbefragung der Los Angeles Times in den USA zeigte sich weiterhin, daß die sexuell ausgebeuteten Frauen und Männer häufiger geschieden waren als die nicht betroffenen TeilnehmerInnen (Finkelhor u.a. 1989, 382).

9.2.4 Autoaggressionen

Die ausländischen Studien zeigen, daß für viele Alkohol- und Drogenabhängige der sexuelle Mißbrauch ein Grund zum Einstieg gewesen ist. Wie häufig sexuell mißbrauchte Menschen zu Alkohol und Drogen greifen, ist meines Wissens bisher nicht untersucht worden. Verschiedene Studien haben allerdings gezeigt, daß sich unter drogenabhängigen Frauen in Behandlungseinrichtungen überdurchschnittlich viele Mißbrauchsopfer finden. Benward und Densen-Gerber (1975, 328) fanden beispielsweise, daß von 118 jugendlichen und erwachsenen Frauen aus therapeutischen Wohngemeinschaften in den USA 44 Prozent »Inzesterfahrungen« gemacht hatten.

Edwall und Hoffman (1988) untersuchten 137 alkohol-, drogen- oder medikamentenabhängige Mädchen in der Adoleszenz. 31 von ihnen (23 %) waren innerhalb der Familie sexuell mißbraucht worden. 13 (42%) dieser 31 Mädchen hatten zudem außerhalb der Familie sexuelle Gewalt erfahren. Von den 107 Mädchen, die nicht durch Angehörige sexuell ausgebeutet worden waren, gaben 28 Prozent an, daß ihnen andere sexuelle Gewalt angetan hatten. Ein Vergleich zwischen den Opfern innerfamilialer sexueller Gewalt und den davon nicht betroffenen Mädchen zeigte, daß die Mißbrauchsopfer statistisch signifikant häufiger schon als Neunjährige begonnen hatten, Alkohol zu trinken, daß sie durchschnittlich häufiger tranken und »Aufputschmittel« zu sich nahmen. Kein Unterschied fand sich im Gebrauch von Marihuana, Sedativa, Tranquilizern, Halluzinogenen, Analgetica, Kokain, Opium und Schnüffelstoffen (Edwall/Hoffman 1988, 97ff.).

Ladwig und Anderson (1989, 747) untersuchten 118 drogensüchtige, inhaftierte Frauen und stellten fest, daß 20 Prozent von ihnen sexuell mißbraucht worden waren. Dieser Wert ist nicht höher, als es nach dem Bevölkerungsdurchschnitt zu erwarten ist. Allerdings haben 27 Prozent der Frauen die Frage, ob sie sexuell mißbraucht wurden, nicht beantwortet. Unter ihnen könnten weitere Opfer gewesen sein. Außerdem ist die Aufdeckungsquote, wenn man nur eine Frage nach dem sexuellen Mißbrauch stellt, meist niedrig (Kapitel 4.4.1.4).

Bei Sedney und Brooks (1984, 217) fand sich zwischen den nicht mißbrauchten und den mißbrauchten Studentinnen kaum ein Unterschied hinsichtlich ihres Alkohol- und Drogenkonsums. Dagegen stellten Briere (1988, 330) und Runtz und Briere (1987, 371) signifikante Unterschiede fest. Beispielsweise hatten von den 152 Frauen in psychotherapeutischer Behandlung 21 Prozent der sexuell mißbrauchten, aber nur zwei Prozent der nicht mißbrauchten Frauen Erfahrungen mit Alkohol- oder Drogenabhängigkeit (ebd.). Zu ähnlichen Ergebnissen kommen Peters (1988, 108) und Stein u.a. (1988, 144) bei ihren Untersuchungen.

Wie sich auch Alkohol- und Drogenkonsum von einem vorübergehenden Überlebensmechanismus zur beeinträchtigenden Abhängigkeit entwickeln kann, illustriert die Aussage einer sexuell mißbrauchten Frau: »Ich fing mit Drogen und Alkohol an, um mich in die richtige Stimmung zu bringen. Ich war noch auf der High-School. Damals erinnerte ich mich nicht mehr an den Inzest, ich wußte nur, daß ich mich einsam, anders als die anderen und überhaupt ziemlich mies fühlte. Ich entdeckte, daß ich nach ein paar Drinks lockerer wurde. Sie halfen mir bei Gesellikeiten und ließen mich vergessen, wie lachhaft mein Leben geworden war. Aber das wurde bald anders. Nun nahm ich die Drogen nicht mehr, um meine Stimmungen zu steuern, sondern die Drogen nahmen mich in die Zange, und ich konnte sie nicht länger kontrollieren.« (Lison/Poston 1991, 162.)

Manche Mißbrauchsopfer verletzen sich selbst. Sie schneiden sich beispielsweise die Arme auf oder fügen sich mit Zigaretten Verbrennungen zu. Oft sind diese Autoaggressionen Ausdruck eines Bedürfnisses, sich selbst zu bestrafen. Die Frauen und Männer bestrafen sich, weil sie glauben, daß sie sich nicht genügend gewehrt haben, oder weil sie sexuelle Erregung verspürt haben. Sie verletzen sich, um sich unattraktiv zu machen. Autoaggressionen können aber noch einen anderen Zweck haben: Mißbrauchsopfer drücken sich brennende Zigaretten auf der Haut aus, »um den Schmerz zu spüren, das Blut zu sehen – sie möchten spüren, daß es sie noch gibt, daß sie noch leben« (Enders 1990, 83).

Für einen Teil der Betroffenen ist die Situation so unerträglich, daß sie sich Gedanken über Suizid machen oder ihn versuchen. Ein Vergleich der sieben sexuell mißbrauchten Mädchen mit 13 nicht mißbrauchten der Abteilung für Neurologie und Psychiatrie des Kindes- und Jugendalters der FU Berlin zeigte beispielsweise, daß vier der sieben Mädchen wegen Suizidversuchen auf die Station gekommen waren, während dies bei den anderen 13 nur einmal der Fall war (Fegert 1990, 174).

Briere und Runtz (1986), die 133 sexuell mißbrauchte Frauen mit 62 nicht mißbrauchten, alle in psychotherapeutischer Behandlung, verglichen, fanden unter den Mißbrauchsopfern einen wesentlich höheren Anteil, der schon einmal einen Suizidversuch unternommen hatte (55%:23%). Besonders eng war der Zusammenhang zwischen sexuellem Mißbrauch und Suizidversuchen, wenn der erste Versuch vor dem 14. Lebensjahr gelegen hatte: 13 der 14 Frauen, die sich als Kinder das Leben nehmen wollten, waren Opfer sexuellen Mißbrauchs, und von den 39 Frauen, die dies im Alter von 14 bis 18 versuchten, waren 34 sexuell mißbraucht worden (Briere/Runtz 1986, 416f.).

Diese Untersuchungsergebnisse legen den Schluß nahe, daß hinter sehr vielen Suizidversuchen von Kindern und Jugendlichen sexueller Mißbrauch steckt. Für manche Kinder stellt ein Suizid den einzig wirksamen Schutz vor weiteren sexuellen Übergriffen dar. Durch die Selbsttötung können sie dem Selbsthaß, der Scham, den Schuldgefühlen, der Hilflosigkeit und der Verzweiflung ein Ende setzen (Enders 1990, 83).

Welche Gedanken sexuell mißbrauchte Jugendliche zum Suizidversuch veranlassen können, beschreibt Heidi Glade-Hassenmüller eindrucksvoll in ihrem autobiographischen Roman. Nach einem Streit mit ihrem Freund Horst geht die sexuell mißbrauchte Gaby (das Pseudonym der Autorin) zum Bahnhof:

»›Keine Angst‹, höhnte er jetzt verzweifelt. ›Ich will nicht. Nicht mit dir. Ich habe in dir meine Zukunft gesehen. Meine Mutter warnte mich. Du seiest kein Kind mehr, behauptete sie. Deine Augen entlarven dich. Und ich dachte, du wüßtest noch nichts. Bergseen! Ich Narr!‹

›Noch etwas?‹ fragte Gaby leise. Sie konnte nicht mehr. Er riß sie in Stücke, sie mußte weg.

›Ich liebte dich‹, sagte Horst. ›Du liebtest meine Unschuld‹, sagte Gaby. ›Ich hätte sie dir gegeben.‹ Als sie ging, blieb er unbeweglich stehen. Es hätte nichts verändert, wenn sie ihm die Wahrheit gesagt hätte. Sie war besudelt. Wenn er alles gewußt hätte, vielleicht noch mehr als jetzt. Er hatte eine Vorstellung von ihr. Etwas, das sie nie gewesen war.

Es ist aus. Sie wunderte sich, daß sie keinen Schmerz empfand. Sie empfand nichts mehr. Warum sollte sie auch, sie war tot. Nur ihr Körper ging noch durch die dunklen Straßen, ein Schatten aus dem Jenseits.

Pappis Plan hatte vorzüglich geklappt. Er hatte sie in Sicherheit gewiegt, sie beobachtet, belauert, bis er wußte, wer ›der Andere‹ war. Dann hatte er zugeschlagen. Tödlich. Nun war sie frei. Jetzt wollte sie nicht mehr. Keine zwei Jahre mehr durchhalten und auf eine Freiheit warten, die immer von den Schatten der Vergangenheit eingeholt werden würde. Sie ging zum Bahnhof (...). Sie löste eine Bahnsteigkarte. Als die Lichter des Zuges im Tunnel sichtbar wurden, sprang sie.« (Glade-Hassenmüller 1989, 125f.) Zum Glück verfehlt der Zug Gaby. Sie wird gerettet.

9.2.4.1 Eigene Ergebnisse

Die Ergebnisse meiner Befragung sind ebenso erschreckend wie die der ausländischen Untersuchungen. **Denn die sexuell mißbrauchten Studentinnen und Studenten gaben statistisch hochsignifikant häufiger als ihre nicht mißbrauchten KommilitonInnen an, schon Suizidgedanken gehabt zu haben, und ebenfalls hochsignifikant häufiger berichteten die mißbrauchten Frauen von Suizidversuchen. Erneut weisen die durch Angehörige und Bekannte sexuell mißbrauchten Studentinnen die höchsten Werte auf** (Tabelle 36 und 37). Allerdings verringert sich der Unterschied zu den Opfern fremder Täter deutlich, wenn bei diesen der sexuelle Mißbrauch durch Exhibitionisten ausgeklammert wird.

Entscheidenderes Gewicht als die Beziehung zum Täter hat, zumindest für die Häufigkeit von Suizidversuchen, die Art des erlebten sexuellen Mißbrauchs. Denn von den in ihrer Kindheit vergewaltigten Frauen gaben 21 Prozent und von den anderen Mißbrauchsopfern elf Prozent einen Suizidversuch an. Der Unterschied ist statistisch signifikant (X^2(df1) = 4,41 = p .05).

Tabelle 36: Suizidgedanken

Männer		Frauen		Frauen: Täter waren		
nicht mißb. (n=308)	mißb. (n=28)	nicht mißb. (n=372)	mißb. (n=129)	Angehörige (n=33)	Bekannte (n=57)	Fremde (n=33)
36%	64%*	35%	67%**	73%**	68%**	52%

* = (X^2(df1) p = .01), ** = (X^2(df1) = p .001)

Tabelle 37: Suizidversuche

Männer		Frauen		Frauen: Täter waren		
nicht mißb. (n=308)	mißb. (n=28)	nicht mißb. (n=364)	mißb. (n=124)	Angehörige (n=33)	Bekannte (n=53)	Fremde (n=33)
–	4%	1%	13%	9%**	17%**	6%*

* = (X^2(df1) = p .05), ** = (X^2(df1) = p .001)

Zwischen den einmal und den mehrmals sexuell mißbrauchten Frauen findet sich im übrigen kein Unterschied, was die Häufigkeit von Suizidgedanken und -versuchen angeht. Von beiden Gruppen unternahmen jeweils 13 Prozent einen Suizidversuch.

Die Ergebnisse bei den Männern sind sehr ähnlich. Nur erreichen hier die Unterschiede – wahrscheinlich aufgrund der kleinen Stichprobe – bei den Suizidversuchen kein Signifikanzniveau.

Bei der Studentinnenbefragung von Sedney und Brooks (1984, 217) hat ein fast genauso großer Teil der sexuell mißbrauchten Frauen (16 Prozent) Suizidversuche angegeben wie bei den betroffenDeno rtmunder Studentinnen. Auch bei der Befragung von 377 zufällig ausgewählten Frauen aus Calgary berichtete ein ähnlich großer Anteil der mißbrauchten Frauen von Suizidplänen und -versuchen (Bagley/Ramsay 1986, 40f.). Bei den klinischen Untersuchungen ist der Prozentsatz von Mißbrauchsopfern, die Selbsttötungsversuche durchführten, mit über 50 Prozent sogar noch deutlich höher, was allerdings dadurch zu erklären ist, daß klinischen Studien ein höherer Anteil an »gravierenden« Fällen zugrundeliegt (Briere/Runtz 1986, 415ff.; Runtz/Briere 1987, 371; Briere u.a. 1988, 459).

Selbstverletzungen

Nicht nur als Kinder verletzen sich manche Opfer selbst, sondern auch als Jugendliche und Erwachsene. Bei den befragten Dortmunder StudentInnen sind die Unterschiede zwischen den mißbrauchten und den nicht mißbrauchten Frauen statistisch signifikant. Bei den Männern zeigt sich eine deutliche Tendenz zu mehr bewußten Selbstverletzungen bei den Mißbrauchsopfern, die fast Signifikanzniveau erreicht (Tabelle 38).

Tabelle 38: Bewußte Selbstverletzungen

Männer		Frauen		Frauen: Täter waren		
nicht mißb. (n=309)	mißb. (n=28)	nicht mißb. (n=371)	mißb. (n=124)	Angehörige (n=32)	Bekannte (n=54)	Fremde (n=33)
11%	18%	10%	27%*	38%*	28%*	15%

* = (X (df1) = p .001)

Wie bei den Suizidversuchen zeigt sich bei den Selbstverletzungen, daß die sexuell mißbrauchten Männer zwar häufiger als die nicht betroffenen Männer autoaggressiv sind, daß sie jedoch im Vergleich zu den Frauen seltener zu solchem Verhalten neigen. Dieses Ergebnis stützt die Annahme, daß Männer einen sexuellen Mißbrauch zumindest teilweise anders verarbeiten als Frauen. Eine Untersuchung, die sich speziell mit dieser Problematik befaßt, wäre wünschenswert.

Wie bei fast allen bisher aufgeführten Ergebnissen tendieren die durch Angehörige und Bekannte sexuell mißbrauchten Frauen eher zu Selbstverletzungen als die Opfer fremder Täter. Und wiederum verringert sich der Unterschied, wenn der sexuelle Mißbrauch durch Exhibitionisten nicht einbezogen wird.

Erneut berichteten im übrigen die Opfer »sehr intensiven« und mehrmaligen sexuellen Mißbrauchs häufiger über Selbstverletzungen als die anderen Betroffenen. Allerdings liegen die Differenzen jeweils unter dem Signifikanzniveau (X^2(df1) = 2,56 = n.s.; X^2(df1) = 2,98 = n.s.).

Die ausländischen Studien, die sich mit dieser Frage beschäftigen, kommen zu ähnlichen Ergebnissen (Sedney/Brooks 1984, 217; Bagley/Ramsay 1986, 40f.; Briere/Runtz 1987, 371; Briere 1988, 330).

Alkohol- und Drogenkonsum

Die sexuell mißbrauchten StudentInnen der Dortmunder Befragung gaben statistisch signifikant **häufiger** an, **regelmäßig Alkohol** zu trinken und »**weiche Drogen**« (Haschisch, Marihuana usw.) zu nehmen als die nicht mißbrauchten TeilnehmerInnen. Fünf Prozent der 305 nicht betroffenen Männer und 23 Prozent der betroffenen Männer haben schon einmal »weiche Drogen« probiert bzw. nehmen sie regelmäßig (X^2(df1) = 14,02 = p .001). Bei den Frauen hatten von den nicht sexuell ausgebeuteten 368 Frauen vier Prozent und von den 130 ausgebeuteten neun Prozent Erfahrungen mit »weichen Drogen« (X^2(df1) = 5,68 = p .05).

Es läßt sich aufgrund dieser Ergebnisse vermuten, daß selbstzerstörerisches Verhalten von Erwachsenen oftmals durch einen sexuellen Mißbrauch mitbedingt ist. Bei der Behandlung von Menschen, die sich bewußt selbst verletzen, die Suizidversuche unternehmen, die drogen- und alkoholabhängig sind, muß deshalb immer auch an die Möglichkeit eines sexuellen Mißbrauchs in der Kindheit gedacht werden.

171

9.2.5 Folgen für die Sexualität

Die ausländischen Studien und die vielen veröffentlichten Berichte von Mißbrauchsopfern belegen, daß sexueller Mißbrauch mit einer Vielzahl von Sexualproblemen
einhergeht. Da gerade im Bereich der Folgen für das Sexualleben der Betroffenen viel
spekuliert wird und im Fragebogen diese Problematik nur angerissen werden konnte,
möchte ich zu einigen wichtigen Fragen hier etwas ausführlicher die ausländischen
Untersuchungen referieren.

Gefährdung bezüglich weiterer sexueller Ausbeutung

Drei Studien belegen eindeutig, daß Menschen, die als Kinder sexuell mißbraucht
wurden, besonders gefährdet sind, erneut sexuelle Gewalt zu erleben. Bei Russell
(1986, 154ff.) waren die als Mädchen sexuell mißbrauchten Frauen statistisch signifikant häufiger in der Ehe oder von Bekannten oder Fremden vergewaltigt worden als
die nicht mißbrauchten Untersuchungsteilnehmerinnen und sahen sich auch öfter
sexuellen Übergriffen durch Autoritätsfiguren wie Vorgesetzten ausgesetzt. Die
Studentinnenbefragung von Fromuth (1986, 12) förderte ein ähnliches Ergebnis
zutage. Die schon als Mädchen sexuell ausgebeuteten Frauen waren wesentlich
häufiger vergewaltigt worden als die nicht mißbrauchten Teilnehmerinnen. Runtz
und Briere (1987, 371) kamen bei ihrer klinischen Studie zu einem entsprechenden
Ergebnis. Von den Frauen, die als Kinder sexuell benutzt worden waren, wurden fast
50 Prozent als Erwachsene mißhandelt und 18 Prozent vergewaltigt. Bei den Frauen
der Vergleichsgruppe kam dies mit knapp 20 bzw. acht Prozent seltener vor.

Russell (1986, 165f.) gibt zunächst drei Gründe an, die gegen die Richtigkeit ihrer
und damit auch der Ergebnisse der anderen Studien sprechen könnten: Erstens könne
es sein, daß die Frauen, die über ihren sexuellen Mißbrauch sprächen, eher bereit
seien, auch über weitere sexuelle Übergriffe zu berichten, denn sie zeigten sich
interessierter an der Untersuchung, seien eher der Meinung, daß man ruhig über
Sexualität diskutieren solle, und seien während des Interviews lebhafter und freund-
licher gewesen. Zweitens, so Russell, könne es sein, daß diese Frauen sensibler für
sexuelle Übergriffe seien und sich deshalb häufiger an weniger massive Übergriffe wie
sexuelle Belästigung auf der Straße u.ä. erinnerten als die nicht mißbrauchten Frauen.
Drittens sei es möglich, daß durch die sexuellen Gewalterfahrungen als Erwachsene
mehr vergessene oder verdrängte Erinnerungen an sexuellen Kindesmißbrauch auf-
tauchten. Jedoch reichen nach Russells Meinung diese Erklärungen nicht aus, die
gefundene, sehr enge Korrelation zu erklären. Vielmehr scheine es so zu sein, daß
Mißbrauchsopfer leicht ein negatives Selbstbild entwickelten und sich auch später in
unangenehmen Situationen hilflos und schwach fühlten. Sie übernähmen die ihnen
scheinbar zugewiesene Opferrolle und dächten, es habe sowieso keinen Zweck, sich
zu wehren.

Sexualisieren von sozialen Beziehungen

Bei der Studentinnenbefragung von Runtz und Briere (1986, 328) gaben die sexuell
mißbrauchten Frauen signifikant häufiger als die nicht mißbrauchten an, daß sie sich

als Teenager Kleidung angezogen hätten, die sie »sexy« aussehen ließ. Berichtet wird auch immer wieder, daß viele der Mißbrauchsopfer sich promisk verhielten. Wyatts Ergebnisse bestätigen dies. Von den 248 untersuchten Frauen hatten die sexuell mißbrauchten im Durchschnitt früher Petting und Geschlechtsverkehr erlebt. Außerdem hatten sie mehr Sexualpartner und kürzere Beziehungen mit ihren jeweiligen Partnern als die Frauen der Vergleichsgruppe (Wyatt 1988, 115ff.).

Diese Zusammenhänge werden durch Fromuths Studie (1986) nur teilweise bestätigt. Zwischen den sexuell mißbrauchten und den nicht mißbrauchten Studentinnen fand sich kein statistisch signifikanter Unterschied hinsichtlich ihres Alters beim ersten Rendezvous und ihres Alters beim ersten Geschlechtsverkehr. Obwohl sich die Mißbrauchsopfer selbst deutlich häufiger als promisk einschätzten, zeigte ein Vergleich ihres tatsächlichen Verhaltens mit dem der anderen Frauen, daß sie nicht häufiger als diese mehr als zehn Sexualpartner gehabt hatten (Fromuth 1986, 10ff.). Eine Erklärung hierfür könnte sein, daß die sexuell mißbrauchten Frauen Sexualität eher als etwas Belastendes erfahren. Sie erleben deshalb vielleicht einige Sexualkontakte schon als sehr viel und betrachten sich dann selbst als promisk.

Wie viele Opfer sexueller Gewalt anschließend soziale Beziehungen sexualisieren, sich aufreizend kleiden und überdurchschnittlich viele sexuelle Kontakte haben, ist bisher letztlich nicht bekannt. Sicher ist aber, daß ein Teil der Kinder und Jugendlichen durch ein Verhalten auffällt, das im Jugendschutz lange Zeit als »sexuell verwahrlostes Verhalten« bezeichnet wurde und auf das die Jugendhilfe oft einfach mit Heimeinweisung reagierte, ohne nach den Gründen für dieses Verhalten zu fragen (Hartwig 1990, 83ff.). In letzter Zeit ist aber vielerorts eine Neuorientierung zu erkennen, obwohl Kindern auf Trebe immer noch kaum Unterschlupf- und Hilfsangebote wie Mädchen- oder Jungenhäuser zur Verfügung stehen.

Prostitution

Ein Kind, das für die sexuellen Kontakte mit einem Erwachsenen materielle Gegenleistungen bekommt, lernt, Sexualität funktional einzusetzen. So kann eine Entfremdung von der eigenen, vielleicht nie erfahrenen Sexualität stattfinden. Die Gewöhnung an sexuelle Übergriffe, die Übernahme von Normen und Werten wie »Sexualität für Geld« können richtungweisend sein. Zudem laufen viele der sexuell mißbrauchten Kinder von zu Hause weg. Einmal auf der Straße, stellt sich dann sehr schnell die Frage »Wie und wovon soll ich leben?«. Prostitution bietet sich für einen Teil dieser Kinder als die einzige Möglichkeit an, das nötige Geld zu beschaffen (Bange 1991, 149; Bagley/Young 1987, 7; Silbert/Pines 1981, 410). Ein weiteres Motiv, sich zu prostituieren, ist nach Aussage von Prostituierten, »daß sie in ihrer Arbeit einen Weg sehen, eine Situation zu beherrschen, die sie als Kinder nicht beherrschen konnten. Es ist bezeichnend, daß viele von ihnen sagten, sie hätten zum ersten Mal ein Gefühl von Macht empfunden, als sie ihren ersten Freier hatten.« (Alexander 1989, 159.)

Silbert und Pines (1981) befragten 200 jugendliche und erwachsene Prostituierte in der San Francisco Bay Area. 60 Prozent von ihnen hatten sexuellen Kindesmißbrauch erlebt. Die meisten waren von Vätern oder Vaterfiguren vergewaltigt worden. 96 Prozent liefen von zu Hause weg. 62 Prozent begannen vor ihrem 16. Lebensjahr, sich zu prostituieren. 90 Prozent gaben als Einstiegsmotive an, daß sie Hunger hatten und Geld brauchten (Silbert/Pines 1981, 409f.).

Bagley und Young (1987) wiederholten die Studie von Silbert und Pines in Kanada. Von den 45 befragten Prostituierten waren 73 Prozent sexuell mißbraucht worden. Dabei handelte es sich in der Regel um massive Formen sexuellen Mißbrauchs. Über 75 Prozent von ihnen waren vaginal vergewaltigt worden, fast 90 Prozent oral und 30 Prozent anal. 15 Prozent wurden zur Kinderpornographie gezwungen. Von den 45 Frauen der Vergleichsgruppe hatten 29 Prozent sexuellen Mißbrauch erlebt, der deutlich seltener Vergewaltigungen beinhaltete. Fast 65 Prozent der Prostituierten gingen schon vor ihrem 16. Lebensjahr ihrer Tätigkeit nach (Bagley/Young 1987, 11ff.).

Zwei Studien über Jungenprostitution kommen zu ähnlichen Ergebnissen. Janus u.a. (1984, 135ff.) fragten 28 männliche Prostituierte im Alter von 14 bis 25 Jahren in Boston. 24 der 28 Jungen und Männer erzählten von erzwungenen sexuellen Kontakten in ihrer Kindheit. Elf von ihnen waren innerhalb der Familie mißbraucht worden.

Weisberg (1985, 48) berichtet, daß 29 Prozent der von ihr befragten 79 Strichjungen innerfamilialen und 15 Prozent außerfamilialen sexuellen Mißbrauch erlebt hatten.

Auch wenn die Untersuchungen einen engen Zusammenhang von sexuellem Mißbrauch und Prostitution belegen, darf nicht vergessen werden, daß sich auch Mädchen und Frauen sowie Jungen und Männer prostituieren, die niemals sexuell mißbraucht worden sind, und daß die meisten Mißbrauchsopfer nicht zu Prostituierten werden (Alexander 1989, 159). So beobachteten bei der Studie von Conte u.a. weniger als ein Prozent der SozialarbeiterInnen bei der ersten Befragung und zwei Prozent der Eltern bei der Nachuntersuchung ein Jahr später, daß sich die sexuell mißbrauchten Kinder prostituierten (Conte 1988, 315ff.).

Sexuell aggressives Verhalten

Vor allem sexuell mißbrauchten Jungen wird immer wieder nachgesagt, daß sie infolge eines sexuellen Mißbrauchs selbst zu Tätern würden. Für einen Teil der Kinder trifft dies sicher auch zu, aber der weitaus größere Teil wird nicht zum Täter. Bei der Studie von Conte u.a. berichteten zum Zeitpunkt der zweiten Befragung noch nicht einmal zwei Prozent der Eltern der sexuell mißbrauchten Kinder, daß diese durch sexuell ausbeutendes Verhalten aufgefallen seien. Allerdings zeigte in der Vergleichsgruppe kein einziges Kind ein solches Verhalten (Conte 1988, 319).

Johnson (1988) untersuchte 47 Jungen im Alter von vier bis 13 Jahren, die andere Kinder sexuell mißbraucht hatten. 49 Prozent von ihnen waren zuvor selbst Opfer sexueller Gewalt geworden (Johnson 1988, 224f.). Andere Studien dieser Art kommen zu ähnlichen Ergebnissen (Becker 1988, 193ff.). Es ist deshalb festzustellen, daß zwar die Quote von Mißbrauchsopfern unter kindlichen und jugendlichen Tätern über dem Durchschnitt liegt, daß aber bei weitem nicht jeder Täter selbst sexuell mißbraucht wurde und daß nur ein Teil der Opfer zu Tätern wird. Allerdings sollte, wenn ein Kind oder Jugendlicher als Täter in Erscheinung tritt, immer in Erwägung gezogen werden, daß der/die Betreffende selbst sexuell mißbraucht worden sein könnte. Die Studien von Conte u.a. und von Johnson legen diese Überlegung nahe.

Von 178 erwachsenen Kindesmißbrauchern, die Groth (1979, 11f.) befragte, waren 32 Prozent selbst sexuell mißbraucht worden. In den Studien neueren Datums ist der Anteil von Opfern unter den Tätern ähnlich hoch (Williams/Finkelhor 1990, 236ff.; Freund u.a. 199 , 563ff.).

9.2.5.1 Eigene Ergebnisse

Sexuelle Phantasien mit Kindern

Auf die Fragen, ob sie Kinder erotisch finden, ob sie sexuelle Phantasien mit Kindern und ob sie den Wunsch nach sexuellen Kontakten mit Kindern haben, antworteten bei meiner Befragung die sexuell mißbrauchten Studenten jeweils häufiger mit »Ja«[1], als dies bei den nicht mißbrauchten Männern der Fall war. Zwei der drei Unterschiede erreichen Signifikanzniveau (Tabelle 39).

Tabelle 39: Sexuelle Phantasien

		Ich finde Kinder erotisch	Ich habe sexuelle Phantasien mit Kindern	Ich habe den Wunsch nach sexuellen Kontakten mit Kindern
Frauen:				
nicht mißbraucht	(n=375)	10%	2%	–
sexuell mißbraucht	(n=127)	13%	2%	–
Täter waren				
Angehörige	(n=32)	19%	6%	–
Bekannte	(n=57)	14%	2%	–
Fremde	(n=33)	6%	–	–
Männer:				
nicht mißbraucht	(n=308)	26%	8%	2%
sexuell mißbraucht	(n=28)	50%*	14%	14%**

$^* = (X^2(df1) = p \; .01)$ $^{**} = (X^2(df1) = p \; .001)$

---

1   Mit »Ja« ist gemeint, daß die Befragten auf einer Fünf-Punkte-Skala nicht die Antwortvorgabe »nicht«, sondern eine der vier anderen Möglichkeiten angekreuzt haben. Überwiegend wurde dabei »wenig« oder »manchmal« angekreuzt.

Dieses Ergebnis deutet darauf hin, daß für sexuell Mißbrauchte Kinder als Sexualobjekte eher in Betracht kommen können. Als Junge sexuell mißbraucht worden zu sein, könnte folglich das Risiko erhöhen, selbst zum Täter zu werden. Aufgrund der kleinen Stichprobe und weil nicht bekannt ist, wie sexuelle Phantasien die ausgelebte Sexualität beeinflussen, muß aber vor einer Verallgemeinerung des Ergebnisses ausdrücklich gewarnt werden.

Probleme mit der Sexualität

Für die meisten Menschen in unserer Gesellschaft stellt Sexualität ein Problem dar. Wer ist der richtige Partner? Ist häufiger Partnerwechsel in den Zeiten von AIDS ratsam? Sollte man neue Sexualpraktiken ausprobieren? Dies sind Fragen, die viele verunsichern. Für einen großen Teil der jugendlichen und erwachsenen Mißbrauchsopfer kommt eine Reihe von besonderen Schwierigkeiten hinzu, die die Probleme mit der Sexualität noch vergrößern können.

Die Angaben, die die von mir befragten StudentInnen anhand einer Fünf-Punkte-Skala (von »nicht« bis »sehr«) zu ihrer Sexualität machten, belegen dies. Bei drei der sechs vorgegebenen Einschätzungen (s. Tabelle 40a und b) bewerteten die sexuell mißbrauchten Frauen ihre Sexualität statistisch signifikant als belasteter als die nicht mißbrauchten Frauen (Tabelle 40a). Sie sind nach sexuellen Erlebnissen seltener zufrieden und erleben ihre sexuellen Beziehungen häufiger als schwierig. Daraus folgt möglicherweise auch der dritte signifikante Unterschied, daß die Mißbrauchsopfer häufiger meinen, daß sie zu viel über Sexualität nachdenken. Denn viele von ihnen können aufgrund des sexuellen Mißbrauchs Sexualität nicht als etwas Unbelastetes erleben. Sie fühlen bei sexuellen Berührungen gar nichts. Andere haben Orgasmen, fühlen sich aber deswegen schuldig. Und manchmal haben sie zwiespältige Gefühle. Angesichts dieser Situation verwundert es nicht, daß sie sich Gedanken darüber machen, warum sie es so schwer haben mit der Sexualität, warum sie keinen Spaß daran haben, wo doch überall propagiert wird, daß Sexualität »das Höchste und Schönste« sei.

Die durch Angehörige und Bekannte sexuell mißbrauchten Frauen weisen diesbezüglich wesentlich höhere Werte auf als die durch fremde Täter sexuell mißbrauchten Studentinnen.

Bei den Männern finden sich zwei signifikante Unterschiede: Die sexuell mißbrauchten Studenten meinen häufiger als die nicht mißbrauchten, sie hätten zu wenig sexuelle Erlebnisse, und nach gelebter Sexualität sind sie seltener zufrieden (Tabelle 40b).

Auch bei der Studie der Los Angeles Times gaben die Mißbrauchsopfer signifikant seltener an, daß sie mit ihrer Sexualität zufrieden seien (Finkelhor u.a. 1989, 382). Ähnliche Ergebnisse brachten die Studien von Gold (1986, 473), Briere (1988, 330) und Runtz und Briere (1987, 371).

Allerdings kommen Fromuth und Burkhart (1989, 539) bei ihrer Studentenbefragung zu einem anderen Ergebnis. Sie konnten bei den Männern nur eine sehr schwache Korrelation von sexuellem Mißbrauch und sexuellen Problemen feststellen. Bei der Untersuchung von Stein u.a. (1988, 142) sagten die sexuell mißbrauchten

Männer auch, daß sie in den letzten Monaten keinerlei Probleme mit ihrer Sexualität gehabt hätten.

Tabelle 40a: Probleme mit der Sexualität – Studentinnen (t-Test)

		nicht	wenig	teils/teils	ziemlich	sehr
Ich habe zu wenig sexuelle Erlebnisse.						
nicht mißbraucht	(n=370)	55%	15%	15%	11%	4%
sexuell mißbraucht	(n=123)	53%	13%	15%	11%	9%
(1,10 (df246) = n.s.)						
Nach Sexualität bin ich zufrieden.						
nicht mißbraucht	(n=353)	4%	5%	18%	43%	30%
sexuell mißbraucht	(n=124)	7%	10%	23%	39%	21%
(2,83 (df238) = p .01)						
Ich ergreife sexuell die Initiative.						
nicht mißbraucht	(n=363)	26%	31%	31%	10%	2%
sexuell mißbraucht	(n=127)	34%	27%	22%	13%	5%
(0,17 (df244) = n.s.)						
Meine sexuellen Beziehungen erscheinen mir schwierig.						
nicht mißbraucht	(n=357)	48%	23%	13%	10%	5%
sexuell mißbraucht	(n=125)	33%	21%	16%	21%	10%
(3,43 (df240) = p .001)						
Ich habe kein Interesse an der Sexualität.						
nicht mißbraucht	(n=369)	67%	15%	15%	3%	–
sexuell mißbraucht	(n=127)	66%	10%	20%	2%	2%
(0,92 (df247) = n.s.)						
Ich denke zu viel über Sexualität nach.						
nicht mißbraucht	(n=372)	51%	24%	16%	6%	2%
sexuell mißbraucht	(n = 126)	40%	19%	25%	13%	3%
(1,95 (df248) = n.s.)						

Tabelle 40b: Probleme mit der Sexualität – Studenten (t-Test)

		nicht	wenig	teils/teils	ziemlich	sehr
Ich habe zu wenig sexuelle Erlebnisse.						
nicht mißbraucht	(n=309)	26%	21%	20%	18%	15%
sexuell mißbraucht	(n=28)	46%	18%	11%	21%	4%
(2,07 (df168) = p .025)						
Nach Sexualität bin ich zufrieden.						
nicht mißbraucht	(n=297)	–	4%	15%	46%	33%
sexuell mißbraucht	(n=28)	–	7%	14%	57%	21%
(0,56 (df162) = n.s.)						
Ich ergreife sexuell die Initiative.						
nicht mißbraucht	(n=309)	18%	31%	30%	17%	3%
sexuell mißbraucht	(n=28)	29%	36%	29%	7%	–
(1,96 (df168) = p .05)						
Meine sexuellen Beziehungen erscheinen mir schwierig.						
nicht mißbraucht	(n=294)	29%	31%	19%	14%	8%
sexuell mißbraucht	(n=28)	14%	50%	18%	11%	7%
(0,16 (df160) = n.s.)						
Ich habe kein Interesse an der Sexualität.						
nicht mißbraucht	(n=309)	84%	6%	7%	1%	1%
sexuell mißbraucht	(n=28)	79%	14%	4%	4%	–
(0,21 (df168) = n.s.)						
Ich denke zu viel über Sexualität nach.						
nicht mißbraucht	(n=310)	27%	28%	23%	16%	5%
sexuell mißbraucht	(n = 28)	36%	21%	21%	14%	7%
(0,21 (df168) = n.s.)						

Trotzdem darf nicht voreilig der Schluß gezogen werden, daß sexuell mißbrauchte Männer nicht mehr oder gar weniger Probleme mit ihrer Sexualität haben als andere Männer. Denn zum einen ist die Stichprobe bei Fromuth und Burkhart – allerdings auch bei mir – relativ klein, was statistische Verzerrungen mit sich bringen kann. Zum anderen sind Studenten als »gesunde« Stichprobe anzusehen, die Männer mit schwereren Folgen sind also unterrepräsentiert. Außerdem ist fraglich, ob die verwendeten Meßinstrumente geeignet sind, die Auswirkungen der sexuellen Gewalt zu erfassen. Es ist wahrscheinlich sogar erforderlich, für Männer und Frauen unterschiedliche Meßinstrumente zu entwickeln, da sich beispielsweise bei der Untersuchung von Friedrich u.a (1986, 55) zeigte, daß mißbrauchte Jungen mehr nach außen gerichtete Symptome wie Aggressionen und sexuell mißbrauchte Mädchen mehr nach innen gerichtete Verhaltensweisen wie Depressionen entwickeln. Schließlich erscheint es äußerst wahrscheinlich, daß ein Großteil der – und zwar nicht nur der sexuell mißbrauchten – Männer vor sich selbst und damit auch in den Studien die eigene Sexualität als gut hinstellt, obwohl es doch einige Probleme gibt. Denn Jungen und Männer lernen, daß ein »ganzer Mann« auf sexuellem Gebiet keine Schwierigkeiten hat. Und diesen Teil des Männerbildes haben fast alle Männer tief verinnerlicht.

Abschließend bleibt noch festzustellen, daß durch die Ergebnisse der Befragung die Hypothesen 15 bis 19, nach denen die sexuell mißbrauchten StudentInnen häufiger unter psychosomatischen Beschwerden und depressiven Stimmungen leiden sowie ihre Beziehungen und ihre Sexualität als belasteter einschätzen als die nicht sexuell mißbrauchten StudentInnen, weitgehend bestätigt werden.

10. Zusammenfassung und politische Forderungen

Von 518 per Fragebogen befragten Studentinnen der Universität Dortmund gaben 130 (25 Prozent) und von den 343 befragten Studenten 28 (acht Prozent) an, als Kind sexuell mißbraucht worden zu sein. Dieses Ergebnis spiegelt wahrscheinlich noch nicht einmal ganz die Realität wider, da beispielsweise verdrängte Mißbrauchserfahrungen durch eine Fragebogenerhebung kaum aufgedeckt werden können. Auch bezogen auf die Gesamtbevölkerung dürfte das Ausmaß sexuellen Kindesmißbrauchs höher sein. Denn ausländische Studien zeigen, daß Opfer sexuellen Mißbrauchs unter StudentInnen seltener zu finden sind als im Bevölkerungsdurchschnitt.

Nur drei Frauen und keiner der Männer gingen mit ihren Eltern zur Polizei und zeigten den sexuellen Mißbrauch an. Alle drei Frauen waren Opfer von Exhibitionisten, die ihnen fremd waren. Von den Tätern aus der Familie und dem außerfamilialen Nahraum ist kein einziger bei der Polizei gemeldet worden. Die weithin akzeptierte Hell-/Dunkelfeld-Schätzung von 1 : 20 ist angesichts dieses Ergebnisses auf keinen Fall zu hoch gegriffen.

Die Ansicht, daß überwiegend Väter als Täter in Erscheinung treten, ist falsch. Denn sowohl die betroffenen Studentinnen als auch die betroffenen Studenten wurden zu etwa 50 Prozent durch Täter aus dem außerfamilialen Nahraum sexuell mißbraucht. Hinzu kommt, daß die etwa 25 Prozent innerhalb der Familie mißbrauchten StudentInnen längst nicht alle Opfer ihrer Väter wurden. Onkel, Großväter, Brüder, Cousins und andere Verwandte wurden ebenfalls als Täter genannt.

Etwa zwei Drittel der von den StudentInnen berichteten sexuellen Mißbrauchserfahrungen beinhalteten anale, orale oder vaginale Vergewaltigungen oder bestanden aus genitalen Manipulationen. Das andere Drittel umfaßte erzwungene Zungenküsse, Anfassen an der Brust, Begegnungen mit Exhibitionisten u.ä.

Etwa ein Viertel der betroffenen Studentinnen und mehr als ein Drittel der betroffenen Studenten sind von nur wenig älteren Jugendlichen gegen ihren Willen zu sexuellen Handlungen gezwungen worden. Dieses hohe sexuelle Gewaltpotential zwischen Kindern und Jugendlichen wird bisher zu wenig wahrgenommen.

Die Angaben der befragten Dortmunder StudentInnen zu ihrem sozialen und familiären Hintergrund belegen, daß Kinder aus Familien, in denen ein emotional gespanntes, repressives Klima herrscht und in denen der Mann der »Herr im Haus« ist, gefährdeter sind, sexuell mißbraucht zu werden. Eine weitergehende Analyse der Angaben der sexuell mißbrauchten Frauen zeigt, daß patriarchalische Familienbedingungen vor allem von den Opfern innerfamilialen sexuellen Mißbrauchs berichtet wurden. Etwas schwächer, aber in den meisten Kategorien dennoch signifikant sind die Unterschiede zwischen den im außerfamilialen Nahraum mißbrauchten Frauen und den nicht mißbrauchten. Die Opfer fremder Täter unterscheiden sich dagegen kaum von den nicht betroffenen Studentinnen. Dieses Ergebnis legt den Schluß nahe, daß sexueller Mißbrauch durch Angehörige, durch Bekannte und durch fremde Täter in den Entstehungsbedingungen zumindest teilweise unterschiedlich ist.

Die zu den Folgen des sexuellen Mißbrauchs erhobenen Daten beweisen, wie folgenschwer sich der Mißbrauch auf das Leben der Mädchen und Jungen auswirken kann. Die sexuell mißbrauchten Frauen berichteten signifikant häufiger über psychische Probleme, Beziehungsschwierigkeiten, Sexualprobleme, psychosomatische Beschwerden und Autoaggressionen als die nicht mißbrauchten Studentinnen. Auch bei den Studenten gab von den Mißbrauchsopfern ein signifikant höherer Anteil Schwierigkeiten in Beziehungen, Sexualprobleme und Suizidgedanken an.

Eine zusätzliche Analyse der Angaben der sexuell mißbrauchten Frauen zeigt, daß der sexuelle Mißbrauch in der Regel um so traumatischer ist, je enger die Beziehung zwischen Opfer und Täter ist und je intensiver die erzwungenen sexuellen Handlungen sind. Angesichts dieser Ergebnisse ist es grob fahrlässig, wenn das Ausmaß des sexuellen Kindesmißbrauchs verharmlost wird. So auch, wenn Michael Baurmann vom Bundeskriminalamt die von vielen ExpertInnen genannte Zahl von jährlich 300.000 sexuell mißbrauchten Kindern allein in den alten Bundesländern als fehlerhaft und dramatisierend bezeichnet. Geradezu unverantwortlich erscheint seine Warnung, diese Zahl »könnte dazu verleiten, unsinnigerweise an sehr vielen Orten (...) die Einrichtung von spezialisierten Beratungsstellen zu fordern« (Baurmann 1990, 36). Aber nicht nur das Bundeskriminalamt, sondern auch die Bundesgeschäftsstelle des Deutschen Kinderschutzbundes und prominente AutorInnen wie Katharina Rutschky zweifeln an den »hohen Zahlen« (Abelmann-Vollmer/Wichert-Dreyer 1990, 1; Rutschky 1990, 72). Und obwohl sie eine fundierte Diskussion über das Ausmaß und die Erscheinungsformen des sexuellen Mißbrauchs fordern, findet sich in ihren Beiträgen erstaunlicherweise nicht der Ruf nach vermehrter Forschung. Es ist verwunderlich, daß es in der Bundesrepublik Deutschland bis auf die vorliegende Arbeit keine größere Untersuchung über das Ausmaß, die Umstände und die Folgen sexuellen Kindesmißbrauchs gibt. Dabei hat doch spätestens die klägliche Antwort der Bundesregierung auf die »Große Anfrage zum sexuellen Mißbrauch von Kindern der Fraktion DIE GRÜNEN« 1985 gezeigt, wie dringend erforderlich dies wäre. Auf etwa ein Drittel der Fragen lautete die lapidare Antwort der Bundesregierung: »Hierzu liegen keine empirischen Daten vor.« Seit sieben Jahren hat sich an diesem Zustand nicht viel geändert. Da drängt sich der Verdacht auf, daß bei den PolitikerInnen entgegen dem eigenen Bekunden kein Interesse an wissenschaftlich abgesicherten Daten über den sexuellen Mißbrauch an Kindern besteht. Das verwundert nicht, denn würde eine Untersuchung die hohen Zahlen bestätigen, müßten Konsequenzen gezogen werden. Die PolitikerInnen wären gezwungen, bei weitem mehr finanzielle Mittel als bisher für spezialisierte Beratungsstellen, Fortbildungs- und Präventions-programme bereitzustellen. Und wie viel noch zu tun ist, zeigt sich an den folgenden politischen Forderungen, die sich aus meinen Untersuchungsergebnissen ableiten lassen:

Es müssen flächendeckend spezialisierte Beratungsstellen eingerichtet und finan-ziert werden, die vor allem in der Diagnostik und Prozeßbegleitung tätig werden. Denn dies können die staatlichen Erziehungsberatungsstellen nicht leisten, weil sie beispielsweise nur auf freiwilliger Basis arbeiten. Im Bereich der Diagnostik ist es aber z.B. häufig erforderlich, ohne das Wissen der Eltern vorzugehen.

Da das Ausmaß des sexuellen Mißbrauchs so groß ist, müssen sowohl die Mitarbei-terInnen der Erziehungsberatungsstellen, der Kindergärten, der Schulen, der Heime und der Psychiatrien als auch MedizinerInnen, JuristInnen und PolizistInnen – letztlich alle mit der Problematik befaßten Berufsgruppen – fort- und weitergebildet werden. Die Fortbildungen müssen neben Informationsvermittlung auch Selbster-fahrungsanteile haben. Dazu wäre es erforderlich, Kontakt- und Informationsstellen einzurichten, in deren Aufgabenbereich zudem die Entwicklung von Präventions- und Beratungskonzepten fallen könnte.

Doch nicht nur die Professionellen, sondern die ganze Öffentlichkeit muß besser informiert werden. Denn die meisten der sexuell mißbrauchten StudentInnen haben sich – sofern sie überhaupt schon einmal über ihren Mißbrauch gesprochen haben – ihren Eltern oder FreundInnen, also Laien, anvertraut. Diese Aufklärungsarbeit darf sich aber nicht nur in der Erstellung und Verteilung von Informationsbroschüren erschöpfen. Die Profis müssen mit den Laien ins Gespräch kommen.

Die Ergebnisse meiner Studie und die der Täterforschung deuten darauf hin, daß nicht wenige Täter schon als Jugendliche ihre »Karriere« als Sexualstraftäter begin-nen. Auch in den Beratungsstellen werden zunehmend Opfer jugendlicher Täter bekannt. Für die jugendlichen Täter müssen deshalb möglichst schnell Beratungs- und Behandlungsangebote entwickelt und bereitgestellt werden, um zu verhindern, daß sich ihr abweichendes Verhalten verfestigt. Mit dieser Arbeit würde weitreichen-de Prävention geleistet, die vielen Kindern das Schicksal eines sexuellen Mißbrauchs ersparen würde.

Da die patriarchalischen Familien- und Gesellschaftsstrukturen sexuellen Miß-brauch mitbedingen, muß sich die Gesellschaft und damit jeder einzelne noch weitaus stärker als bisher für die Gleichberechtigung der Frau und für die Stärkung der Kinderrechte einsetzen. Vergewaltigung in der Ehe und den Besitz von Kinderpor-nographie endlich als Straftatbestände anzuerkennen, sind zwei Maßnahmen, die von politischer Seite Zeichen in diese Richtung setzen würden.

Schließlich machen meine Untersuchung und neuere Entwicklungen wie beispiels-weise die Diskussion um die Kinderpornographie überdeutlich, daß noch weitere

Untersuchungen u.a. zu folgenden Themen notwendig sind: Traumaverarbeitung – Sexueller Mißbrauch an Jungen – Vergleich zwischen sexuellem Mädchen- und Jungenmißbrauch – Entwicklung und Überprüfung von Beratungs- und Therapiekonzepten – Kinderpornographie – Krisenintervention – Ausmaß und Bedeutung ritualisierter Formen sexuellen Mißbrauchs – Täterproblematik (Frauen als Täterinnen) – Entwicklung und Überprüfung von Präventionskonzepten.

Obwohl dieser Aspekt nicht Thema meiner Untersuchung war, fordere ich, daß die Gerichtsverfahren endlich mehr den Bedürfnissen der Opfer angepaßt werden. Es ist beispielsweise längst überfällig, Videokassetten oder Tonbandmitschnitte als Beweismittel einzuführen, um den sexuell mißbrauchten Kindern quälende Befragungen vor Gericht zu ersparen. In Fällen von sexuellem Kindesmißbrauch den juristischen Grundsatz der »Unmittelbarkeit des Beweises« auszusetzen, würde sicherlich den Rechtsstaat nicht gefährden, vielen Opfern sexuellen Mißbrauchs aber einen großen Teil ihrer Angst vor den Gerichtsprozessen nehmen. Der Gerechtigkeit würde man damit ein gutes Stück näher kommen.

Anhang

Anhang a: Der Fragebogen

Liebe Studentin, lieber Student   Dortmund, den

Ich möchte Sie bitten, den beigelegten Fragebogen auszufüllen, den ich zum Thema "Sexuelle Gewalt gegen Kinder" entwickelt habe. Die Idee zu dieser Untersuchung ist durch meine langjährige Mitarbeit in einer Beratungsstelle für Kinderschutz sowie meine Referententätigkeit für verschiedene Kontakt- und Informationsstellen gegen sexuellen Mißbrauch an Mädchen und Jungen entstanden. Der Fragebogen wird im Rahmen eines Forschungsprojekts am Fachbereich Sondererziehung und Rehabilitation der Universität Dortmund (Betreuer: Prof. Dr. Hartmut Horn und Prof. Dr. Sibylle Volkmann-Raue) ausgewertet. Die Untersuchung soll helfen, Möglichkeiten der Vorbeugung sexueller Gewalt gegen Kinder zu entwickeln und die Hilfen für die Opfer sexuellen Mißbrauchs zu verbessern.

Viele Erwachsene haben schon als Kinder und/oder als Jugendliche sexuelle Erfahrungen mit Spielkameraden, Freunden, Verwandten und Familienangehörigen gemacht. Einige dieser Erfahrungen sind unangenehm. Obwohl sehr viele Menschen solche Erlebnisse kennen und diese oft das spätere Leben beeinflussen, ist bisher nur wenig über diese Problematik bekannt.

Aufgrund der sehr sensiblen Thematik sind einige der Fragen sehr persönlich. Die Beantwortung des Fragebogens kann deshalb vielleicht für Sie anstrengend sein. Gerade aus diesem Grund haben sich viele SozialwissenschaftlerInnen bisher gescheut, sexuelle Kindheitserlebnisse zu untersuchen. Doch können ohne neue Erkenntnisse neue Konzepte für die Präventions- und Beratungsarbeit nicht entwickelt werden.

Ich hoffe, daß Sie sich deshalb und unter der Zusicherung, daß alle Ihre Angaben absolut anonym behandelt werden, dazu entschließen, den Fragebogen auszufüllen. Dies gilt auch für diejenigen von Ihnen, die selbst als Kinder keine unangenehmen sexuellen Erfahrungen gemacht haben.

Sollten Sie sich dennoch entscheiden, nicht teilzunehmen, bitte ich Sie zumindest, den Abschnitt „Statistische Daten" auszufüllen und ihn zurückzusenden, da ansonsten die Ergebnisse verzerrt werden.

Bitte senden Sie den Fragebogen bis spätestens zum 02.11 zurück.

Vielen Dank für Ihre Bemühungen

Dirk Bange

FRAGEBOGEN

Statistische Daten

Geschlecht: O   weiblich

                             O   männlich

Alter: _____Jahre

Was studieren Sie?   _____

Religion: O   evangelisch

                           O   katholisch

                           O   keine

                           O   andere   _____

Sind Sie religiös erzogen worden?

nicht	wenig	mittelmäßig	ziemlich	sehr
O	O	O	O	O

Familienstand: O   verheiratet

                         O   mit PartnerIn unverheiratet zusammenlebend

                         O   mit PartnerIn, aber in verschiedenen Wohnungen lebend

                         O   ledig

                         O   geschieden

                         O   Kinder   wieviele?   _____

Lebten Sie die ersten 16 Lebensjahre <u>überwiegend</u> in

                         O   einem Dorf bis 5.000 Einwohner

                         O   einer Kleinstadt mit 5.000 - 20.000 Einwohnern

                         O   einer Mittelstadt mit 20.000 - 100.000 Einwohnern

                         O   einer Großstadt mit über 100.000 Einwohnern

Fragen zu den familialen und sozialen Bedingungen Ihrer Kindheit

Wie sind Sie die ersten 16 Lebensjahre aufgewachsen? (Mehrfachnennungen möglich)

	bis zum ___ Lebensjahr	ab ___ Lj.	ab ___ Lj.
mit beiden leiblichen Eltern	O	O	O
bei der leiblichen Mutter	O	O	O
bei dem leiblichen Vater	O	O	O
bei der leiblichen Mutter und Stiefvater	O	O	O
bei dem leiblichen Vater und Stiefmutter	O	O	O
bei der leiblichen Mutter und Freund	O	O	O
bei dem leiblichen Vater und Freundin	O	O	O
bei Adoptiveltern	O	O	O
bei Pflegeeltern	O	O	O
in einem Heim/in Heimen	O	O	O
bei anderen _____	O	O	O

Welche dieser Menschen würden Sie als Ihre Eltern bezeichnen?
(Mit Eltern sind hier und im weiteren Verlauf des Fragebogens die Menschen gemeint,
die Sie als Ihre Eltern ansehen. Das können die leiblichen Eltern, aber genauso gut
Pflegeeltern, Stiefeltern oder auch „nur" die alleinerziehende Mutter sein)

_____

Welches ist der höchste Schulabschluß Ihrer Eltern?

Mutter:		Vater:	
O	Universität	O	Universität
O	Fachhochschule	O	Fachhochschule
O	Fachschule	O	Fachschule
O	Gymnasium	O	Gymnasium
O	Realschule	O	Realschule
O	Hauptschule	O	Hauptschule
O	Sonderschule	O	Sonderschule
O	Kein Abschluß	O	Kein Abschluß

Was sind die erlernten Berufe Ihrer Eltern?　Mutter: _____

Vater: _____

Was sind die ausgeübten Berufe Ihrer Eltern?　Mutter: _____

Vater: _____

Wieviele Geschwister haben Sie?   _____ Bruder/Brüder   _____ Stiefbruder/-brüder

                                   _____ Schwester/n   _____ Stiefschwester/n

---

Wie war Ihre Geschwisterposition? (Beispiel: älterer Bruder - ich - jüngere Schwester)

_____

Wie haben Sie die Beziehung Ihrer Eltern überwiegend erlebt?
(In dieser und den weiteren Fragen sind wieder die Menschen gemeint, die Sie als Ihre
Eltern ansehen.)

- O   unglücklich
- O   wenig glücklich
- O   teils glücklich/teils unglücklich
- O   ziemlich glücklich
- O   sehr glücklich

- O   nicht zutreffend, da nur ein Elternteil

Wie haben Sie sich mit Ihren Eltern verstanden?

	Mutter	Vater
nicht verstanden	O	O
wenig verstanden	O	O
teils verstanden/teils nicht verstanden	O	O
überwiegend verstanden	O	O
ausgezeichnet verstanden	O	O

Wenn Ihre Eltern Sie bestraft haben, wie sah das aus? (Mehrfachnennungen möglich)

- O   Schimpfen
- O   Schlagen
- O   Verbote
- O   Hausarrest
- O   Liebesentzug
- O   Sonstiges   _____

Wie oft haben sich Ihre Eltern

geküßt	umarmt	Händchen gehalten	
O	O	O	nie
O	O	O	selten
O	O	O	manchmal
O	O	O	oft
O	O	O	sehr oft
O	O	O	nicht zutreffend, da nur ein Elternteil

Hätten Ihre Eltern den folgenden Aussagen zugestimmt oder nicht?

nicht	wenig	teils/teils	überwiegend	völlig
1	2	3	4	5

	Mutter	Vater
Kinder dürfen ihren Eltern nicht widersprechen, sonst verlieren sie den Respekt.	1 2 3 4 5	1 2 3 4 5
Bei Familienentscheidungen sollte eigentlich die Meinung der Kinder berücksichtigt werden.	1 2 3 4 5	1 2 3 4 5
Frauen dürfen beruflich keine höheren Postitionen als Männer einnehmen.	1 2 3 4 5	1 2 3 4 5

Jede Familie hat verschiedene, manchmal unausgesprochene Regeln, wie man in der Familie miteinander umgeht.

Denken Sie an Ihre Familie!

	Vater	Mutter	Bruder	Schwester	eine niemand	eine andere Person
1) Wenn Sie verreisten: Wen haben Sie da						
a) zum Abschied umarmt?	0	0	0	0	0	0
b) zum Abschied geküßt?	0	0	0	0	0	0
c) zum Abschied auf den Mund geküßt?	0	0	0	0	0	0
2) Wenn Sie morgens aufstanden:						
a) Wer konnte Sie in Unterwäsche sehen, ohne daß Sie verlegen wurden?	0	0	0	0	0	0
b) Wer konnte Sie nackt sehen, ohne daß Sie verlegen wurden?	0	0	0	0	0	0
c) Wer konnte zu Ihnen ins Badezimmer kommen, ohne daß Sie verlegen wurden?	0	0	0	0	0	0
3) Wem konnten Sie einen „dreckigen" Witz erzählen?	0	0	0	0	0	0
4) Mit wem konnten Sie über intime Erfahrungen sprechen?	0	0	0	0	0	0
5) Wenn Sie allein im Schlafzimmer waren, wer kam herein, ohne vorher anzuklopfen?	0	0	0	0	0	0

Wer war die andere Person? (z.B. Oma) _____

Hatten Sie Schwierigkeiten, Freundschaften zu schließen?

nie	selten	gelegentlich	oft	immer
0	0	0	0	0

Unangenehme sexuelle Erlebnisse in Ihrer Kindheit

Hat Ihnen jemand gegen Ihren Willen seine Genitalien gezeigt, bevor Sie 16 Jahre alt wurden?   O   ja   O   nein

---

Hat Sie jemand in einer Weise geküßt oder umarmt, durch die Sie sich sexuell belästigt fühlten, bevor Sie 16 Jahre alt wurden?   O   ja   O   nein

---

Hat Sie jemand gegen Ihren Willen an Ihren Genitalien angefaßt oder es versucht, bevor Sie 16 Jahre alt wurden?   O   ja   O   nein   O   versucht

---

Mußten Sie gegen Ihren Willen jemanden an seine Genitalien fassen, bevor Sie 16 Jahre alt wurden?   O   ja   O   nein

---

Hat Sie jemand gegen Ihren Willen zu Anal-, Oral- oder Vaginalverkehr gezwungen oder es versucht, bevor Sie 16 Jahre alt wurden?   O   ja   O   nein   O   versucht

---

Viele Menschen denken nicht an ihre Familie, wenn sie sich an ihre sexuellen Erfahrungen erinnern. Die nächsten beiden Fragen beziehen sich deshalb auf Ihre Angehörigen.

Kam es zu irgendwelchen sexuellen Handlungen zwischen einem Ihrer Onkel, einer Ihrer Tanten, Ihrem Vater/Stiefvater, Ihrer Mutter/Stiefmutter, Ihrem Großvater, Ihrer Groß-mutter und Ihnen, bevor Sie 16 Jahre alt wurden?

O   ja   O   nein

Kam es gegen Ihren Willen zu irgendwelchen sexuellen Handlungen zwischen einem Bruder/ Stiefbruder, einer Schwester/Stiefschwester, einem Cousin, einer Cousine und Ihnen, bevor Sie 16 Jahre alt wurden?   O   ja   O   nein

---

Hat ein Ihnen bekannter Erwachsener (wie z.B. Nachbar, Jugendgruppenleiter, Lehrer) Sie gegen Ihren Willen zu sexuellen Handlungen gezwungen oder es versucht, bevor Sie 16 Jahre alt wurden?   O   ja   O   nein   O   versucht

---

Hat Sie ein Fremder gegen Ihren Willen zu sexuellen Handlungen gezwungen oder es ver-sucht, bevor Sie 16 Jahre alt wurden?   O   ja   O   nein   O   versucht

---

Können Sie sich an ein anderes Erlebnis erinnern, bei dem Sie gegen Ihren Willen zu sexuellen Handlungen gezwungen wurden, bevor Sie 16 Jahre alt wurden, das in den bisherigen Fragen nicht angesprochen wurde?   0   ja   0   nein

---

Wenn Sie ein oder mehrere solcher Erlebnisse hatten, dann wählen Sie die zwei wichtigsten aus und beantworten Sie bitte die folgenden Fragen.
Beantworten Sie zuerst alle Fragen für das eine Erlebnis und dann alle Fragen für das zweite Erlebnis.

Hatten Sie kein derartiges Erlebnis, setzen Sie bitte Ihre Beantwortung bei der ersten Frage des Abschnitts „Fragen zu Ihrer derzeitigen Befindlichkeit" fort.

Wie alt war die andere Person?	Erlebnis 1	Erlebnis 2
	_____Jahre	_____Jahre

Welches Geschlecht hatte die andere Person?	Erlebnis 1	Erlebnis 2
	_____	_____

Wie alt waren Sie?	Erlebnis 1	Erlebnis 2
	_____	_____

War die andere Person?	Erlebnis 1	Erlebnis 2
ein Fremder	0	0
ein Bekannter, aber kein Freund	0	0
ein Freund	0	0
ein Cousin	0	0
ein Bruder	0	0
eine Schwester	0	0
ein Freund meiner Mutter	0	0
eine Freundin meines Vaters	0	0
mein Vater	0	0
meine Mutter	0	0
mein Stiefvater	0	0
meine Stiefmutter	0	0
ein Onkel	0	0
mein Opa	0	0
meine Oma	0	0
eine Tante	0	0
ein Lehrer	0	0
ein Jugendgruppenleiter	0	0
ein Pfarrer	0	0
ein Arzt	0	0
ein(e) anderer/andere	_____	_____

Wie oft kam es zu den sexuellen Handlungen?   Erlebnis 1   Erlebnis 2

_____   _____

Über welchen Zeitraum zogen sich die sexuellen Handlungen   Erlebnis 1   Erlebnis 2
hin? (Nennen Sie die ungefähre Zahl der Tage, Monate, Jahre) _____   _____

Was passierte? (Mehrfachnennungen möglich)   Erlebnis 1   Erlebnis 2

a) Sexualisierte Küsse, Umarmungen, Bemerkungen.   O   O
b) Die andere Person beobachtete Sie beim Baden.   O   O
c) Die andere Person machte Aktphotos von Ihnen.   O   O
d) Die andere Person machte Pornophotos von Ihnen.   O   O
e) Die andere Person zeigte Ihnen die Genitalien.   O   O
f) Die andere Person faßte Ihre Brüste an.   O   O
g) Die andere Person versuchte, ihre Genitalien anzufassen.   O   O
h) Die andere Person faßte Ihre Genitalien an.   O   O
i) Sie mußten der anderen Person an die Genitalien fassen.   O   O
j) Sie mußten vor der anderen Person masturbieren.   O   O
k) Die andere Person masturbierte vor Ihnen.   O   O
l) Sie mußten der anderen Person Ihre Genitalien zeigen.   O   O
m) Sie sollten bei der anderen Person Oralverkehr machen.   O   O
n) Sie mußten bei der anderen Person Oralverkehr machen.   O   O
o) Die andere Person führte bei Ihnen Oralverker durch.   O   O
p) Die andere Person versuchte bei Ihnen Oralverkehr.   O   O
q) Die andere Person versuchte bei Ihnen Analverkehr.   O   O
r) Die andere Person führte bei Ihnen Analverkehr durch.   O   O
s) Sie führten bei der anderen Person Analverker durch.   O   O
t) Die andere Person versuchte bei Ihnen Vaginalverkehr.   O   O
u) Die andere Person führte bei Ihnen Vaginalverkehr durch.   O   O
v) Etwas anderes.   _____   _____

Vertrauten Sie der Person?

nicht	wenig	teils/teils	überwiegend	völlig
1	2	3	4	5

                                                         Erlebnis 1   Erlebnis 2
                                                        1 2 3 4 5   1 2 3 4 5

Durch welche Mittel erreichte die Person die sexuellen
Handlungen? (Mehrfachnennungen möglich)

	Erlebnis 1	Erlebnis 2
Sie log Ihnen falsche sexuelle Normen vor.	0	0
Körperliche Gewalt	0	0
Geschenke, Geld	0	0
Drohungen	0	0
„Emotionale Zuwendung"	0	0
Etwas anderes	_____	_____

	Erlebnis 1	Erlebnis 2
Verbot Ihnen die Person, über die sexuellen Handlungen zu sprechen?	0 ja 0 nein	0 ja 0 nein

	Erlebnis 1	Erlebnis 2
Haben Sie schon einmal über Ihr Erlebnis mit einem anderen Menschen gesprochen?	0 ja 0 nein	0 ja 0 nein

Mit wem haben Sie über Ihr(e) Erlebnis(se) gesprochen?
(Mehrfachnennungen möglich)

	Erlebnis 1	Erlebnis 2
Mutter	0	0
Vater	0	0
Bruder	0	0
Schwester	0	0
Freundin	0	0
Freund	0	0
Sozialarbeiterin/Psychologin	0	0
Sozialarbeiter/Psychologe	0	0
Andere Person	_____	_____

	Erlebnis 1	Erlebnis 2
Wie lange hat es gedauert, bis Sie sich einem anderen Menschen anvertraut haben? (Sofort, Tage, Monate, Jahre)	_____	_____

Wie reagierten die Personen darauf?

_____

_____

Waren Sie wegen des/der Erlebnisse(s) schon mal in psychotherapeutischer Behandlung?

     0   ja   0   nein

Wenn Sie zurückdenken, welche Gefühle löste(n) das/die Erlebnis(se) bei Ihnen aus?
(Mehrfachnennungen möglich)

keine	wenig	mittelmäßige	überwiegend	völlige
1	2	3	4	5

	Erlebnis 1	Erlebnis 2
Angst	1 2 3 4 5	1 2 3 4 5
Scham	1 2 3 4 5	1 2 3 4 5
Schuld	1 2 3 4 5	1 2 3 4 5
Hilflosigkeit	1 2 3 4 5	1 2 3 4 5
Überraschung	1 2 3 4 5	1 2 3 4 5
Freude	1 2 3 4 5	1 2 3 4 5
Lust	1 2 3 4 5	1 2 3 4 5
Neugierde	1 2 3 4 5	1 2 3 4 5
Verwirrung	1 2 3 4 5	1 2 3 4 5
Sprachlosigkeit	1 2 3 4 5	1 2 3 4 5
Wut	1 2 3 4 5	1 2 3 4 5
Ekel	1 2 3 4 5	1 2 3 4 5
Haß	1 2 3 4 5	1 2 3 4 5
Traurigkeit	1 2 3 4 5	1 2 3 4 5

Als die sexuellen Handlungen begannen, wie war da
die Beziehung zu Ihren Eltern?

	Erlebnis 1		Erlebnis 2	
	Mutter	Vater	Mutter	Vater
Wir haben uns nicht verstanden	O	O	O	O
... wenig verstanden	O	O	O	O
... mittelmäßig verstanden	O	O	O	O
... überwiegend verstanden	O	O	O	O
... ausgezeichnet verstanden	O	O	O	O

Als die sexuellen Handlungen begannen, hatten Sie da

	Erlebnis 1	Erlebnis 2
viele gute Freunde/innen	O	O
einige gute Freunde/innen	O	O
eine(n) gute(n) Freund/In	O	O
keine(n) gute(n) Freund/In	O	O

Fragen zu Ihrer derzeitigen Befindlichkeit

Inwieweit stimmen Sie den folgenden Einschätzungen zu?

nicht	wenig	mittelmäßig	ziemlich	sehr
1	2	3	4	5

a) Ich mag meinen Körper.	1	2	3	4	5
b) Für mein Alter habe ich zu wenig sexuelle Erlebnisse.	1	2	3	4	5
c) Nach sexuellen Erlebnissen fühle ich mich zufrieden.	1	2	3	4	5
d) Meine sexuellen Beziehungen erscheinen mir schwierig.	1	2	3	4	5
e) Wenn ich an jemanden sexuell interessiert bin, ergreife ich die Initiative.	1	2	3	4	5
f) Ich glaube, ich denke zuviel über Sexualität nach.	1	2	3	4	5
g) Ich habe kein Interesse an Sexualität.	1	2	3	4	5
h) Ich habe in Beziehungen die Sorge, ausgenutzt zu werden.	1	2	3	4	5
i) Ich habe Angst, meinem/r Partner/In zu nahe zu kommen.	1	2	3	4	5
j) Ich mißtraue meinem/r Partner/In.	1	2	3	4	5
k) Längere Beziehungen machen mir Angst.	1	2	3	4	5
l) In engen, nahen Beziehungen fühle ich mich wohl.	1	2	3	4	5

Fühlen Sie sich im allgemeinen niedergeschlagen und traurig?

nie	selten	manchmal	oft	sehr oft
0	0	0	0	0

Haben Sie ...	nie	selten	manchmal	oft	sehr oft
a) Einschlafschwierigkeiten	0	0	0	0	0
b) Alpträume	0	0	0	0	0
c) Einen unruhigen Schlaf	0	0	0	0	0
d) Einen unterbrochenen Schlaf	0	0	0	0	0
e) Einen festen und tiefen Schlaf	0	0	0	0	0

Trinken/ nehmen Sie ...	1x monatlich	1x die Woche	alle 2-3 Tage	täglich
Alkohol	0	0	0	0
Medikamente	0	0	0	0
„weiche" Drogen	0	0	0	0
„harte" Drogen	0	0	0	0

Was trinken oder nehmen Sie? _____

Haben Sie ...

sich schon mal bewußt selbst verletzt?	0 ja	0 nein
schon mal an Selbsttötung gedacht?	0 ja	0 nein
schon mal einen Selbsttötungsversuch gemacht?	0 ja	0 nein

Inwieweit stimmen Sie den folgenden Einschätzungen zu?

nicht	wenig	mittelmäßig	ziemlich	sehr
1	2	3	4	5

a) Kinder haben auf mich eine erotische Ausstrahlung. 1 2 3 4 5
b) In meinen sexuellen Phantasien spielen Kinder eine Rolle. 1 2 3 4 5
c) Ich schaue mir erotische Darstellungen von Kindern an. 1 2 3 4 5
d) Ich schaue mir Kinderpornographie an. 1 2 3 4 5
e) Ich wünsche mir sexuelle Kontakte mit Kindern. 1 2 3 4 5

Haben Sie schon mal unter nicht organisch bedingten ... gelitten?

Erstickungsanfällen	0 ja	0 nein
Lähmungen	0 ja	0 nein
Unterleibsbeschwerden	0 ja	0 nein
Sprachstörungen	0 ja	0 nein
Eßstörungen	0 ja	0 nein

Ist aus Ihrer Sicht noch etwas wichtig, das nicht im Fragebogen angesprochen wurde?

_____

_____

_____

_____

_____

_____

Wenn Sie an Informationen über das Thema „Sexuelle Gewalt gegen Kinder" interessiert sind, schicke ich Ihnen auf Wunsch gerne eine Literaturliste und ein Verzeichnis von Beratungsstellen zu. Auch zu einem Gespräch über den Fragebogen stehe ich unter der angegebenen Adresse gerne zur Verfügung!

Anhang b: Tabellen

Tabelle 1: Familienregeln in bezug auf den Vater (Studentinnen)

	nicht mißbraucht	sexuell mißbraucht	Täter waren		
			Angehörige	Bekannte	Fremde
Hat Sie Ihr Vater zum Abschied:					
umarmt	77% (n=371)[1]	71% (n=125)	50%*** (n=32)	79% (n=57)	78% (n=32)
geküßt	65% (n=369)	52% (n=121)	46%* (n=33)	46%** (n=52)	55% (n=31)
auf Mund geküßt	29% (n=312)	22% (n=112)	14% (n=29)	26% (n=50)	23% (n=30)
Ich bin nicht verlegen geworden, wenn Vater mich ... sah:					
in Unterwäsche	75% (n=385)	70% (n=128)	52%** (n=33)	70% (n=57)	83% (n=33)
nackt	38% (n=380)	37% (n=126)	24% (n=33)	33% (n=56)	52% (n=33)
im Badezimmer	45% (n=372)	43% (n=115)	27% (n=33)	40% (n=53)	55% (n=26)
Ich konnte ihm eine(n) ... erzählen:					
dreckigen Witz	41% (n=367)	33% (n=123)	22% (n=32)	32% (n=53)	36% (n=33)
intime Erfahrung	8% (n=365)	4% (n=114)	3% (n=32)	8% (n=53)	– (n=24)

1) Die (n=...) variieren aufgrund von fehlenden Werten.
* $= (X^2(df1) p .05)$
** $= (X (df1) p .01)$
*** $= (X (df1) p .001)$

Tabelle 2: Familienregeln in bezug auf die Mutter (Studentinnen)

	nicht mißbraucht	sexuell mißbraucht	Täter waren		
			Angehörige	Bekannte	Fremde
Hat Sie Ihre Mutter zum Abschied:					
umarmt	86% (n=371)[1]	82% (n=126)	84% (n=32)	81% (n=53)	84% (n=32)
geküßt	74% (n=367)	74% (n=121)	70% (n=23)	67% (n=52)	87% (n=31)
auf Mund geküßt	38% (n=312)	29% (n=112)	34% (n=29)	28% (n=50)	30% (n=30)
Ich bin nicht verlegen geworden, wenn Mutter mich ... sah:					
in Unterwäsche	93% (n=385)	90% (n=128)	82% (n=33)	93% (n=57)	97% (n=33)
nackt	71% (n=380)	65% (n=127)	52%* (n=33)	68% (n=56)	70% (n=33)
im Badezimmer	75% (n=372)	63%) (n=123)	42%** (n=33)	68% (n=53)	76% (n=33)
Ich konnte ihr eine(n) ... erzählen:					
dreckigen Witz	44% (n=367)	48% (n=123)	31% (n=32)	44% (n=53)	39% (n=33)
intime Erfahrung	39% (n=365)	33% (n=113)	16%* (n=32)	28% (n=54)	42% (n=24)

1) Die (n= ...) variieren aufgrund von fehlenden Werten.
* = $(X^2 \ (df1) = p \ .05)$
** = $(X^2 \ (df1) = p \ .01)$

Tabelle 3: Familienregeln in bezug auf Vater und zur Mutter (Studenten)

	Mutter		Vater	
	nicht mißbraucht	sexuell mißbraucht	nicht mißbraucht	sexuell mißbraucht
Hat Sie Ihr/e ... zum Abschied:				
umarmt	76% (n=305)	61% (n=28)	56% (n=305)	54% (n=28)
geküßt	59% (n=292)	61% (n=28)	27% (n=291)	29% (n=28)
auf Mund geküßt	21% (n=247)	36% (n=25)	6% (n=247)	16% (n=25)
Ich bin nicht verlegen geworden, wenn sie/er mich ... sah:				
in Unterwäsche	93% (n=313)	86% (n=28)	89% (n=313)	79% (n=28)
nackt	63% (n=304)	42% * (n=26)	63% (n=304)	46% (n=28)
im Badezimmer	69% (n=303)	59% (n=27)	68% (n=303)	59% (n=27)
Ich konnte ihr/ihm eine(n) ... erzählen:				
dreckigen Witz	34% (n=293)	14% (n=28)	39% (n=293)	21% (n=28)
intime Erfahrung	24% (n=292)	8% (n=26)	13% (n=292)	19% (n=26)

1) Die (n= ...) variieren aufgrund von fehlenden Werten.

$* = (X^2 (df1) p .05)$

Tabelle 4: Schlafstörungen, differenziert nach einmaligem und mehrmaligem sexuellem Mißbrauch

	Gruppe 1 (n=50)	Gruppe 2 (n=73)	Chiquadrat
Ich habe ziemlich oder sehr häufig (einen) ...			
unruhigen Schlaf	32%	13%	7,38 = p .05
unterbrochenen Schlaf	38%	18%	6,43 = p .05
Einschlafprobleme	26%	10%	6,29 = p .05
Alpträume	22%	1%	12,55 = p .001

Gruppe 1 = mehrmaliger sexueller Mißbrauch
Gruppe 2 = einmaliger sexueller Mißbrauch

Literaturliste

Abel, G.G./Rouleau, J.-L.: The Nature and Extent of Sexual Assault. In: Marshall, W.L. u.a. (Hg.): Handbook of Sexual Assault: Issues, Theories and Treatment of the Offender. New York/London 1990, 9-21.

Abelmann-Vollmer, K.: Herrschaft und Tabu. In: Kinderschutz aktuell 2/1989, 4-7.

Abelmann-Vollmer, K./Wichert-Dreyer, G.: Sexuelle Gewalt gegen Kinder. In: Jugendrotkreuz und Erzieher 4/1990, 1.

Abraham, K.: Das Erleiden sexueller Traumen als Form infantiler Sexualbetätigung. In: Abraham, K.: Psychoanalytische Studien. Band 2. Frankfurt am Main 1971, 167-181.

Achenbach, T.M./Edelbrock, C.S.: The Child Behavior Profile. In: Journal of Consulting and Clinical Psychology 47/1979, 223-233.

Aengenendt, J.: Die Aussage von Kindern in Sittlichkeitsprozessen. Bonn 1955.

Amendt, G.: Nur die Sau rauslassen? Zur Pädophilie-Diskussion. In: Sigusch, V. (Hg.): Die sexuelle Frage. Hamburg 1982, 141-167.

Anderson, D.: Touching: When is it Caring and Nurturing or When is it Exploitative and Damaging. In: Child Abuse & Neglect 3/1979, 793- 794.

Alexander, P.: Prostitution: Ein schwieriges Kapitel für Feministinnen. In: Delacoste, F./Alexander, P.: SexArbeit. Frauen in der Sexindustrie. München 1989, 154-181.

Armstrong, L.: Kiss Daddy Goodnight. Frankfurt am Main 1985.

Atteslander, P.: Methoden der empirischen Sozialforschung. Berlin 1975[4].

Bagley, C.: Prevalence and Correlates of Unwanted Sexual Acts in Childhood in a National Canadian Sample. In: Canadian Journal of Public Health 80/1989, 295-296.

Bagley, C.: Development of a Measure of Unwanted Sexual Contact in Childhood, For Use in Community Mental Health Surveys. In: Psychological Reports 66/1990, 401-402.

Bagley, C./McDonald, M.: Adult Mental Health Sequels of Child Sexual Abuse, Physical Abuse and Neglect in Maternally Separated Children. In: Canadian Journal of Community 3/1984, 15-26.

Bagley, C./Ramsay, R.: Disrupted Childhood and Vulnerability to Sexual Assault: Long-Term Sequels With Implications for Counselling. Paper Presented at the Conference on Counselling the Sexual Abuse Survivor. Winnipeg 1985.

Bagley, C./Ramsay, R.: Sexual Abuse in Childhood: Psychosocial Outcomes and Implications for Social Work Practice. In: Journal of Social Work and Human Sexuality 4/1986, 33-48.

Bagley, C./Young, L.: Juvenile Prostitution and Child Sexual Abuse: A Controlled Study. In: Canadian Journal of Community 6/1987, 5-26.

Baker, A./Duncan, S.: Childhood Sexual Abuse: A Study of Prevalence in Great Britain. In: Child Abuse & Neglect 9/1986, 457-467.

Bange, D.: Zur Problematik der sexuellen Gewalt gegen Jungen. Unveröffentlichte Diplomarbeit Dortmund 1989a.

Bange,D.: »Es hätte mir ja sowieso keiner geglaubt«. Sexuell mißbrauchte Jungen – Kinder ohne Lobby. In: päd. extra & demokratische erziehung 10/1989b, 36-39.

Bange, D.: Jungen werden nicht mißbraucht – oder? In: Psychologie Heute 17/1990a, 54-61.

Bange, D.: Wenig beachtet und doch eine Tatsache: Auch Frauen miß brauchen Kinder. In: pro familia magazin. Sexualpädagogik und Familienplanung 3/1990b, 29-31.

Bange, D.: Jungenprostitution. In: päd. extra & demokratische erziehung 11/1990c, 33-38.

Bange, D.: Sexuell mißbrauchte Jungen. In: Bader, B./Lang, E. (Hg.): Stricher-Leben. Hamburg 1991, 141-154.

Bange, D.: Sexueller Mißbrauch an Kindern. Ausmaß, Umstände, Hintergründe und Folgen. Ergebnisse einer schriftlichen StudentInnenbefragung. Dissertation Dortmund 1992.

Bange, D./Beckmann, F.: Sexueller Mißbrauch von Kindern. Ein Thema für Männer?! In: Sozialmagazin 10/1989, 52-54.

Bange, D./Geisel, K.: Kinderpornographie. Eine der Ursachen sexueller Ausbeutung von Kindern. In: päd. extra & demokratische erziehung 6/1990, 20-24.

Barnard, B.P./Hirsch, C.: Borderline Personality and Victims of Incest. In: Psychological Reports 57/1985, 715-718.

Bartels, V.: Grenzen der Familientherapie – oder: Therapeutisches Familienghetto. In: Enders, U. (Hg.): Zart war ich, bitter war's. Köln 1990, 207-211.

Bass, A./Davis, A.. Trotz allem. Wege zur Selbstheilung für sexuell mißbrauchte Frauen. Berlin 1990.

Baurmann, M.C.: Sexualität, Gewalt und die Folgen für das Opfer. Zusammengefaßte Ergebnisse einer Längsschnittuntersuchung bei Opfern von angezeigten Sexualkontakten. Wiesbaden 1983.

Baurmann, M.C.: Sexuelle Gewalt gegen Kinder – Ergebnisse aus der viktimiologischen Forschung des Bundeskriminalamtes. In: Die Frauenministerin des Landes Schleswig-Holstein/Kinderschutzzentrum Kiel (Hg.): Sexuelle Mißhandlung von Kindern. Dokumentation einer Fachtagung 1989. Kiel 1990, 33-38.

Baurmann, M.C.: Die offene, heimliche und verheimlichte Gewalt von Männern gegen Frauen sowie ein Aufruf an Männer, sich gegen Männergewalt zu wenden. In: Janshen, D. (Hg.): Sexuelle Gewalt. Die alltägliche Menschenrechtsverletzung. Frankfurt am Main 1991, 223- 251.

Beck, J.C./van der Kolk, B.: Reports of Childhood Incest and Current Behavior of Chronically Hospitalized Psychotic Women. In: American Journal of Psychiatry 144/1987, 1474-1476.

Beck, U.: Risikogesellschaft. Auf dem Weg in eine andere Moderne. Frankfurt am Main 1986.

Becker, J.V.: The Effects of Child Sexual Abuse on Adolescent Sexual Offenders. In: Wyatt, G./Powell, G. (Hg.): Lasting Effects of Child Sexual Abuse. Newbury Park 1988, 193-207.

Bentovim, A. u.a.: Child Sexual Abuse – Children and Families Referred to a Treatment Project and the Effects of Intervention. In: British Medical Journal 295/1987, 1453-1457.

Benward, J./Denson-Gerber, J.: Incest as a Causitive Factor in Antisocial Behavior. In: Contemporary Drug Problems 4/1975, 323-340.

Berliner, L./Wheeler, J.: Treating the Effects of Sexual Abuse. In: Journal of Interpersonal Violence 3/1988, 415-434.

Bernard, C./Schlaffer, E.: Der Mann auf der Straße. Reinbek bei Hamburg 1980.

Bernard, F.: Pädophilie. In: Albrecht-Dèsirat, K./Pacharzina, K. (Hg.): Sexualität und Gewalt. Bernsheim 1979, 77-86.

Besens, T./Vugt, Gerry van: Wo Worte nicht reichen. Therapie mit Inzestbetroffenen. München 1990.

Bevollmächtigte der Hessischen Landesregierung für Frauenangelegenheiten (Hg.): Sexueller Mißbrauch von Mädchen. Wiesbaden 1988.

Bieler, M.: Still wie die Nacht. Memoiren eines Kindes. Hamburg 1989.

Bock, G.. Zwangssterilisation im Nationalsozialismus. Opladen 1986.

Bongersma, E.. Die Rechtsposition des Pädophilen. In: Monatsschrift für Kriminologie und Strafrechtsreform, 63/1980, 97-107.

Bornemann, E.. Kindersexualität, Kindesmißbrauch, Kinderprostitution, Pädophilie. Ein Beitrag zur Klärung der Begriffe. In: König, C. (Hg.): Gestörte Sexualentwicklung. München 1989, 120-128.

Branch, G./Paxton, R.: A Study of Gonococcal Infections Among Infants and Children. In: Public Health Reports 80/1965, 347-352.

Brannon, J.M. u.a.: The Extent and Origins of Sexual Molestation and Abuse Among Incarcerated Adolescent Males. In: International Journal of Offender Therapy and Comparation Criminology 33/1989, 161- 171.

Braun, G.: Abschlußbericht des Projekts »Vorbeugung gegen den sexuellen Mißbrauch an Kindern – Sichtung und Auswertung vorliegender Aufklärungsmaterialien und -maßnahmen sowie Entwicklung eines landesweiten Präventionskonzeptes«. Köln 28.12.1990.

Briere, J.: The Long Term Clinical Correlates of Childhood Sexual Victimization. In: Annals of the New York Academy of Sciences 528/1988, 327-334.

Briere, J./Runtz, M.: Suicidal Thoughts and Behaviors in Former Sexual Abuse. In: Canadian Journal of Behavior Sciences 18/1986, 413-423.

Briere, J./Runtz, M.: Post Sexual Abuse Trauma: Data and Implications for Clinical Practice. In: Journal of Interpersonal Violence 2/1987, 367- 379.

Briere, J./Runtz, M.: Symptomatology Associated with Childhood Sexual Victimiaztion in a Non-Clinical Adult Sample. In: Child Abuse & Neglect 12/1988, 51-59.

Briere, J. u.a.: Symptomatology in Men Who Were Molested As Children: A Comparison Study. In: American Journal of Orthopsychiatry 58/1988, 457-461.

Briefwechsel Freud Jung. Zürich 1976.

Browne, A./Finkelhor, D.: Impact of Child Sexual Abuse: A Review of the Research. In: Psychiological Bulletin 99/1986, 66-77.

Brownmiller, S.: Gegen unseren Willen – Vergewaltigung und Männerherrschaft. Frankfurt am Main 1980.

Bryer, J.B. u.a.: Childhood Physical and Sexual Abuse as Factors in Adult Psychiatric Illness. In: American Journal of Psychiatry 144/1987, 1426-1430.

Bulik, C.M. u.a.: Childhood Sexual Abuse in Women With Bulimia. In: Journal of Clinical Psychiatry 50/1989, 460-464.

Burgess, A.W. u.a.: Child Molestation: Assessing Impact in Multiple Victims. In: Archives of Psychiatric Nursing 1/1987, 33-99.

Butler, S.: Conspiracy of Silence. San Francisco 1978.

Carmen, E.H. u.a.: Victims of Violence and Psychiatric Illness. In: American Journal of Psychiatry 141/1984, 378-383.

Chase, T.: Aufschrei. Bergisch-Gladbach 1988.

Clauß, G./Ebner, H.: Grundlagen der Statistik. Frankfurt am Main 1977.

Conte, J.. The Effects of Sexual Abuse on Children: Results of a Research Project. In: Annals of the New York Academy of Science 528/1988, 310-326.

Conte, J.: The Effects of Sexual Abuse on Children: A Critique and Suggestions for Future Research. In: Victimology 10/1985, 110-130.

Conte, J./ Berliner, L.: The Impact of Sexual Abuse on Children. In: Walker, L.E.A. (Hg.): Handbook on Sexual Abuse of Children. New York 1988, 72-93.

Conte, J./Berliner, L.: Impact of Sexual Abuse on Children (Report 1). Washington, DC: National Institute of Mental Health 1984.

Conte, J./Schuerman, J.R.: The Effects of Child Sexual Abuse on Children: A Multidimensional View. In: Journal of Interpersonal Violence 2/1987, 380-390.

Coons, P.M. u.a.: Multiple Personality Disorder. A Clinical Investigation of 50 Cases. In: Journal of Nervous and Mental Disease 176/1987, 519-527.

Cooper, D.: Der Tod der Familie. Reinbek bei Hamburg 1972.

Corwin, D.L.: Early Diagnosis of Child Sexual Abuse: Diminishing the Lasting Effects. In: Wyatt, G./Powell, G. (Hg.): Lasting Effects of Child Sexual Abuse. Newbury Park 1988, 251-269.

Courtois, C.: The Incest Experience and Its Aftermath. In: Victimology 4/1979, 337-347.

Craine, L.S. u.a.: Prevalence of a History of Sexual Abuse Among Female Psychiatric Patients in a State Hospital System. In: Hospital and Community Psychiatry 39/1988, 300-304.

Cupoli, J.M./Sewell, P.M.: One Thousand Fifty-Nine Children with Chief Complaint of Sexual Abuse. In: Child Abuse & Neglect 12/1988, 151-162.

Dannecker, M.: Das Drama der Sexualität. Frankfurt am Main 1987.

Davis, A.: Allies in Healing. When the Person You Love Was Sexually Abused as a Child. New York 1991.

DeJong, A.R. u.a.: Epidemiologic Factors in Sexual Abuse of Boys. In: American Journal of Diseases of Children. 136/1982, 990-993.

DeMause, L.: Hört ihr die Kinder weinen. Frankfurt am Main 1980.

DePlanas, H.:Sexueller Mißbrauch von Kindern und Jugendlichen. Definition-Ausmaß-Prävention aus der Sicht der Polizei. In: AJS Forum 1/1991, 15-17.

Deutscher Bundestag: Antwort der Bundesregierung auf die Große Anfrage der Fraktion DIE GRÜNEN zum sexuellen Mißbrauch von Kindern. Drucksache 10/3845, Bonn 1985.

DeYoung, M.: Self-Injurious Behavior in Incest Victims: A Research Note. In: Child Welfare 61/1982, 577-584.

Diagnostisches und Statistisches Manual Psychischer Störungen. DMS- III-R; übersetzt nach der Revision der 3. Auflage des Diagnostic and statistical manual of mental disorders der American Psychiatric Association. Weinheim/Basel 1989.

die tageszeitung 20.12.1991 (Berlinausgabe): »Drohungen haben einen wahren Kern«

Dixon, K.N. u.a.: Father-Son-Incest: Underreported Psychiatric Problem? In: American Journal of Psychiatry 7/1978, 835-838.

Dizenzo, P.: Warum ich? Jennys Geschichte. Mit 16 Jahren vergewaltigt. Bergisch Gladbach 1987.

Draijer, N.: Die Rolle sexuellen Mißbrauchs und körperlicher Mißhandlung in der Ätiologie psychischer Störungen bei Frauen. In: Martinius, J./Frank, R. (Hg.): Vernachlässigung und Mißhandlung von Kindern. Bern/Stuttgart/Toronto 1990, 128-142.

Edwall, G.E./Hoffmann, N.G.: Correlates of Incest Reported by Adolescent Girls in Treatment for Substance Abuse. In: Walker, L.E.A. (Hg.): Handbook on Sexual Abuse of Children. New York 1988, 94-106.

Ellerstein, N./Canavan, W.: Sexual Abuse of Boys. In: American Journal of Diseases of Children. 134/1980, 255-257.

Elwell, M.E./Ephross, P.H.: Initially Reactions of Sexually Abused Children. In: Social Casework 2/1987, 109-116.

Emslie, G.J./Rosenfeld, A.: Incest Reported by Children and Adolescents Hospitalized for Severe Psychiatric Problems. In: American Journal of Psychiatry 140/1983, 708-711.

Enders, U.: »Die Therapie gibt es noch nicht«. In: Psychologie Heute. 14/1987, 68-69.

Enders, U. (Hg.): Zart war ich, bitter war's. Sexueller Mißbrauch an Mädchen und Jungen. Köln 1990.

Enders, U./Stumpf, J. (Hg.): Mütter melden sich zu Wort. Köln 1991.

Everson, M. u.a.: Maternal Support Following Disclosure of Incest. In: American Journal of Orthopsychiatry 59/1989, 197-207.

Eth, S./Pynoos, R.: Post-Traumatic Stress Disorders in Children. Los Angeles 1985.

Eskapa, R.D.: Die dunkle Seite der Sexualität. München 1988.

Eysenck, H.J.: Sigmund Freud – Niedergang und Ende der Psychoanalyse. München 1985.

Faller, K.C.: Characteristics of a Clinical Sample of Sexually Abused Children: How Do Boy and Girl Victims Differ. In: Child Abuse & Neglect 13/1989, 281-291.

Farrell, M.K. u.a.: Prepubertal Gonorrhea: A Multidisciplinary Approach. In: Pediatrics 67/1981, 151-153.

Fegert, J. M.: Sexueller Mißbrauch von Kindern. In: Praxis der Kinderpsychologie und Kinderpsychiatrie. 36/1987, 164-170.

Fegert, J. M.: Ärztliche Diagnosemöglichkeiten in Klinik und Praxis. In: Enders, U. (Hg.): Zart war ich, bitter war's. Köln 1990, 162-181.

Fegert, J. M.: Knastrealität und Täterforschung. In: Janshen, D. (Hg.): Sexuelle Gewalt. Die alltägliche Menschenrechtsverletzung. Frankfurt am Main 1991, 295-322.

Ferenczi, S.: Sprachverwirrung zwischen den Erwachsenen und dem Kind. In: Masson, J.M.: Was hat man dir, du armes Kind, getan? Reinbek bei Hamburg 1984, 317-330.

Finke, H./Zeugner, F.: Inzestzahlen und Bemerkungen auf Grund von 60 untersuchten Fällen. In: Monatsschrift für Kriminalpsychologie und Strafrechtsreform. 25/1934, 305-327.

Finkelhor, D.: Sexually Victimized Children. New York 1979.

Finkelhor, D. (Hg.): Child Sexual Abuse. New Theory and Research. New York/London 1984.

Finkelhor, D.: Designing New Studies. In: Finkelhor, D. u.a.: A Sourcebook on Child Sexual Abuse. Beverly Hills/London/New Dehli 1986, 199-223.

Finkelhor, D.: Early and Long Term Effects of Child Sexual Abuse: An Update. In: Professional Psychology: Research and Practice 21/1990, 325-330.

Finkelhor, D.: Social and Cultural Factors in Child Sexual Abuse. Paper presented at the 8th International Congress on Child Abuse and Neglect Hamburg 1990.

Finkelhor, D. u.a.: Sexual Abuse in a National Survey of Adult Men and Woman: Prevalence, Characteristics, and Risk Factors. In: Child Abuse & Neglect 14/1990, 19-28.

Finkelhor, D. u.a.: Sexual Abuse and Its Relationship to Later Sexual Satisfaction, Marital Status, Religion, and Attitudes. In: Journal of Interpersonal Violence 4/1989, 379-399.

Finkelhor, D./Baron, L.: High-Risk Children. In: Finkelhor, D. u.a.: A Sourcebook on Child Sexual Abuse. Beverly Hills/London/New Dehli 1986, 60-88.

Finkelhor, D./Browne, A.: Initial and Long-Term Effects. A Conceptual Framework. In: Finkelhor, D. u.a.: A Sourcebook on Child Sexual Abuse. Beverly Hills/London/New Dehli 1986, 180-198.

Finkelhor, D./Russell, D.H.E.: Woman as Perpetrators of Sexual Abuse: Review of the Evidence. In: Finkelhor, D. (Hg.): Child Sexual Abuse. New Theory and Research. New York 1984, 171-187.

Fleck, S. u.a.: Inzestuöse und homosexuelle Problematik (1959). In: Lidz, T./Fleck,S. (Hg.): Die Familienumwelt der Schizophrenen. Stuttgart 1979, 159-174.

Frank, R./Stachiw, A.: Neue Handlungsmöglichkeiten in der Kinderklinik – dargestellt an einem Fall von sexuellem Mißbrauch. In: Brinkmann,W./Honig, M.-S. (Hg.): Kinderschutz als sozialpolitische Praxis. München 1984, 214-230.

Fraser, S.: Meines Vaters Haus. Frankfurt am Main 1990.

Freud, S.: Studien über Hysterie (1895). In: Gesammelte Werke. Band I. Frankfurt am Main 1968, 75-312.

Freud, S.: Zur Ätiologie der Hysterie (1896). In: Gesammelte Werke. Band I. Frankfurt am Main 1968, 423-459.

Freud, S.: Drei Abhandlungen zur Sexualtheorie (1905). In: Gesammelte Werke. Band V. Frankfurt am Main 1968, 27-145.

Freud, S.: Meine Ansichten über die Rolle der Sexualität in der Ätiologie der Neurosen. In: Gesammelte Werke. Band V. Frankfurt am Main 1968, 149-159.

Freud, S.: Zur Geschichte der psychoanalytischen Bewegung (1914). In: Gesammelte Werke. Band X. Frankfurt am Main 1968, 43-113.

Freud, S.: Neue Folge der Vorlesung zur Einführung in die Psychoanalyse (1932). In: Gesammelte Werke. Band XV. Frankfurt am Main 1968.

Freud, S.: Abriß der Psychoanalyse (1938). In: Gesammelte Werke. Band XVII. Frankfurt am Main 1968, 63-121.

Freud, S.: Briefe an Wilhelm Fliess 1897 – 1904. Herausgegeben von J.M. Masson. Frankfurt am Main 1986.

Freund, K. u.a.: Does Sexual Abuse in Childhood Cause Pedophilia: An Exploratory Study. In: Archives of Sexual Behavior 19/1990, 557-568.

Friedrich, W.N.: Behavior Problems in Sexually Abused Children. In: Wyatt, G./Powell, G. (Hg.): Lasting Effects of Child Sexual Abuse. Newbury Park 1988, 171-191.

Friedrich, W.N. u.a.: Behavior Problems in Sexually Abused Boys. A Comparison Study. In: Journal of Interpersonal Violence 3/1988, 21-28.

Friedrich, W.N. u.a.: Behavior Problems in Sexually Abused Young Children. In: Journal of Pediatric Psychology 11/1986, 47-57.

Friedrich, J.: Methoden der empirischen Sozialforschung. Reinbek bei Hamburg 1985[13].

Fritz, G.S. u.a.: A Comparison of Males and Females Who Were Sexually Molested as Children. In: Journal of Sex and Marital Therapy, 7/1981, 54-59.

Fromuth, M.E.: The Relationship of Childhood Sexual Abuse with Later Psychological and Sexual Adjustment in a Sample of College Woman. In: Child Abuse & Neglect, 10/1986, 5-15.

Fromuth, M.E./Burkhart, B.R.: Childhood Sexual Victimisation Among College Men: Definitional and Methodological Issues. In: Violence and Victims, 2/1987, 241-253.

Fromuth, M.E./Burkhart, B.R.: Long-Term Psychological Correlates of Childhood Sexual Abuse in Two Samples of College Men. In: Child Abuse & Neglect 13/1989, 533-542.

Fürniss, T./Phil, M.: Diagnostik und Folgen von sexueller Kindesmißhandlung. In: Monatsschrift Kinderheilkunde 134/1986, 335-340.

Fürniss, T./Phil, M.: Therapeutische Intervention bei sexueller Kindesmißhandlung. In: Monatsschrift Kinderheilkunde 134/1986, 341-344.

Gale, M. u.a.: Sexual Abuse in Young Children: Its Clinical Presentation and Characteristic Patterns. In: Child Abuse and Neglect 12/1988, 163-170.

Gardiner-Sirtl, A. (Hg.): Als Kind mißbraucht – Frauen brechen ihr Schweigen. München 1983.

Geissler, E.: Das sexuell mißbrauchte Kind. Göttingen 1959.

Geißler, R. (Hg.): Soziale Schichtung und Lebenschancen in der Bundesrepublik Deutschland. Stuttgart 1987.

Gellert, G.A./Durfee, M.J.: HIV Infection and Child Abuse. In: New England Journal of Medicine 321/1989, 685.

Gerchow, J.: Neue Ergebnisse über die Bedeutung soziologischer, psychologischer und psychopathologischer Faktoren bei Inzesttätern der Nachkriegszeit. In: Monatsschrift für Kriminologie und Strafrechtsreform 38/1955, 168-183.

Gerchow, J.: Die Inzestsituation. In: Stockert, F.G. von (Hg.): Das sexuell gefährdete Kind. Stuttgart 1965, 39-50.

Glade-Hassenmüller, H.: Gute Nacht, Zuckerpüppchen. Recklinghausen 1989.

Glöer, N.: Sexueller Mißbrauch von Jungen. Unveröffentlichte Diplomarbeit. Freiburg 1988.

Glöer, N./Schmideskamp-Böhler, I.: Verlorene Kindheit. Jungen als Opfer sexueller Gewalt. München 1990.

Gold, E.R.: Long-Term Effects of Sexual Victimization in Childhood: An Attributional Approach. In: Journal of Consulting and Clinical Psychology 54/1986, 471-475.

Goldwert, M.: Childhood Seduction and the Spiritualisation of Psychology. The Case of Jung and Rank. In: Child Abuse & Neglect 10/1986, 555-557.

Gomes-Schwartz, B. u.a.: Child Sexual Abuse: The Initial Effects. Newbury Park 1990.

Gordon, M.: Males and Females as Victims of Childhood Sexual Abuse: An Examination of the Gender Effect. In: Journal of Family Violence 5/1990, 321-322.

Greenwald, E. u.a.: Childhood Sexual Abuse: Long-Term Effects on Psychological and Sexual Functioning in a Nonclinical and Nonstudent Sample of Adult Woman. In: Child Abuse & Neglect 14/1990, 503-513.

Groffmann, K.J.: Die psychischen Auswirkungen von Sittlichkeitsverbrechen bei jugendlichen Opfern. In: Blau, G./Müller-Luckmann, E. (Hg.): Gerichtliche Psychologie. Darmstadt 1962, 148-161.

Groth, N.A.: Men Who Rape. The Psychologie of the Offender. New York/London 1979a.

Groth, N.A.. Sexual-Trauma in the Life Histories of Rapists and Child Molestors. In: Victimology 4/1979b, 10-16.

Gutjahr, K./Schrader, A.: Sexueller Mädchenmißbrauch. Köln 1988.

Harmat, P.: Freud, Ferenczi und die ungarische Psychoanalyse. Tübingen 1988.

Hartwig, L.: Sexuelle Gewalterfahrungen von Mädchen. Weinheim und München 1990.

Haynal, A.: Die Technik-Debatte in der Psychoanalyse. Freud, Ferenczi, Balint. Frankfurt am Main 1989.

Hedlund, E.: Ergebnisse einer Umfrage unter verurteilten Vergewaltigern. In: Heinrichs, J. (Hg.): Vergewaltigung. Die Opfer und die Täter. Braunschweig 1986, 78-86.

Heller, K./Rosemann, B.: Planung und Auswertung empirischer Untersuchungen. Stuttgart 1974.

Hentig, H. von/Viernstein, Th.: Untersuchungen über den Inzest. Heidelberg 1925.

Hepp, M.: Vorhof zur Hölle. Mädchen im »Jugendschutzlager« Uckermark. In: Ebbinghaus, A. (Hg.): Opfer und Täterinnen. Frauenbiographien des Nationalsozialismus. Nördlingen 1987, 191-216.

Herman, J.L.: Father-Daughter Incest. Cambridge/London 1981.

Hirsch, M.. Buchbesprechung. Kiss Daddy Good Night. Aussprache über Inzest von Louise Armstrong. In: Praxis der Kinderpsychologie und Kinderpsychiatrie 35/1986, 151-152.

Hirsch, M.: Realer Inzest. Berlin 1990[2].

Holland, N.N.: Massonic Wrongs. In: American Imago 46/1989, 329-352.

Holm, K.: Die Frage. In: Holm, K. (Hg.): Die Befragung. Band 1. München 1975, 32-91.

Horkheimer, M.: Allgemeiner Teil. In: Studien über Autorität und Familie. Band 1. Forschungsberichte aus dem Institut für Sozialforschung. Paris 1936, 3-76.

Hradil, S.: Sozialstrukturanalyse in einer fortgeschrittenen Gesellschaft. Opladen 1987.

Hurrelmann, B. u.a.: Familie und erweitertes Medienangebot. Schriftenreihe zur Begleitforschung des Landes Nordrhein-Westfalen zum Kabelpilotprojekt Dortmund. Band 7. Düsseldorf 1988.

Jacobson, A./Herald, C.: The Relevance of Childhood Sexual Abuse to Adult Psychiatric Inpatient Care. In: Hospital and Community Psychiatry 41/1990, 154-158.

Jäckel, K.: Inzest. Rastatt 1988.

Jampole, L./Weber, M.K.: An Assessment of the Behavior of Sexually Abused and Nonsexually Abused Children with Anatomically Corret Dolls. In: Child Abuse & Neglect 11/1987, 182-192.

Janssen-Jurreit, M.: Einleitung. In: Janssen-Jurreit, M. (Hg.): Frauen und Sexualmoral. Frankfurt am Main 1985, 15-57.

Janus, M.-D. u.a.: Youth Prostitution. In: Burgess, A.W. (Hg.): Child Pornography and Sex Rings. Lexington 1984, 127-146.

Johanson, E.M.: Betrogene Kindheit. Eine Sozialgeschichte der Kindheit. Frankfurt am Main 1978.

Johns, I.: 3 Jahre Modellprojekt »Sexuelle Mißhandlung von Kindern und Jugendlichen. In: Frauenministerin des Landes Schleswig-Holstein/ Kinderschutzzentrum Kiel (Hg.): Sexuelle Mißhandlung von Kindern. Dokumentation der Fachtagung 1989. Kiel 1990, 9-13.

Johnson, R.L./Shreir, D.: Sexual Victimization of Boys. In: Journal of Adolescent Health Care 6/1985, 372-376.

Johnson, T.C.: Child Perpetrators – Children Who Molest Other Children: Preliminary Findings. In: Child Abuse & Neglect 12/1988, 219-229.

Jonkers, J.: Inzest. Unveröffentlichtes Manuskript. Alphen a.d. Rijn 1987.

Jung, C.W.: Erinnerungen, Träume, Gedanken. Zürich 1979.

Justice, B./Justice, R.: The Broken Tabu. Sex in the Family. New York 1979.

Karedig, A.: Zieh dich schon mal aus, ich hol' inzwischen den Stock. Frankfurt am Main 1990.

Karmasin, F./Karmasin, H.: Einführung in die Methoden und Probleme der Umfrageforschung. Wien 1977.

Kaufman, J. u.a.: The Family Constellation and Overt Incestuous Relations Between Father and Daughter. In: American Journal of Orthopsychiatry 24/1954, 266-279.

Kavemann, B./Lohstöter, I.: Väter als Täter. Sexuelle Gewalt gegen Mädchen. Reinbek bei Hamburg 1984.

Kazis, C. (Hg.): Dem Schweigen ein Ende. Sexuelle Ausbeutung von Kindern in der Familie. Basel 1988.

Kempe, R.S./Kempe, C.H.: Kindesmißhandlung. Stuttgart 1980.

Kercher, G.A./McShane, M.: The Prevalence of Child Sexual Abuse Victimization in an Adult Sample of Texas Residents. In: Child Abuse & Neglect 8/1984, 495-501.

Kinsey, A.C.: Das sexuelle Verhalten der Frau. Frankfurt am Main 1964. Originalausgabe Philadelphia 1953.

Kirchhoff, G.F./Kirchhoff, C.: Erlebte Sexualdelikte. In: Sozialpädagogische Blätter 7/1979, 110-122.

Knopp, F.H.: Introduction. In: Porter, E.: Treating the Young Male Victim of Sexual Assault: Issues and Intervention Strategies. Syracuse 1986, 1-23.

Köhler, Th.: Abwege der Psychoanalyse-Kritik: Zur Unwissenschaftlichkeit der Anti-Freud-Literatur. Frankfurt am Main 1989.

Kolko, B.J. u.a.: Behavioral/Emotional Indicators of Sexual Abuse in Child Psychiatric Inpatients: A Controlled Comparison with Phsyical Abuse. In: Child Abuse & Neglect 12/1988, 529-541.

Kreutz, H./Titscher, S.: Die Konstruktion von Fragebögen. In: Koolwijk, J. von/Wieken-Mayser, M. (Hg.): Techniken der empirischen Sozialforschung. Band 4. Erhebungsmethoden: Die Befragung. München/Wien 1974.

Krüll, M.: Freud und sein Vater. München 1979.

Ladwig, G.B./Andersen, M.D.: Substance Abuse in Women: Relationship Between Chemical Dependency of Women and Past Reports of Physical and/or Sexual Abuse. In: International Journal of the Addictions 24/1989, 739-754.

Larson, N.R.: Familientherapie mit Inzestfamilien. In: Backe, L. u.a. (Hg.): Sexueller Mißbrauch von Kindern in Familien. Köln 1986, 104-117.

Lechmann, C.: Erzwungene Liebe. In: Psychologie Heute 14/1987, 62-67.

Lienert, G.A.: Testaufbau und Testanalyse. Weinheim 1969.

Lison, K./Poston, C.: Weiterleben nach dem Inzest. Frankfurt am Main 1991.

Lustig, N. u.a.: Incest. A Family Group Survival Pattern.: In: Archives of General Psychiatry 14/1966, 31-40.

Maisch, H.: Inzest. Reinbek bei Hamburg 1968.

Mannarino, A.P./Cohen, J.A.: A Clinical-Demographic Study of Sexually Abused Children. In: Child Abuse & Neglect 10/1986, 17-23.

Marcuse, M.: Zur Psychologie der Blutschande. In: Archiv für Kriminal-Anthropologie und Kriminalistik 25/1913, 268-270.

Masson, J.M.: Was hat man dir, du armes Kind, getan? Reinbek bei Hamburg 1984.

Mayntz, R. u.a.: Einführung in die Methoden der empirischen Soziologie. Köln und Opladen 1969.

McCormack, A. u.a.: Runaway Youth and Sexual Victimization: Gender Differences in an Adolescent Runaway Population. In: Child Abuse & Neglect 10/1986, 387-395.

Mebes, M.: Ihr sagt: »Verrückt« – Ich nenne es überleben. In: Enders, U. (Hg.): Zart war ich, bitter war's. Köln 1990, 71-74.

Mebes, M.. Sexueller Mißbrauch und Sucht. In: Enders, U. (Hg.): Zart war ich, bitter war's. Köln 1990, 238-44.

Meiselman, K.: Incest: A Psychological Study of Causes and Effects with Treatment Recommendation. San Francisco 1978.

Merz, H.: Die verborgene Wirklichkeit. Geschichte einer Verstörung. Frankfurt am Main 1988.

Miller, A.: Die Töchter schweigen nicht mehr. In: Miller A.: Du sollst nicht merken. Anhang der Taschenbuchausgabe. Frankfurt am Main 1983, 390-397.

Miller, L.C.: Louisville Behavior Checklist for Males, 6-12 Years of Age. Psychological Reports 21/1967, 885-886.

Ministerium für Arbeit, Gesundheit und Soziales Nordrhein-Westfalen (Hg.): Sexueller Mißbrauch von Kindern. Expertise zum 5. Jugendbericht der Landesregierung NRW. Autorin: Ursula Enders. Düsseldorf 1989.

Mitnick, M.: Inzestuös mißbrauchte Kinder. Symptome und Behandlungsmethoden. In: Backe, L. u.a. (Hg.): Sexueller Mißbrauch von Kindern in Familien. Köln 1986, 83-101.

Moggah, D.: Rot vor Scham. Reinbek bei Hamburg 1985.

Moosbrugger, H.: Multivariate statistische Analyseverfahren. Stuttgart 1978.

Mrazek, P.B.: Definition and Recognition of Sexual Child Abuse: Historical and Cultural Perspectives. In: Mrazek, P.B./Kempe, C.H. (Hg.): Sexually Abused Children and Their Families. Oxford 1981, 5-17.

Mrazek, P.B./Bentovim, A.: Incest and the Dysfunctional Family System. In: Mrazek, P.B./Kempe, C.H. (Hg.): Sexually Abused Children and Their Families. Oxford 1981, 167-178.

Marzek, P.B./Mrazek, D.A.: The Effects of Child Sexual Abuse: Methodological Considerations: In: Mrazek, P.B./Kempe, C.H. (Hg.): Sexually Abused Children and their Families. Oxford 1981, 235-245.

Müller-Luckmann, E.: Über die Glaubwürdigkeit kindlicher und jugendlicher Zeugen bei Sexualdelikten. Stuttgart 1959.

Mummendy, H.D.. Die Fragebogen-Methode: Grundlagen und Anwendung in Persönlichkeits-, Einstellungs- und Selbstkonzeptforschung. Göttingen 1987.

Murphy, S. u.a: Current Psychological Functioning of Child Sexual Assault Survivors: A Community Study. In: Journal of Interpersonal Violence 3/1988, 55-79.

Nass, G.: Unzucht mit Kindern – das Sexualdelikt unserer Zeit. In: Monatsschrift für Kriminologie und Strafrechtsreform 37/1954, 69-83.

Nau, E.: Die Persönlichkeit des jugendlichen Zeugen. In: Stockert, F.G,. von (Hg.): Das sexuell gefährdete Kind. Stuttgart 1965, 27-37.

Nitschke,S.: »Wildwasser« – das erste Selbsthilfeprojekt in Berlin. Ein Überblick über Entstehung und Arbeitsbereiche. In: Wannseeheim für Jugendarbeit (Hg.): Sexueller Mißbrauch von Mädchen. Strategien zur Befreiung. Berlin 1985, 7-10.

Nürnberger, H.: Inzestproblematik der Nachkriegszeit. In: Deutsche Zeitschrift für gerichtliche Medizin 44/1955, 259-261.

Pantle, M.L./Oegema, S.L.: Sexual Abuse and Depression in an Adolescent Female Inpatient Population. In: Journal of Psychology and Christianity 9/1990, 55-63.

Parker, H./Parker, S.: Father-Daughter Sexual Abuse. In: American Journal of Orthopsychiatry 56/1986, 531-549.

Paul, R.A.: Freud and the Seduction Theory: A Critical Examination of Masson's The Assault on Truth. In: Journal of Psychoanalytic Anthropology 8/1985, 161-187.

Peters, S.D.: The Relationship Between Childhood Sexual Victimization and Adult Depression Among Afro-American and White Woman. Unpublished Doctoral Dissertation. University of California at Los Angeles 1984.

Peters, S.D. u.a.: Prevalence. In: Finkelhor, D. u.a.: A Sourcebook on Child Sexual Abuse. Beverly Hills 1986, 15-59.

Peters, S.D.: Child Sexual Abuse and Later Psychological Problems. In: Wyatt, G./Powell, G. (Hg.): Lasting Effects of Child Sexual Abuse. Newbury Park 1988, 101-117.

Petra, K.: Mein über alles geliebter Papi. Erinnerungsarbeit.In: Janshen, D. (Hg.): Sexuelle Gewalt. Die alltägliche Menschenrechtsverletzung. Frankfurt am Main 1991, 27-46.

Phillips, R.A.: Einleitung. In: Chase, T.: Aufschrei. Bergisch-Gladbach 1988, 7-33.

Piontek, M..: Mißbraucht. Meine verratene Kindheit. Frankfurt am Main 1990.

Putnam, F.W. u.a.: The Clinical Phenomenology of Multiple Personality Disorder: Review of 100 Recent Cases. In: Journal of Clinical Psychiatry 47/1986, 285-293.

Rank, O.: Das Inzest-Motiv in Dichtung und Sage. Leipzig 1912/1926.

Rauchfleisch, U.: Testpsychologie. Göttingen 1980.

Reinhardt, M.A.: Sexually Abused Boys. In: Child Abuse & Neglect 11/1987, 229-235.

Remplein , H.: Die seelische Entwicklung in der Kindheit und Reifezeit. München 1952.

Richter, H.E.: Eltern, Kind und Neurose. Reinbek bei Hamburg 1969.

Richter, H.J.: Die Strategien schriftlicher Massenbefragungen. Bad Hanburg 1970.

Rijnaarts, J.: Lots Töchter. Über den Vater-Tochter-Inzest. Köln 1988.

Risin, L.I./Koss, M.P.: The Sexual Abuse of Boys. Prevalence and Descriptive Characteristics of Childhood Victimizations. In: Journal of Interpersonal Violence 2/1987, 309-323.

Roazen, P.: Sigmund Freud und sein Kreis. Bergisch-Gladbach 1976.

Rogers, C.M./Terry, T.: Clinical Intervention with Boy Victims of Sexual Abuse. In: Stuart, J.R./Greer, J.G. (Hg.): Victims of Sexual Aggression: Treatment of Children, Women and Men. New York 1984, 91-104.

Rohrmann, B.: Empirische Studien zur Entwicklung von Antwortskalen für die sozialwissenschaftliche Forschung. In: Zeitschrift für Sozialpsychologie 9/1978, 222-245.

Rosenbaum, H.: Formen der Familie. Frankfurt am Main 1982.

Ross, C.A. u.a.: Multiple Personality Disorder: An Analysis of 236 Cases. In: Canadian Journal of Psychiatry 34/1989, 413-418.

Ross, C.A. u.a.: Abuse Histories in 102 Cases of Multiple Personality Disorder. In: Canadian Journal of Psychiatry 36/1991, 97-101.

Rügemer, W.: Silicon Valley: Soziale Talfahrt. In: Psychologie Heute 12/1985, 49-52.

Runtz, M./Briere, J.: Adolescent »Acting Out« and Childhood History of Sexual Abuse. In: Journal of Interpersonal Violence 1/1986, 326-333.

Runyan, D.K. u.a.: Impact of Legal Intervention on Sexually Abused Children. In: Journal of Pediatrics 113/1988, 647-653.

Rush, F.: Das bestgehütete Geheimnis: Sexueller Kindesmißbrauch. Berlin 1985[3].

Russell, D.E.H.: Incidence and Prevalence of Intrafamilial and Extrafamilial Sexual Abuse of Female Children. In: Child Abuse & Neglect 7/1983, 133-146.

Russell, D.E.H.: The Secret Trauma. Incest in the Lives of Girls and Women. New York 1986.

Russell, D.E.H. u.a.: The Long-Term Effects of Incestuos Abuse. A Comparison of Afro-American and White-American Victims. In: Wyatt, G.E./Powell, G.J. (Hg.): The Lasting Effects of Child Sexual Abuse. Newbury Park 1988, 119-134.

Rust, G.: Sexueller Mißbrauch – ein Dunkelfeld in der Bundesrepublik Deutschland. Aufklärung, Beratung und Forschung tun not. In: Backe, L. (Hg.): Sexueller Mißbrauch von Kindern in Familien. Köln 1986, 7-20.

Rutschky, K.: Wie Probleme gemacht werden. In: Die Zeit 50/1990, 71-72.

Rutschky, K.: Die Lust am Schiffschaukeln. Wie Probleme gemacht werden. Zur Ideologie des sexuellen Mißbrauchs und der Mißhandlung von Kindern. In: Sozial extra 12/1990, 3-6.

Ryan, G. u.a.: Juvenile Sex Offenders: Development and Corrections. In: Child Abuse & Neglect 11/1987, 385-395.

Saller, H.: Sexueller Mißbrauch von Kindern – ein gesellschaftliches Problem. In: Theorie und Praxis der Sozialen Arbeit 37/1986, 179-184.

Saller, H.: Sexuelle Ausbeutung von Kindern. In: Deutscher Kinderschutzbund (Hg.): Sexuelle Gewalt gegen Kinder. Hannover 1987, 27-39.

Sandfort, T.: Pädophile Erlebnisse. Braunschweig 1986.

Sansonet-Hayden, H. u.a.: Sexual Abuse and Psychopathology in Hospitalized Adolescents. In: Journal of American Academy Child and Adolescent Psychiatry 26/1987, 753-757.

Scheuch, E.K.: Das Interview in der Sozialforschung. In: König, R. (Hg.): Handbuch der empirischen Sozialforschung. Band 1. Stuttgart 1967, 136-196.

Scheuch, E.K.: Skalierungsverfahren in der Sozialforschung. In: König, R. (Hg.): Handbuch der emipischen Sozialforschung. Band 1. Stuttgart 1967, 348-384.

Scheuer, K.: »Asozial« im Dritten Reich – Die vergessenen Verfolgten. Münster 1990.

Schlechter, M.D./Roberge, L.: Sexual Exploitation. In: Helfer, R.E./ Kempe, C.H. (Hg.): Child Abuse and Neglect: The Family and the Community. Balliner/Cambridge 1976, 127-142.

Schnack, D./Neutzling, R.: Kleine Helden in Not. Jungen auf der Suche nach Männlichkeit. Reinbek bei Hamburg 1990.

Schönfelder, T.: Die Rolle des Mädchens bei Sexualdelikten. Beiträge zur Sexualforschung. Stuttgart 1968.

Schorsch, E.: Sexuelle Perversionen: Idelogie, Klinik, Kritik. In: Sigusch, V. (Hg.): Therapie sexueller Störungen. Stuttgart/New York 1980^2, 119-152.

Schultz, L.R.G.: Child Sexual Abuse in Historical Perspective. In: Conte, J.R./Shore, D.A. (Hg.): Social Work and Child Sexual Abuse. New York 1982, 21-35.

Schultz, R. u.a.: Multiple Personality Disorder: Phenomenology of Selected Variables in Comparison to Major Depression. In: Dissociation 2/1989, 1-10.

Schwalb, G.: Zur Biologie des Inzests. In: Monatsschrift für Kriminologie und Strafrechtsreform 29/1938, 257-276.

Schwarzer, R.: Befragung. In: Enzyklopädie der Psychologie. Forschungsmethoden Band 2. Herausgegeben von H. Feyer und J. Bredenkamp. Göttingen 1983, 302-320.

Schwind, H.D.: Dunkelfeldforschung. In: Schneider, H.J. (Hg.): Kriminalität und abweichendes Verhalten. Band 1. Weinheim und Basel 1983,

Sebold, J.: Indicators of Child Sexual Abuse in Males. In: Social Casework 2/1987, 75-80.

Sedney, M.A./Brooks, B.: Factors Associated With a History of Childhood Sexual Experiences in a Nonclinical Female Population. Journal of the American Academy of Child Psychiatry 23/1984, 215-218.

Seidner, A.L./Calhoun, K.S.: Childhood Sexual Abuse: Factors Related to Differential Adult Adjustment. Paper Presented at the Second National Conference for Family Violence Researchers. Durham 1984.

Sgroi, S.M.: Comprehensive Examination for Child Sexual Assault: Diagnostic, Therapeutic and Child Protection Issues. In: Burgess, A.W. u.a. (Hg.): Sexual Assault of Children and Adolescents. Lexington 1978, 143-157.

Sgroi, S.M.: Pediatric Gonorrhea Beyond Infancy. In: Pediatrics Annals 8/1979, 73-87.

Sgroi, S.M. u.a.: A Conceptual Framework for Child Sexual Abuse. In: Sgroi, S.M. (Hg.): Handbook of Clinical Intervention in Child Sexual Abuse. Lexington 1982, 9-38.

Sherwood, K.: Das »Geheimnis« völlig verdrängt. In: Psychologie Heute 18/1991, 56-58.

Silbert, M.H./Pines, A.M.: Sexual Abuse as an Antecedent to Prostitution. In: Child Abuse & Neglect 5/1981, 407-411.

Sloan, G./Leichner, P.: Is There a Relationship Between Sexual Abuse or Incest and Eating Disorders? In: Canadian Journal of Psychiatry 31/1986, 656-660.

Spencer, M.J./Dunklee, P.: Sexual Abuse of Boys. In: Pediatrics 78/1986, 133-138.

Spring, J.: Zu der Angst kommt die Scham. München 1988.

Statistisches Bundesamt (Hg.): Daten Report 4. Zahlen und Fakten über die Bundesrepublik Deutschland 1989/1990. Bonn 1991.

Statistisches Jahrbuch Nordrhein-Westfalen 1990. Düsseldorf 1991.

Stein, J. u.a.: Long-Term Psychological Sequelae of Child Sexual Abuse: The Los Angeles Epidemiologic Catchment Area Study. In: Wyatt, G./Powell, G. (Hg.): Lasting Effects of Child Sexual Abuse. Newbury Park 1988, 133-154.

Steinhage, R.: Auswirkungen der sexuellen Gewalterlebnisse im Leben der Mädchen und Frauen. In: Wannseeheim für Jugendarbeit Berlin (Hg.): Sexueller Mißbrauch von Mädchen. Strategien zur Befreiung. Berlin 1985, 40-54.

Steinhage, R.: Sexueller Mißbrauch an Mädchen. Ein Handbuch für Beratung und Therapie. Reinbek bei Hamburg 1989.

Steinhage, R.: Niemand macht sich die Mühe zu fragen. Die Folgen des sexuellen Mißbrauchs im Leben der Frauen. In: Janshen, D. (Hg.): Sexuelle Gewalt. Die alltägliche Menschenrechtsverletzung. Frankfurt am Main 1991, 101-112.

Steinkopf, E.: Die aktive Rolle des jungen Mädchens bei Sexualdelikten. In: Medizinisch-Juristische Grenzfragen 11/1971, 101-108.

Stermac, L.E. u.a.: Social and Cultural Factors in Sexual Assault. In: Marshall, W.L. u.a. (Hg.): Handbook of Sexual Assault: Issues, Theories and Treatment of the Offender. New York/London 1990, 143-159.

Stockert, F.G. von (Hg.): Das sexuell gefährdete Kind. Stuttgart 1965a.

Stockert, F.G. von (Hg.): Die Pädophilie und ihre strafrechtliche Problematik. Stuttgart 1965b.

Textor, M.: Das Buch der Familientherapie. Sechs Schulen in Theorie und Praxis. Eschborn 1988[3].

Tharinger, D.: Impact of Child Sexual Abuse on Developing Sexuality. In: Professional Psychology: Research and Practice 21/1990, 331-337.

Többen, H.: Über den Inzest. Leipzig/Wien 1925.

Tong, L. u.a: Personality Development Following Sexual Abuse. In: Child Abuse & Neglect 11/1987, 371-383.

Tränkle, U.: Fragebogenkonstruktion. In: Enzyklopädie der Psychologie. Forschungsmethoden Band 2. Herausgegeben von H. Feyer und J. Bredenkamp. Göttingen 1983, 222-301.

Trepper, T.S./Barrett, M.J.: Inzest und Therapie. Ein (system)therapeutisches Handbuch. Dortmund 1991.

Trube-Becker, E.: Gewalt gegen das Kind. Heidelberg 1987[2].

Trube-Becker, E.: 90% der Fälle bleiben unentdeckt. Sexuelle Gewalt gegenüber Kindern. In: Janshen, D. (Hg.): Sexuelle Gewalt. Die alltägliche Menschenrechtsverletzung. Frankfurt am Main 1991, 86-100.

Tucker, M.J.: Das Kind als Anfang und Ende. Kindheit in England im fünfzehnten und sechzehnten Jahrhundert. In: DeMause, L. (Hg.): Hört ihr die Kinder weinen. Frankfurt am Main 1980, 326-363.

Wäller, H.: Juristische Informationen zum Umgang mit sexuellem Kindesmißbrauch. In: Büscher, U. (Hg.): Sexueller Mißbrauch von Kindern und Jugendlichen. Essen 1991, 17-41.

Weis, K.: Die Vergewaltigung und ihre Opfer. Stuttgart 1982.

Weisberg, K.: Children of the Night. Lexington 1985.

Westfälische Rundschau 27.2.1991. »Bei Einsatz für Kinder kam Fine-Frau Lehrerin in Konflikt mit Kollegen. Erzbischof: Keine Aussage-Erlaubnis für Pfarrer«

Wieken, K.: Die schriftliche Befragung. In: Koolwijk, J. von/Wieken-Mayser, M. (Hg.): Techniken der empirischen Sozialforschung. Band 4. Erhebungsmethoden: Die Befragung. München/Wien 1974.

Wildwasser-Nürnberg (Hg.): Gegen sexuellen Mißbrauch an Mädchen. Juristischer Leitfaden für HelferInnen. Nürnberg 1988.

Wilk , L.: Die postalische Befragung. In: Holm, K. (Hg.): Die Befragung. Band 1. München 1975, 187-200.

Williams. L.M./Finkelhor, D.: The Characteristics of Incestuous Fathers. In: Marshall, W.L. u.a. (Hg.): Handbook of Sexual Assault: Issues, Theories and Treatment of the Offender. New York/London 1990, 231-255.

Wirtz, U.: Seelenmord. Inzest und Therapie. Zürich 1989.

Wolff, R.: Der Einbruch der Sexualmoral – Zum Problem der sexuellen Mißhandlung. Unveröffentlichter Vortrag an der Universitätskinderklinik Bern 1987.

Wolff, R./Bernecker-Wolff, A.: Sexuelle Mißhandlung und Sexualpolitik. In: Sozial extra 12/1990, 7-8.

Wulffen, E.: Das Kind. Berlin 1913.

Wyatt, G.E.: The Sexual Abuse of Afro-American and White-American Women in Childhood. In: Child Abuse & Neglect 9/1985, 507-519.

Wyatt, G.E.: The Relationship between Child Sexual Abuse and Adolescent Sexual Functioning in Afro-American and White American Women. In: Annals of the New York Academy of Sciences 528/1988, 111-122.

Wyatt, G.E.: Sexual Abuse of Ethnic Minority Children: Identifying Dimensions of Victimization. In: Professional Psychology: Research and Practice 21/1990, 338-343.

Wyatt, G.E./Peters, S.D.: Issues in the Definition of Child Sexual Abuse in Prevalence Research. In: Child Abuse & Neglect 10/1986, 231-240.

Wyre, R./Swift, A.: Und bist du nicht willig... die Täter. Köln 1991.

Zimmer, D.: Tiefenschwindel. Reinbek bei Hamburg 1990.

NEU!

Irmgard Schaffrin / Dorothee Wolters

Auf den Spuren starker Mädchen

Cartoons für Mädchen

36 Seiten, Broschur,
mit Begleittext, DM 24,80
ISBN 3-923243-73-1

Telefon 02 21 / 31 70 87   Fax 02 21 / 31 47 11

VOLKSBLATT VERLAG

Sachsenring 2-4   Postfach 250 405   5000 Köln 1

DAS Standardwerk zum Thema »Sexueller Mißbrauch an Mädchen und Jungen«:

Zart war ich, bitter war's

Sexueller Mißbrauch an Mädchen und Jungen
Erkennen – Schützen – Beraten

herausgegeben von Ursula Enders
5. Auflage
304 Seiten, Festeinband, DM 39,80

Bei sexuellem Mißbrauch bleiben die Opfer in
ihrer Not allein. Doch auch Mütter, Väter, PädagogInnen, ÄrztInnen und JuristInnen spüren bei der
Konfrontation mit sexueller Gewalt gegen Kinder
ihre Sprachlosigkeit und Ohnmacht.
Das Buch will helfen. Es beschreibt nicht nur
Ursachen, Ausmaß und Folgen des sexuellen
Mißbrauchs an Mädchen und Jungen, sondern
vermittelt vor allem konkrete Anleitungen für die
praktische Arbeit mit Betroffenen.

Weitere Bücher und Materialien in der Reihe SEXUELLE GEWALT –
Sexueller Mißbrauch an Mädchen und Jungen, hg. von Zartbitter e.V.

❏ **Auch Indianer kennen Schmerz**
Erkennen – Beraten – Vorbeugen
von Dirk Bange und Ursula Enders   *300 Seiten, Hardcover,*   *DM 39,80*

❏ **Die dunkle Seite der Kindheit**
Ausmaß und Folgen sexuellen Mißbrauchs an Mädchen und Jungen
Eine empirische Untersuchung von Dirk Bange   *160 Seiten, Broschur,*   *DM 29,80*

❏ **Und bist du nicht willig... – Die Täter**
von Ray Wyre und Anthony Swift
Aus dem Englischen von Karin Ayche   *128 Seiten, Broschur,*   *DM 19,80*

❏ **Mütter melden sich zu Wort**
Sexueller Mißbrauch an Mädchen und Jungen
von Ursula Enders und Johanna Stumpf   *168 Seiten, Broschur,*   *DM 19,80*

❏ **Schön Blöd – Schöne Gefühle machen gute Laune,**
blöde Gefühle machen schlechte Laune – Ein Bilderbuch
von Ursula Enders und Dorothee Wolters   *24 Seiten, Hardcover, vierfarbig,*   *DM 24,80*

❏ **Li Lo Le Eigensinn – Ein Bilderbuch über die eigenen Sinne und Gefühle**
von Ursula Enders und Dorothee Wolters   *24 Seiten, Hardcover, vierfarbig,*   *DM 24,80*

❏ **Das Recht, Band 1**
Rechtliche Möglichkeiten zum Schutz vor sexueller Gewalt
von Claudia Marquardt   *180 Seiten, Broschur,*   *DM 24,80*

❏ **Das Recht, Band 2**
Kinder- und jugendpsychiatrische und psycnologische Begutachtung
von Jörg Fegert   *150 Seiten, Broschur,*   *DM 24,80*

❏ **Sag Nein, geh weg und sprich darüber! – Plakate gegen sexuelle Gewalt**
Idee und Text: Zartbitter e.V., Illustration: Dorothee Wolters
Rolle mit 3 vierfarbigen Plakaten   *im A1-Format,*   *DM 24,80*

Telefon 02 21 / 31 70 87   Fax 02 21 / 31 47 11
VOLKSBLATT VERLAG
Sachsenring 2-4   Postfach 250 405   5000 Köln 1

Fordern Sie unser Verlagsprogramm an!